中华译学倡立信守旨

以中华为根 译与学并重

弘扬优秀文化 促进中外交流

拓展精神疆域 驱动思想创新

丁酉年冬月 许钧撰 罗卫东书

中华译学馆·中华翻译研究文库

许 钧 ◎ 总主编

江苏文学经典
英译主体研究

许 多 ◎ 著

ZHEJIANG UNIVERSITY PRESS
浙江大学出版社

本书为江苏省社会科学基金重点项目

"江苏文学经典英译主体研究"（17WWA001）的最终成果

总　序

改革开放前后的一个时期,中国译界学人对翻译的思考大多基于对中国历史上出现的数次翻译高潮的考量与探讨。简言之,主要是对佛学译介、西学东渐与文学译介的主体、活动及结果的探索。

20世纪80年代兴起的文化转向,让我们不断拓宽视野,对影响译介活动的诸要素及翻译之为有了更加深入的认识。考察一国以往翻译之活动,必与该国的文化语境、民族兴亡和社会发展等诸维度相联系。三十多年来,国内译学界对清末民初的西学东渐与"五四"前后的文学译介的研究已取得相当丰硕的成果。但进入21世纪以来,随着中国国力的增强,中国的影响力不断扩大,中西古今关系发生了变化,其态势从总体上看,可以说与"五四"前后的情形完全相反:中西古今关系之变化在一定意义上,可以说是根本性的变化。在民族复兴的语境中,新世纪的中西关系,出现了以"中国文化走向世界"诉求中的文化自觉与文化输出为特征的新态势;而古今之变,则在民族复兴的语境中对中华民族的五千年文化传统与精华有了新的认识,完全不同于"五四"前后与"旧世界"和文化传统的彻底决裂与革命。于是,就我们译学界而言,对翻译的思考语境发生了根本性的变化,我们对翻译思考的路径和维度也不可能不发生变化。

变化之一,涉及中西,便是由西学东渐转向中国文化"走出去",呈东学西传之趋势。变化之二,涉及古今,便是从与"旧世界"的根本决裂转向对中国传统文化、中华民族价值观的重新认识与发扬。这两个根本性的转变给译学界提出了新的大问题:翻译在此转变中应承担怎样的责任? 翻译在此转变中如何定位? 翻译研究者应持有怎样的翻译观念? 以研究"外译中"翻译历史与活动为基础的中国译学研究是否要与时俱进,把目光投向"中译外"的活动? 中国文化"走出去",中国要向世界展示的是什么样的"中国文化"? 当中国一改"五四"前后的"革命"与"决裂"态势,将中国传统文化推向世界,在世界各地创建孔子学院、推广中国文化之时,"翻译什么"与"如何翻译"这双重之问也是我们译学界必须思考与回答的。

综观中华文化发展史,翻译发挥了不可忽视的作用,一如季羡林先生所言,"中华文化之所以能永葆青春","翻译之为用大矣哉"。翻译的社会价值、文化价值、语言价值、创造价值和历史价值在中国文化的形成与发展中表现尤为突出。从文化角度来考察翻译,我们可以看到,翻译活动在人类历史上一直存在,其形式与内涵在不断丰富,且与社会、经济、文化发展相联系,这种联系不是被动的联系,而是一种互动的关系、一种建构性的力量。因此,从这个意义上来说,翻译是推动世界文化发展的一种重大力量,我们应站在跨文化交流的高度对翻译活动进行思考,以维护文化多样性为目标来考察翻译活动的丰富性、复杂性与创造性。

基于这样的认识,也基于对翻译的重新定位和思考,浙江大学于 2018 年正式设立了"浙江大学中华译学馆",旨在"传承文化之脉,发挥翻译之用,促进中外交流,拓展思想疆域,驱动思想创新"。中华译学馆的任务主要体现在三个层面:在译的层面,推出包括文学、历史、哲学、社会科学的系列译丛,"译入"与"译出"互动,积极参与国家战略性的出版工程;在学的层面,就翻译活动所涉及的重大问题展开思考与探索,出版系列翻译研究丛书,举办翻译学术会议;在中外文化交流层面,举办具有社会影响力的翻译家论坛,思想家、作家与翻译家对话等,以翻译与文学为核心开展系列活动。正是在这样的发展思路下,我们与浙江大学出版社合作,集合全国译学界的力量,推出具有学术性与开拓性的"中华翻译研究文库"。

积累与创新是学问之道,也将是本文库坚持的发展路径。本文库为开放性文库,不拘形式,以思想性与学术性为其衡量标准。我们对专著和论文(集)的遴选原则主要有四:一是研究的独创性,要有新意和价值,对整体翻译研究或翻译研究的某个领域有深入的思考,有自己的学术洞见;二是研究的系统性,围绕某一研究话题或领域,有强烈的问题意识、合理的研究方法、有说服力的研究结论以及较大的后续研究空间;三是研究的社会性,鼓励密切关注社会现实的选题与研究,如中国文学与文化"走出去"研究、语言服务行业与译者的职业发展研究、中国典籍对外译介与影响研究、翻译教育改革研究等;四是研究的(跨)学科性,鼓励深入系统地探索翻译学领域的任一分支领域,如元翻译理论研究、翻译史研究、翻译批评研究、翻译教学研究、翻译技术研究等,同时鼓励从跨学科视角探索翻译的规律与奥秘。

青年学者是学科发展的希望,我们特别欢迎青年翻译学者向本文库积极投稿,我们将及时遴选有价值的著作予以出版,集中展现青年学者的学术面貌。在青年学者和资深学者的共同支持下,我们有信心把"中华翻译研究文库"打造成翻译研究领域的精品丛书。

许 钧

2018 年春

目　录

第一章　江苏文学经典英译主体考辨

在中国古典文学璀璨的历史星河中,江苏文学一直都散发着耀眼的光芒。以中国文学四大名著为代表的一批经典著作,长期以来受到读者的青睐,也是文学界一直关注的焦点。作为文化大省,江苏省一直重视江苏文学经典的整理和研究。为了传承江苏文化,江苏省于2015年启动了"江苏传世名著"书目的遴选工作。从江苏省13个地级市的近十万种江苏名著中遴选了一百部,作为"江苏传世名著"的备选书目。这些书目兼顾政治、经济、军事、思想、宗教、文化、艺术、科技、医学、民俗等各个领域,并兼顾历朝历代、各个区域的著作。关于图书的选择标准,"江苏传世名著"要求必须是由江苏籍(或寓居江苏)的作者撰写或编著的,内容以江苏为主题(背景)的,以及在江苏编著的图书或在江苏首次刻印或出版的图书。在这一百部图书中,既有《红楼梦》《西游记》《水浒传》《三国演义》这样耳熟能详的文学经典,也包括了《说文解字注》《古文尚书疏证》《经典释文》这样的学术经典。这些入选书目对江苏文化的传播与推广有着重要的意义与价值。

2016年,"江苏文脉整理与研究工程"也正式启动。相较于"江苏传世名著","江苏文脉整理与研究工程"规模更大。该工程希望用十年左右的时间,编辑出版3000册左右的"江苏文库",分为书目、文献、精华、史料、方志和研究等六编。2018年,该文库已经推出首批成果86册。2019年,第二批成果182册也已经出版发行。其中,莫砺锋主编的"江苏文库·精华编"最为引人关注。精华编包含100—200册具有代表性、对国内外文化发展产生重要影响的江苏籍学人文化学术成果。目前已经出版的《说文解字注》《范仲淹集》《老残游记》《文心雕龙》等,无一不是江苏文脉中的翘楚。

这一系列文化工程都说明弘扬中华优秀传统文化的重要价值和意义。值得注意的是,这些工程在对江苏文化作品的界定上,都有各自不尽相同的标准。考虑到本书将对江苏文学经典的英译主体进行研究,因此有必要对江苏文学经典的概念和范围进行界定。

第一节　江苏文学经典的概念界定

界定江苏文学经典这一概念,需要考虑不同的维度。从"江苏文脉整理与研究工程"和"江苏传世名著"两个文化工程来看,对于江苏文学经典的界定不尽相同,因此其作品的选择也有差异。从概念的界定上看,我们认为需要从地域、体裁、时间三个维度加以考虑。

首先是地域维度。地域维度本是最没有歧义的维度。江苏文学经典,所探讨的当然是江苏地域范围内的文学经典。但是,如何界定"江苏地域",却存在不同的标准。"江苏文脉整理与研究工程"突出的是地理位置上的江苏。"江苏传世名著"工程则提出了综合性更强的三个标准:由江苏籍(或寓居江苏)的作者撰写或编著的,内容以江苏为主题(背景)的,以及在江苏编著的图书或在江苏首次刻印或出版的。之所以在标准上有所差异,无外乎出于两个方面的考虑:第一,在考虑地域维度时,究竟应该关注作品还是作者,抑或两者均需要关注。一部文学作品的诞生,和作者的联系密不可分,因此,无论是作品还是作者,都应该理所应当成为关注的对象。第二,对作品或作者的地域考量,应该采取怎样的标准。这一问题相较于第一个问题而言稍显复杂,其判断的难点在于,作品的地域判定标准是作者的写作地点,还是作品所描绘场景的主要地域范围。作者的地域判定标准,是作者的籍贯、固定居所,抑或主要写作地点。特别是像《红楼梦》这样的作品,与南京有着非常密切的关系,但又难以凭借一个单一标准将其定义为江苏文学经典。所以,从地域维度进行界定,我们认为"江苏传世名著"的界定更具包容性。江苏文学经典应当既包括江苏籍、居住(或曾长期居住江苏)的作者所撰写或编著的图书,亦包括作品和作者均与江苏有密切联系的图书。

其次是体裁维度。江苏文学经典种类丰富,有小说、戏剧、诗歌、游记等。除四大文学名著以外,还有刘义庆的《世说新语》、陆西星(一说许仲琳)的《封神演义》、孔尚任的《桃花扇》、吴敬梓的《儒林外史》、李汝珍的《镜花缘》、沈复的《浮生六记》、刘鹗的《老残游记》等各种体裁的经典。不难发现,这其中的体裁以小说为主。因此,江苏文学经典在体裁维度上并不存在分歧。

最后是时间维度。之所以考察江苏文学经典的时间维度,是因为一部作品的经典化在很大程度上需要跨越时间的维度,即具备跨时代性。因此,虽然现当代江苏文学中不乏佳作,但考虑到作品的时间跨度较短,仍不建议将其作为我们考察的对象。江苏古典文学中有大量的经典作品,读者多、跨越时间长。从译介的角度看,这些作品往往也是译介关注的焦点,因此,把时间界定在民国以前,是较为合适的。

综上,我们在本书中所指的江苏文学经典,是民国以前,由江苏籍(或寓居江苏)的作者撰写或编著的,抑或作品和作者均与江苏有密切联系的图书。

第二节 代表性英译主体的确定

一、江苏文学经典代表性作品

江苏文学经典众多,相当部分已有英译本,且一些作品还有多个英译本。对每一部作品的每一个译者进行全面的分析,并不可行。因此,从研究的可行性角度出发,应在江苏文学经典中选择具有代表性的作品,进而在这些作品中筛选出最具代表性的、重要的英译主体进行重点的系统性研究。

那么,究竟哪些江苏文学经典能被纳入代表性作品中?最重要的选择标准当然是该作品的文学价值。在江苏文学经典译介过程中,不能仅仅满足于作品"走出去",还应当让作品真正"走进"西方读者的心中。一部极具文学价值的作品,我们认为应该包含以下三个特点:阅读人群广,通俗性强,具有永恒的经典性。首先,阅读人群范围越广,说明作品被接受的程度越高,越能够代表江苏文学与中国文学,适合作为中国文化的一部分被译介到海外。因此,阅读人群广是一个十分重要的特征,文学研究应首先研究经典作品、经典作家,翻译研究则应首先研究经典译作、经典译者,亦是这个道理。其次,代表性江苏文学经典应当具有较强的通俗性。这里所指的通俗性并不是想要区分通俗文学、严肃文学与纯文学,而是想通过通俗性这一指称,说明代表性江苏文学经典应当是被大众所广泛接受的。通常而言,通俗性越强,越容易被广大读者所接受。越多的读者接受,意味着作品的美学意义更加丰富。"美学意义蕴含于这一事实中,读者首次接受一部文学作品,必然包含着与他以前所读作品相对比而产生的审美价值体验。其中明显的历史意义是,第一位读者的理解,将在代代相传的接受链上保存、丰富,一部作品的历史意义就这样得以确定,其审美价值也得以证明。"①因此,通俗性应当作为一个重要的标准。最后,强调具有永恒的经典性是期望选择那些在文学史上文学价值被公认的作品。永恒似乎是一种谬论,因为"审美感知并不是具有无时间限制有效性的通用符码,与所有审美经验一样,它与历史的经验密切相关"②。然而我们想要表达的是,一部好的文学作品,是不会因时间的变化而出现审美上的巨大差异。永恒更像是不同时代对作品的共同肯定。一部优秀的作品,是需要这种特质的。

文学理论类作品是否应当包含在代表性作品中,是具有一定争议的。从理论上说,文学理论类作品对文学发展的重要性毋庸置疑;但从传播的角度来看,文学理论类作品的读者群较窄,普通读者关注的中心仍然集中在文学作品,特别是通俗类作品上。因此,我们在作品的选择上,诸如刘

---

① 姚斯,霍拉勃. 接受美学与接受理论. 周宁,金元浦,译. 沈阳:辽宁人民出版社,1987:339.

② 姚斯. 文学与阐释学//福柯,哈贝马斯,布尔迪厄等. 激进的美学锋芒. 周宪,译. 北京:中国人民大学出版社,2003:416.

勰的《文心雕龙》、钟嵘的《诗品》等重要的文学理论、文学批评著作,暂且不纳入江苏文学经典的代表性作品中。

在代表性作品的选择上,考虑到并非所有作品都已被译成英文,且有的英译本并未形成重大的影响,所以,应当在选择初期,尽可能多地选择代表性作品,以备之后的英译主体选择。以此为出发点,我们从江苏文学经典的众多书目中选择了 16 部作品,作为初选的代表性作品。

中国四大文学名著作为代表性作品毋庸置疑。《红楼梦》《西游记》《水浒传》《三国演义》对整个中国传统文化的传播与接受,起着重要的推动作用。除中国四大文学名著外,还有相当一部分作品值得我们关注。

刘义庆的《世说新语》是"笔记小说"的代表,虽然遗失后仅保存下来三部,但能从数百部魏晋南北朝的短篇小说中保存并流传,仍足以显示它重要的文学价值。《世说新语》的作者刘义庆(一说是他与其门客合作),为今江苏徐州人。他作为南朝宋的宗室,袭封临川王。这一身份对《世说新语》的流传和保存也起到了重要的作用。《世说新语》重在描写人物,故事虽短,但叙事清楚。众人熟知的"管宁割席"就出自此书。鲁迅对《世说新语》的评价很高,认为其"记言则玄远冷隽,记行则高简瑰奇"①。

南朝萧统(今江苏武进人)所主持编纂的《文选》(又名《昭明文选》)是中国现存最早的一部诗文总集。曹操的《短歌行》、曹植的《洛神赋》、陶渊明的《归去来并序》,以及《古诗十九首》等佳作均收录其中。《文选》结束了我国长期以来文史不分的情况,是一大创举。萧统在编纂时,将传统的经、史、子著作排除在《文选》之外,但在收录诗、歌、赋之外,他创新性地将少部分赞、论、序、述也认定为文学作品。

李璟(今江苏徐州人)、李煜(今江苏徐州人)所撰的《南唐二主词》是一部脍炙人口的作品集。李璟李煜父子的文学造诣很高,特别是词的成就最高。李璟的《应天长》《望远行》,李煜的《虞美人》《相见欢(其一)》《长相思》等,均是传世名作。《南唐二主词》足以体现江苏文学在词上的极高水准。

---

① 鲁迅. 中国小说史略. 上海:上海古籍出版社,1998:38.

　　章回体小说的代表作《封神演义》是一部具有重要影响的长篇小说。尽管《封神演义》的作者现在仍有争议(一说陆西星,一说许仲琳),但仍不影响其艺术成就。《封神演义》故事性强,人物塑造成功。虽然鲁迅认为《封神演义》的文学价值没有那么高,认为其"侈谈神怪,什九虚造,实不过假商周之争,自写幻想,较《水浒》固失之架空,方《西游》又逊其雄肆,故迄今未有以鼎足视之者也……其间时出佛名,偶说名教,混合三教,略如《西游》,然其根柢,则方士之见而已"①,但从普通读者的视角出发,《封神演义》将大众较少关注的商周时期历史及道教人物通过演义形式传播,仍然是颇具重要意义的。

　　清代文学家孔尚任(今山东曲阜人)所创作的《桃花扇》剧本,被后世誉为传世剧本。该剧以历史为依据,展现明末南京的社会现实。该剧主题宏大,戏剧冲突尖锐,并且将爱情与国家两种叙事相互交叉,实为佳作。梁启超曾在《小说丛话》中评价《桃花扇》"结构之精严""文藻之壮丽""寄托之遥深"②,足见其艺术价值之高。数百年来,《桃花扇》以多种剧种被搬上舞台,甚至还被改编成影视作品,普通大众对其认可度颇高。

　　吴敬梓(今安徽滁州人)著的《儒林外史》可谓中国古典讽刺小说集大成者。吴敬梓虽是安徽滁州人,但因移居江苏南京的秦淮河畔,故称"秦淮寓客"。其笔下的《儒林外史》,饱含江苏的地域特色。《儒林外史》"以江苏尤其是南京士人为核心,以他们在江苏尤其是在南京地区所发生的故事构成小说的主要情节,并在情节的发展中显示出作者所推崇的社会理想及其失败的过程,以及新的理想的产生及其对新的理想的犹疑彷徨的心态"③。如果说"《红楼梦》中的南京给人以神秘感,而《儒林外史》是生动的现实感"④。《儒林外史》全书五十六回,对当时的社会和儒士命运进

①　鲁迅. 中国小说史略. 上海:上海古籍出版社,1998:117-118.
②　参阅:王亚楠. 论梁启超对《桃花扇》的接受与研究——以《小说丛话》为中心. 江汉论坛,2014(7):102-106.
③　陈美林. 试论吴敬梓的生活环境与《儒林外史》的地域特色. 江苏社会科学,2004(6):178.
④　葛永海. 明清小说中的"金陵情节". 南京社会科学,2004(10):65.

行了批判,奠定了讽刺小说的基础。鲁迅曾评价"是后亦鲜有以公心讽世之书如《儒林外史》者"①,足可见一斑。

清代诗人、散文家袁枚(今浙江杭州人)的《随园诗话》是他辞官后,于南京小仓山随园编纂成书的。袁枚倡导"性灵说",与赵翼、张问陶并称"性灵派三大家"。蒋寅评价"它在理论和观念上表现为取消绝对的价值和典范,在创作和批评实践上则体现为颠覆诗家通行的法则和要求。相比之下,后者更代表着性灵诗学处理问题的方式,也更清楚地体现了性灵诗学的实践品格"②。《随园诗话》对诗歌回归艺术本身起到了重要的推动作用。

《镜花缘》是清代小说家、文学家李汝珍(今北京人)创作的章回体长篇小说,共一百回。李汝珍 19 岁时随哥哥来到海州(今江苏连云港),并在此写下《镜花缘》一书。该书肯定了女性的社会地位,批判男尊女卑的传统封建观念,是中国古典小说中为数不多的讨论女性问题的小说。胡适认为该书"是一部讨论妇女问题的小说,他对于这个问题的答案,是男女应该受平等的待遇,平等的教育,平等的选举制度"③。鲁迅也曾给予此书高度评价,认为"论学说义,数典谈经,连篇累牍而不能自已"④。

《浮生六记》是清代文学家沈复(今江苏苏州人)创作的自传体散文。虽然第五卷、第六卷已佚,但沈复随笔式的写作手法,使其在清代笔记体文学中占有重要的位置。更重要的是,《浮生六记》以散文的形式,表现沈复、陈芸夫妻二人的生活细节,并"由这些生活细节构成沈复、陈芸二人的生活场景,又由这些生活场景衔接成一部特定时代小人物的生活史"⑤。其第二卷《闲情记趣》中的《童趣》入选人教版的语文课本中,足见其影响力。

---

① 鲁迅. 中国小说史略. 上海:上海古籍出版社,1998:160.
② 蒋寅. 袁枚诗学的核心观念与批评实践. 文学遗产,2013(4):118.
③ 鲁迅. 中国小说史略. 上海:上海古籍出版社,1998:181.
④ 鲁迅. 中国小说史略. 上海:上海古籍出版社,1998:180.
⑤ 黄强. 中国古代散文题材领域的新拓展——从李渔的《一家言》到沈复的《浮生六记》. 浙江社会科学,2009(8):92.

除上述作品外,晚清四大谴责小说中,有三部与江苏有关。

《老残游记》出自清末小说家刘鹗(今江苏镇江人)之笔。该书以郎中老残的行医经历为主线,严厉批判清末官宦的昏庸。此外,由于作者在书中对风景的描写、音乐的描述等多个方面有很高的造诣,因此学界对其作品叙事十分关注。在评价此书时,鲁迅认为"摘发所谓清官者之可恨,或尤甚于赃官,言人所未尝言,虽作者亦自甚喜"①。

《官场现形记》是晚清小说家李伯元(今江苏武进人)所作的长篇小说。小说于 1903 年 10 月 27 日起在李伯远自己创办的《世界繁华报》上开始连载,每十二回为一编,共六十回,于 1905 年 11 月 15 日连载完毕。②该书由多个独立的官场故事连缀起来,对清政府的官僚腐败进行了严厉的抨击。鲁迅曾将此书与吴敬梓的《儒林外史》相比较,认为"官场伎俩,本小异大同,汇为长编,即千篇一律。特缘时势要求,得此为快,故《官场现形记》乃骤享大名;而袭用'现形'名目,描写他事,如商界学界女界者亦接踵也"③。

《孽海花》最初由清末国学大师金松岑(今江苏吴江人)撰写前六回,后交小说家曾朴(今江苏常熟人)续写后二十九回。小说通过隐喻,抨击清末封建知识分子与官僚士大夫的虚伪与昏庸。该书最早见于《江苏》杂志,在《小说林》杂志创刊后,又在此刊上连载了五回,在当时引起了广泛的影响。有意思的是,学界对该书的评价不一。胡适在与钱玄同的讨论中认为"《孽海花》为《儒林外史》之产儿。其体裁为不连属的种种实事勉强牵合而成,合之可至无穷之长,分之可成无数短篇写生小说。……《孽海花》一书,适以为但可居第二流……"④鲁迅却认为其"结构工巧,文采斐然"⑤。但无论如何,从《孽海花》的文学与社会影响来看,实属佳作。

---

① 鲁迅. 中国小说史略. 上海:上海古籍出版社,1998:211.
② 参阅:王学钧.《官场现形记》连载及刊行考. 明清小说研究,2008(3):174-182.
③ 鲁迅. 中国小说史略. 上海:上海古籍出版社,1998:206-207.
④ 参阅:方晓红. 关于胡适论《孽海花》之结构的批判. 明清小说研究,1998(3):244-250.
⑤ 鲁迅. 中国小说史略. 上海:上海古籍出版社,1998:213.

至此,我们共选择了《红楼梦》《西游记》《水浒传》《三国演义》《世说新语》《文选》《南唐二主词》《封神演义》《桃花扇》《儒林外史》《随园诗话》《镜花缘》《浮生六记》《老残游记》《官场现形记》《孽海花》等 16 部作品,作为江苏文学经典的代表性作品。这些作品是中国文学经典中的瑰宝,是中国文学和中国文化的突出代表。其中部分作品有多个英译本,但也有部分作品暂时还未英译。我们会在下文中根据作品的英译情况,再次进行筛选,确定待以研究的代表性英译主体。

二、翻译主体概念界定

在确定代表性英译主体之前,需要明确我们在本书中所指的翻译主体概念。译学界对翻译主体的概念界定,论述颇丰,这也为我们提供了理论支撑。

许钧在《翻译论》中通过梳理国内外的相关资料,针对"谁是翻译主体"这一问题,总结出了四种观点:"一是认为译者是翻译主体;二是认为原作者与译者是翻译主体;三是认为译者与读者是翻译主体;四是认为原作者、译者与读者均为翻译主体。"①从目前的译学界来看,对翻译主体的争论大多集中在原作者、译者和读者三者之间。许钧评价这四种观点"看上去是不一样的,显得有些混乱,但若考虑到近四十年来不断发展的哲学、文艺思潮与文学理论对翻译理论的影响,就不难明白这些答案的出现都是以一定理论为支撑的"②。可以确定的是,无论是哪一种观点,对于译者的翻译主体地位,都是认可的,各种观点之间的差异,来自于译者和其他与翻译活动有关的主体之间的互动关系。在这一点上,国内外学者有着不同的看法。

法国翻译理论家贝尔曼的著作《翻译批评论:约翰·唐》是他对翻译批评的系统思考。在这本书中,贝尔曼考察了两种"极端"的翻译批评模式:梅肖尼克的"介入批评"和特拉维夫学派的"实用主义批评"。在贝尔

---

① 许钧. 翻译论(修订本). 南京:译林出版社,2014:244.
② 许钧. 翻译论(修订本). 南京:译林出版社,2014:244.

曼看来,这两种翻译批评模式"重新拾起翻译理论自发展以来就争论不休的老问题:是要忠实(忠实于原作)还是要再创造(以适应目的语语言文化)? 两个极端都是已有的客观存在,真理却到底在谁的手中? 贝尔曼将两类批评标准并置,给予肯定与否定,就是想要表明,在这两个极端之间,有一个不应跨越也不能跨越的中点:翻译主体"①。在贝尔曼看来,要想寻找一条可行的翻译批评之路,就必须从翻译主体出发。翻译批评应当始于对翻译主体的寻找。在阐述如何寻找翻译主体时,贝尔曼提出了"译者是谁"这一个问题,并认为应当考察译者的翻译立场、翻译方案和翻译视界。贝尔曼在研究翻译批评时对译者的关注,使他提出了"走向译者"这一响亮的口号。毫无疑问,在贝尔曼看来,译者是唯一的翻译主体。

同样持这样观点的还有袁莉。在《关于翻译主体研究的构想》一文中,袁莉首先对翻译主体研究的现状进行了考察,其次通过对阐释学视域中的主体进行考察,得出了只有尊重翻译主体才是翻译一书审美价值得以实现的唯一途径的结论。在考察翻译主体时,袁莉借用艾布拉姆斯的艺术四要素图示,构建了翻译的阐释循环图示,即"以译者为基点(中介),直接与另外三极:原作、译作和世界发生关系",并明确提出在这"其中,译者是这个阐释循环的中心,也是唯一的主体性要素"②。

陈大亮也是单一主体论的支持者。与贝尔曼、袁莉的落脚点不同,陈大亮是从原作者与译者的关系角度出发,考察谁是翻译主体这一问题的。陈大亮认为,"原作者与译者不存在对话关系,他们既不在同一时间,又不在同一空间。文本的出现使原作者与译者产生了必然的间距,因而,翻译是一种跨语言、跨文化、跨时间和空间距离的不对称交流。译者只能与文本通过语言的媒介对话而不是作者通过文本的中介对话"③。在陈大亮看来,译者是在与文本进行对话,而并非原作者。因而对译者行为产生影响的并不是原作者本身,而是原作。这种否定译者与原作者对话的观点事

---

① 许钧. 当代法国翻译理论. 武汉:湖北教育出版社,2004:282.
② 参阅:袁莉. 关于翻译主体研究的构想//张柏然,许钧. 面向21世纪的译学研究. 北京:商务印书馆,2002:397-409.
③ 陈大亮. 谁是翻译主体. 中国翻译,2004(2):5.

实上否认了原作者成为翻译主体的可能。

其实早在 20 世纪 30 年代,本雅明就已经在《译者的任务》一文中,从译者的角度考察翻译。大多数学者认为此文的重要价值在于其为后来的解构主义奠定了理论基础。但事实上,本雅明在这篇探讨可译性的文章中,同时表明了在翻译活动中,译者所起到的重要作用。在本雅明看来,"译者的任务应当是从目的语中找到翻译的意图,并在翻译中激发出原作的回声"①。与传统的结构主义翻译观不同,本雅明并不强调形式的重要性。这也就意味着译者的主体性得以进一步体现,"译者的任务是在自己的语言中将纯语言从另一种语言魔咒中解脱出来,在再创造中将囚禁在这一作品中的语言解救出来"②。可见,在本雅明看来,译者与原作者、译者与原作之间的关系并不是简单的传递原作者话语和复制原文,译者的"再创造"从某种角度来说比"忠实"更为重要。所以,译者是当然且极其重要、甚至可以独立存在的翻译主体。

也许本雅明的这些观点过于特立独行,以至于我们对翻译主体的思考陷入了停滞。事实上,即便是本雅明,也注意到了与译者紧密相连的某些因素,只不过对本雅明而言,译者的主体性太强,以至于我们在强大的译者主体性下容易忽略那些看似模糊的联系,以及承载这些联系的其他相关主体。

持多元主体观的学者正是从主体间性的视角看待翻译主体问题的。在他们看来,虽然译者是毋庸置疑的翻译主体,但译者不仅仅要面对原作和译作的种种符号,更要去阐释符号所承载的意义。这种符号与意义的关系并非一一对应,而是作者给原作的符号赋予了意义,译作读者对译作的符号进行阐释。因此,译者与原作者和读者之间的关系密不可分。早

---

① Benjiamin,W. The task of the translator. Rendall,S.（trans.）. In Venuti,L.（eds.）. *The Translation Studies Reader*（*Third Edition*）. London：Routledge，2012：79-80.

② Benjiamin,W. The task of the translator. Rendall,S.（trans.）. In Venuti,L.（eds.）. *The Translation Studies Reader*（*Third Edition*）. London：Routledge，2012：80.

在 30 多年前,杨武能就对这种关系进行了系统阐释。杨武能认为,"与其他文学活动一样,文学翻译的主体同样是人,也即作家、翻译家和读者;原著和译本,都不过是他们之间进行思想和情感交流的工具或载体,都是他们创造的客体。而在这整个的创造性的活动中,翻译家无疑处于中心的枢纽地位,发挥着最积极的作用。在前,对于原著及其作者来说,他是读者;在后,对于译本及其读者来说,他又成了作者。至于原著的作者,自然是居于主导地位,因为是他提供了整个活动的基础,限定了它的范围;而译本的读者也并非处于消极被动的无足轻重的地位,因为他们实际上也参与了译本和原著的价值的创造"①。杨武能的阐释既说明了作者与读者对译者的作用,也把译者从原作与译作的符号中解救出来。近些年,译学界开始越来越关注译者模式、译者行为研究,也说明了翻译主体间互动关系之于翻译行为的重要性。我们不能机械地认为译者在复制原文,这违背了翻译的再创造本质。事实上,译者与原作者的互动极具价值。"一方面,译者在求证的过程中,不断加深对原文的语言、修辞、逻辑、结构等方面的理解,为翻译打下基础;另一方面,译者的疑问又帮助作者发现原文中的失误,译者在译文中可以改正,而作者在原文再版时也能加以修正。"②江苏籍作家毕飞宇就坦言:"和一个自己信得过的人建立一种长期的、有效的对话关系,这对一个小说家的成长是很重要的。"③

　　如果我们把翻译主体的视域再扩大,我们会发现,随着跨文化交流的不断深入,在原本产生相互关系的原作者、译者、读者之外,似乎还存在着其他影响译者翻译行为的主体。这些主体的身份特征越来越明显,和译者的关系也越发紧密。谢天振是国内第一个将法国文学家、社会学家埃斯卡皮的"创造性叛逆"引入中国的学者。在其最重要的著作《译介学》中,谢天振提出了一种全新的视角。他认为:"除译者外,读者和接受环境

---

① 杨武能. 翻译、接受与再创造的循环——文学翻译断想之一//许钧. 翻译思考录. 武汉:湖北教育出版社,2006:227-228.
② 许诗焱,许多. 译者—作者互动与翻译过程——基于葛浩文翻译档案的分析. 外语教学与研究,2018(3):448.
③ 毕飞宇,张莉. 牙齿是检验真理的第二标准. 北京:人民文学出版社,2015:88.

等同样是创造性叛逆的主体。一部严肃的政治讽刺读物,通过译者的翻译传到了另一个国家,居然成了一部轻松愉快的儿童读物,一部在自己国家默默无闻的读物,通过翻译传到另一个国家却成了一部经典性的著作,这其中固然有译者的作用,但怎能离得开读者和接受环境的作用呢?"①谢天振对创造性叛逆的阐释为我们界定翻译主体提供了借鉴。虽然他所提及的接受环境并不是适格的主体,但在翻译主体研究时,我们不应忽略接受环境这一影响译者翻译行为的重要因素。

　　谢天振对创造性叛逆主体的阐释让我们想到了另一位法国著名的社会学家布尔迪厄。布尔迪厄提出的场域概念,对翻译主体的研究极具启发。在他看来,"社会活动的场域,是参与者或代理人进行权力斗争的场所——对我们来说,该场所指的是翻译,其潜在参与者包括作者、委托人、出版商、编辑、译者和读者"。② 从广义的翻译过程来看,翻译过程并不仅仅起止于译者的翻译行为,还包括了译前的译者选择、文本选择、底本选择等多个方面,以及译后的出版、读者接受等多个环节。在这个过程中,出版者起到了十分重要的作用。他把译者的翻译行为和市场连接在了一起。古昂维奇就曾指出,"作为一种文化行为,翻译只有在符合市场规律时才能体现出它的社会效应,即译者的翻译意愿和翻译成果必须得到读者的响应,文学批评的关注,甚至各种评奖活动的青睐,才可能造成一定的社会影响"③。同时,他也表示,"自由竞争的出版商是推出新人、新作、新文学品位的积极力量,为了获得最大利益,他们在选择翻译对象时首先会考虑业已承受住了文化考验的作品。由此可见,译作与原作受到同一个·客观逻辑的作用:在文化场中,最具欣赏性的作品会被大众接受并占据垄断地位"④。以法国著名的毕基埃出版社为例,该社在选择拟译作品时,一方面,根据读者的需求选择优秀且有市场潜力的作品;另一方面,还敢

① 谢天振. 译介学. 上海:上海外语教育出版社,1999:13-14.
② 杰里米·芒迪. 翻译学导论:理论与应用(第三版). 李德凤,等译. 北京:外语教学与研究出版社,2014:223.
③ 转引自:许钧. 当代法国翻译理论. 武汉:湖北教育出版社,2004:238.
④ 转引自:许钧. 当代法国翻译理论. 武汉:湖北教育出版社,2004:238.

于选择纯文学作品进行译介。诸如毕飞宇、黄蓓佳、苏童等一批江苏籍小说家的作品,正是通过毕基埃出版社被海外读者所知晓的。① 上海外语教育出版社推出的《三国演义》最新全译本,就是采取译者—编辑的合作模式,由虞苏美翻译,艾弗森编校。这一系列的翻译、出版行为都说明,以译者为核心的翻译行为,是和很多主体相互关联的。

翻译主体究竟是否包含原作者、读者等其他相关主体需要视研究的不同情况、不同目的而定。因此,对翻译主体的界定,往往是每一项研究单独界定的。查明建、田雨在《论译者主体性——从译者文化地位的边缘化谈起》一文中界定"翻译主体"时表示,"如果'翻译主体性'中的'翻译'是专指翻译行为本身,那么,这个翻译行为主体无疑是译者……如果'翻译主体性'中的'翻译'不是专指翻译行为本身,而是指涉与翻译活动全过程所有相关因素,那么这些因素中,除译者外还有两个主体,即原作者和读者……考虑到翻译活动的复杂性和各因素间的相关性,本文赞同后一种理解……因本文重点是研究译者主体性,因此,本文中的'翻译主体'指称译者"②。虽然这篇文章谈论的是译者主体性,但作者仍然比较了"翻译主体性"和"译者主体性"的区别,并根据自身的研究目的,将文章中的翻译主体界定为译者。同样的,穆雷、诗怡也在《翻译主体的"发现"与研究——兼评中国翻译家研究》一文中,直截了当地将文章中所指的翻译主体界定为翻译家。③ 可见,针对翻译主体概念,学界并无统一的看法,是需要在具体研究中界定的。

不可否认,译者作为最为核心的翻译主体,对翻译行为的影响最大也最为直接。原作者、读者等主体直接和译者发生联系,对译者的翻译行为产生间接的影响。这种和译者之间的联系是不应被忽略的。屠国元、朱

① 参阅:祝一舒. 翻译场中的出版者——毕基埃出版社与中国文学在法国的传播. 小说评论,2014(2):4-13.
② 查明建,田雨. 论译者主体性——从译者文化地位的边缘化谈起. 中国翻译,2003(1):21.
③ 参阅:穆雷,诗怡. 翻译主体的"发现"与研究——兼评中国翻译家研究. 中国翻译,2003(1):12-18.

献珑曾就国内译学界对翻译主体的研究进行过系统的梳理和总结,也得出了和我们类似的观点。他们认为,"原作者、译者、读者、接受环境(包括原语和译语的语言文化规范)等因素之间相互指涉相互制约从而促成翻译活动的整体性,而译者主体性在其中无疑是处于中心地位的,它贯穿于翻译的全过程,其他因素的主体性都只是体现在整个翻译中的特定环节。笔者认为把译者作为中心主体,而把原作者和读者作为影响制约中心主体的边缘主体。而接受环境虽然不构成主体性因素,但是在翻译过程中也是不可忽视的,亦应列入对中心主体制约的研究范围之内。在译学研究中,我们要对以上的各种因素统合考虑,才能真正洞悉翻译的本质。那种唯作者论、唯译者论或唯读者论的观点未免过于偏激"①。我们对翻译主体进行研究,无论是研究其主体性还是主体间性,切不能过于绝对化,盲目掐断翻译主体之间的相互联系,忽略影响翻译的各种因素。

现代阐释学对我们认识翻译主体有很大的帮助。在阐释学的翻译场中,"译者处于这个活动场最中心的位置,相对于作者主体和读者主体,译者主体起着最积极的作用。从这个意义上说,可以把译者视为狭义的翻译主体,而把作者、译者与读者都当作广义的翻译主体。在定义翻译主体性的时候,显然要考虑到作者、读者的主体作用,但居于中心地位的,则是译者这个主体"②。面对众多的江苏文学经典,其所涉及的翻译主体更多,因此,在研究这些翻译主体时,应当尽量缩小研究对象,从具有代表性的翻译主体出发,考察其翻译行为中各种影响翻译的因素。基于此,我们视译者为本书所指称的翻译主体,但在考察时,同时关注和译者发生联系的其他因素,以求归纳出具有代表性的结论。

三、代表性英译主体的选择标准

江苏文学经典众多,翻译主体复杂,既有海外著名汉学家,如霍克思、罗慕士等,也有国内知名翻译家,如杨宪益、林语堂等,此外还有传教士、

---

① 屠国元,朱献珑. 译者主体性:阐释学的阐释. 中国翻译,2003(6):9.
② 许钧. 翻译论(修订本). 南京:译林出版社,2014:244.

外交官、哲人、学者等。全面地对每一个译者进行研究,不仅难度大,且难以全面覆盖。因此,选取具有代表性的英译主体是必要且客观的。如何,确定译者是否具有代表性,是选择研究英译主体的前提。在选择时,我们认为,一方面,要考虑到译者个体是否具有代表性;另一方面,还应当从整体把握,在特定的译者群体中选择研究的英译主体。从译者个体来看,一个译者是否具有代表性,应当包含两个特质。

第一,所选译者应当具有丰富的翻译经验,是公认的翻译名家。之所以选择公认的翻译名家,是因为文学翻译本身就极具挑战性,如果没有丰富的翻译经验,就难以将江苏文学和江苏文化准确地传递给西方读者。毕竟,翻译绝对不是简单地查查字典,就可以完成的文字转换。关于这点,思果就曾经说过:"切不可译字,要译意,译情,译气势,译作者用心处。记住,译者最大的敌人是英文字。"①虽然思果探讨的是英译汉的问题,但翻译原则、方法是相通的。翻译家和新手译者的最大区别就在于对翻译的理解。因此,所选译者应当具有丰富的翻译经验。

第二,所选译者应当主要从事汉译英的翻译实践。虽然从整体上说,翻译的原则和方法是相通的,但不同符号、不同文化之间的差异性是显著的。这通常会影响一个译者的翻译选择和译介方式。更为重要的是,一个译者对母语和外语的熟练程度往往是不完全一致的。译学界通常更倾向于译者将外语译成自己的母语,也就是我们通常所说的译入,而并不鼓励将母语译成外语(译出),就是因为即使译者的外语水平再高,也难以达到母语的熟练程度。思果认为,"凡是论英文中译的,有很多(几乎全部)对中文英译有帮助。但只能说有帮助,动手翻译,另有无数关键是要知道的……要中译英,先要能写英文。这不是一件容易的事,绝非读了英文文法、修辞,看过小说、报纸就能做到……不在英文写作上下苦功,中文英译的工作是永远做不好的。不管写哪种英文,总要像那种英文;如果写不出那种英文,干脆不要译"②。诚然从文化认知的角度而言,译入往往是逊于

---

① 思果. 翻译研究. 桂林:广西师范大学出版社,2018:xxi.
② 思果. 翻译研究. 桂林:广西师范大学出版社,2018:281.

译出的,但单从语言符号的熟练水平而论,思果的观点是很值得我们重视的。虽然翻译的本质并不是简单的符号转换,但任何文学、文化的传播,都需要一个载体,读者对文学、文化的了解和认识是需要通过阅读来完成的,如果文字符号本身晦涩难懂,那必然会给文学、文化的传播带来困难,形成阻碍。我们并不死板地否认中国译者的英译能力,但是,代表性的英译主体应当是那些长期并主要从事汉译英翻译实践的译者。

此外,从研究的可行性角度出发,我们将代表性英译主体的选择范围缩小,以上文所选择的 16 部代表性江苏文学经典的英译本为范围,从这些译本的译者中,选择合适的人选进行研究。加上这一条件主要有两方面的考量。一方面,译者如果过多,会影响研究的质量,与其扩大研究面,不如选择少数几个具有代表性的译者进行深入研究,更具价值。另一方面,上文所选择的 16 部代表性江苏文学经典,已经基本涵盖了最重要的江苏文学经典作品,这些作品文学价值高、影响大,在这些作品的英译本译者中选择,能够起到更好的示范作用。

除了关注个体译者的代表性外,在选择时还应当关注译者群体,在可能的情况下,选择不同译者群体中的译者进行研究。周领顺等人曾对译者群体这个概念进行过界定。他们认为,"所谓译者群体,即以人群为单位划分的译者群。比如,从气质上分,有的是学者型译者,有的是作者型译者;从领域分,有的是职业译者,有的是业余译者、有的是儿童文学作品译者,有的是成人文学作品译者、有的是文学作品译者,有的是科技作品译者;从理论素养分,有的是翻译界内的译者,有的是翻译界外(其他领域)的译者;从国别分,有国内译者,也有国外译者,等等"①。对不同译者群体的关注是十分必要的。从译入译出的角度出发,不同国别、不同地域的译者群体的翻译目的是截然不同的。"源[原]语地区推出时希望将高水平的作品呈现于外域,弘扬民族文化和时代精神;目标语地区引进时则希望借小说了解中国社会的现状,其翻译选材也能体现出发起人的立场

---

① 周领顺,彭秀银,张思语,陈慧. 译者群体行为研究思路——主体以江苏籍翻译家群体翻译行为研究为例. 西安外国语大学学报,2014(4):101.

与意图。"①这种群体上的差异,不仅仅会让译者在翻译语言上存在不同,而且会使他们在翻译上的立场、动机、策略、方法都存在差异。特别是文化上的差异,因为"译者必定是某种语言文化滋润而生又受到另一种语言文化'增补'的人"②。在选择时,尽可能包含不同的译者群体,有助于保证研究的客观性,有效推动江苏文学经典的对外译介。

最后需要注意的是,尽管我们在之前选择了 16 部代表性江苏文学经典,但很多作品是同时包含节译本、选译本,以及全译本等多种译本的。因此,在有限的研究篇幅和时间内,我们会尽可能选择全译本的译者,以及那些翻译了多部作品,或多个译本的译者。

四、代表性译者的确定

在上文中,我们确定了 16 部代表性江苏文学经典作品,分别是《红楼梦》《西游记》《水浒传》《三国演义》《世说新语》《文选》《南唐二主词》《封神演义》《桃花扇》《儒林外史》《随园诗话》《镜花缘》《浮生六记》《老残游记》《官场现形记》《孽海花》。根据我们之前确定的选择标准,首先需要梳理这些作品的英译全译本,同时确定译本的译者。

《红楼梦》目前共有三个英文全译本。③ 最早的全译本是彭寿神父(the Reverend Bramwell Seaton Bonsall)在 20 世纪 50 年代翻译的。这个译本并未刊稿,直到 2004 年 7 月,才由香港大学图书馆以电子版的形式发布。杨宪益、戴乃迭于 20 世纪 70 年代末在外文出版社出版了三卷一百二十回的《红楼梦》全译本,这是至今唯一一个中国人翻译的《红楼梦》英文全译本。1999 年,外文出版社再次重版了杨戴二人的版本。另一个《红楼梦》全译本是霍克思(David Hawkes)、闵福德(John Minford)的合译本。其中,霍克思翻译了前八十回,后四十回的英译则由闵福德完成。

---

① 王颖冲,王克非. 现当代中文小说译入、译出的考察与比较. 中国翻译,2014(2):38.
② 王克非. 总序//王颖冲. 中文小说英译研究. 北京:外语教学与研究出版社,2018:x.
③ 详见:唐均.《红楼梦》译介世界地图. 曹雪芹研究,2016(2):30-46.

《西游记》目前共有两个英文全译本。^① 第一个全译本是余国藩在芝加哥大学出版社出版的四卷全译本。该译本包含大量注释,被称为迄今为止最好的《西游记》英文全译本。另外一个全译本是 1994 年詹纳尔(William Jenner)在外文出版社和商务印书馆出版的四卷全译本。这个译本在 2003 年时还被收录进"大中华文库",是再版最多的一个全译本。

《水浒传》目前共有四个英文全译本。^② 由于《水浒传》版本较多,所以其英译本的底本并不完全相同。1933 年,赛珍珠(Pearl S. Buck)的《水浒传》全译本在纽约和伦敦同时出版。赛珍珠全译本选择的底本是明末金圣叹的七十回本,又称《贯华堂第五才子书水浒传》。赛珍珠的这个译本由于出版较早,且是在中国翻译完成的,因此一直以来流传很广,影响较大。1937 年,同样是以明末金圣叹的七十回本为底本,商务印书馆推出了杰克逊(J. H. Jackson)的全译本。这个译本由方乐天(Edwin Lo-tien Fang)编校,虽然多年来几经再版,但学界对这个译本褒贬不一。1980 年,外文出版社推出了沙博理(Sidney Shapiro)的《水浒传》全译本。与前两个全译本不同,沙博理一百回的译本,前七十回采用了金圣叹的版本,后三十回采用了明代容与堂本的《水浒传》。明代容与堂本以《李卓吾先生批评忠义水浒传》为底本,共一百回,是目前中国接受程度最高的《水浒传》版本。沙博理的译本一版再版,并在 1999 年被收录进"大中华文库",分五册出版,被公认为目前最为成功的一个《水浒传》英文全译本。最后一个英文全译本是登特-杨父子(J. Dent-Young, A. Dent-Young)合译的五卷本。该译本以袁无涯的一百二十回《水浒全传》为底本,是迄今为止唯一一个一百二十回英文全译本。此译本借鉴了之前沙博理译本的成功经验,并且尽可能不添加注释,具有较高的可读性。

《三国演义》目前共有三个英文全译本。1925 年,英国人邓罗(C. H. Brewitt-Taylor)在别发洋行出版了两卷本的《三国演义》英文全译本。该

---

① 详见:郑锦怀,吴永昇.《西游记》百年英译的描述性研究. 广西社会科学,2012(10):148-153.

② 详见:吴永昇,郑锦怀.《水浒传》百年英译的描述研究及其修辞启示. 宁夏大学学报(人文社会科学版),2017(4):142-148.

译本是邓罗基于多年翻译三国相关文本的经验所完成的,虽然有一些瑕疵,但依旧对三国文化在海外的传播起到了重要作用。1991 年,罗慕士(Moss Roberts)在外文出版社出版了《三国演义》第二个全译本。在这个全译本中,罗慕士参考及注释了如嘉靖本《三国志通俗演义》,以及《三国志》《资治通鉴》《后汉书》《三国志平话》等大量的相关史料,是目前世界影响最大、最为成功的全译本。这一译本后来也被收录进了"大中华文库"。2017 年,虞苏美和罗纳德·C.艾弗森(Ronald C. Iverson)(编校)合作,在上海外语教育出版社出版了最新的《三国演义》英文全译本。这也是第一个由中国人翻译的英文全译本。该译本一经问世就受到了极大的关注。该译本共三卷,在完整展现原作风貌的同时,更注重保留原作中的中国文化,并进行文化注释。

《世说新语》由于涉及人物多达 1500 余人,且这些人物大多包含头衔,因此翻译难度很大。到目前为止,唯一的英文全译本是 1976 年马瑞志(Richard B. Mather)的版本。该译本由美国明尼苏达大学出版社出版,并在 2002 年由密歇根大学汉语研究中心再版。2007 年,马瑞志的译本被收录进"大中华文库"。周一良曾高度评价此译本,并称赞"马氏功力甚勤"①。

《文选》共 60 卷,分为赋、诗、骚等 37 种类别,翻译难度很大,目前还没有英文全译本。康达维(David R. Knechtges)从 20 世纪 70 年代起,就开始了《文选》的翻译工作。他个人计划将整个《文选》翻译完,分八册出版。目前,《文选》中赋的部分(约 19 卷)已经翻译完成,由普林斯顿大学出版社分三册出版。2014 年,这三册《文选》获得"国家图书奖"。同年,康达维本人亦获得第八届中华图书特殊贡献奖。

《南唐二主词》中的部分词已有英文译本,但整书并没有英文全译本。

《封神演义》目前仅有一个英文全译本,即新世界出版社于 1992 年出版的顾执中译本。该译本分为上、下两卷。新世界出版社后在 2000 年再版。同年,该译本被收录进"大中华文库"。虽然该译本未将原作中部分

---

① 周一良. 魏晋南北朝史论集. 北京:北京大学出版社,2010:454.

诗词译出,个别章节未全部对应翻译,但主要是为了照顾西方读者的阅读习惯,其依然是海内外至今最全的英译本。① 虽然《封神演义》和中国文学四大名著相比海外影响较小,但顾执中的英文全译本对西方读者了解中国商周文化,是十分有价值的。

《桃花扇》由于篇幅适中,因此有较多的英文全译本,目前一共有五个全译本。1976 年,哈罗德·阿克顿(Harold Acton)、陈世骧、白芝(Cyril Birch)三人合译,为世人呈现了英语世界第一个《桃花扇》全译本。由于这是英语世界的第一个全译本,因此受到了较多的关注。1998 年,中国香港的杨铁梁在香港大学出版社出版了第一个中国人自己翻译的《桃花扇》全译本。由于杨铁梁是法律人士,翻译只是他的兴趣,因此他的这个译本并未受到过多的关注。2009 年,中国对外翻译出版公司出版了许渊冲、许明合译的汉英对照《桃花扇》。同年,在外文局的帮助下,新世界出版社出版了尚荣光翻译的《桃花扇》英文全译本,此本也被"大中华文库"所收录。除了以上四个译本外,加拿大人石峻山(Josh Stenberg)在南京大学中文系求学期间,也翻译了《桃花扇》全文。石峻山本人还被余光中评价为"中国最好的戏曲翻译"②。

《儒林外史》目前仅有一个英文全译本。1957 年,杨宪益、戴乃迭夫妇合译了迄今为止唯一的一个英文全译本,由人民文学出版社出版。此后,这个译本由外文出版社一版再版,并于 1999 年被"大中华文库"收录。

《镜花缘》目前仅有一个英文全译本。1965 年,美国加州大学出版社出版了林太乙翻译的《镜花缘》英文全译本。该译本是林太乙应联合国教科文组织邀请翻译的。2005 年,译林出版社再版该译本,并收录进"大中华文库"。林太乙是林语堂的次女,擅长双语写作。

《浮生六记》目前共有四个英文全译本。③ 1935 年,林语堂将自己所

---

① 参阅:石昌渝. 前言//许仲琳. 封神演义(Creation of the Gods).顾执中,译. 北京:新世界出版社,2000:17-36.

② 王凡.石峻山:一个加拿大人的昆曲奇缘.现代快报,2018-11-25(B03).

③ 详见:梁林歆,许明武. 国内外《浮生六记》英译研究:回顾与展望. 外语教育研究,2017(4):53-59.

译的《浮生六记》刊登在《天下月刊》(*T'ien Hsia Monthly*)和《西风月刊》(*Hsi Feng*)两种英文杂志上。1935 年 5 月,上海西风出版社以连载的译本为基础,出版了《浮生六记》的英文单行本。这是目前已知最早的英文全译本。由于林语堂英语纯熟,文化造诣高超,因此林译本是目前海内外影响最大、最为成功的一个英文全译本。1999 年,外语教学与研究出版社再版了林语堂的译本。1960 年,牛津大学出版社出版了第一个由外国译者翻译的英文全译本,译者是英国汉学家雪莉·布莱克(Shirley M. Black)。虽然该译本对《浮生六记》原文中部分游记内容、园林景色和文艺评论进行了一定的删减,但整体上内容依然充实,是极具研究价值的一个译本。1983 年,白伦(Leonard Pratt)和江素惠(Chiang Su-hui)在企鹅出版集团出版了他们合译的《浮生六记》全译本。该译本和以往的全译本相比,添加了大量的副文本,供读者了解中国文化。2006 年,译林出版社购买了该译本版权,在中国出版,并将其收录进“大中华文库”中。《浮生六记》最新的一个英文全译本出版于 2011 年,由格雷厄姆·桑德斯(Graham Sanders)翻译,哈克特出版公司出版。桑德斯在翻译中借鉴了林语堂和白伦的两个译本,并在白伦译本基础之上添加了更多的相关副文本信息。

《老残游记》目前只有哈罗德·谢迪克(Harold Shadick)的一个英文全译本。谢迪克早在 1939 年就已经完成了《老残游记》英文全译本,但因为当时的时局问题,未能出版。直到 1952 年,该译本才由康奈尔大学出版社出版。2005 年,译林出版社购买该译本版权,在中国出版汉英对照版,并收录进了“大中华文库”。

《随园诗话》《官场现形记》和《孽海花》三部作品目前没有英文全译本。

通过梳理和统计,到目前为止,16 部江苏文学经典的代表性作品一共有 26 个英文全译本,涉及彭寿神父、杨宪益、戴乃迭、霍克思、闵福德、余国藩、詹纳尔、赛珍珠、杰克逊、沙博理、登特—杨父子、邓罗、罗慕士、虞苏美、马瑞志、顾执中、哈罗德·阿克顿、陈世骧、白之、杨铁梁、许渊冲、许明、尚荣光、石峻山、林太乙、林语堂、雪莉·布莱克、白伦、江素惠、格雷厄姆·桑德斯、哈罗德·谢迪克等 32 名译者。从译入和译出的视角出发,我们可以通过国籍将这些译者区分为中国籍译者和外国籍译者。如果以国籍进行区分,则有中国籍译者 12 人,外国籍译者 20 人。需要注意的是,这里是为了考虑译者的译入或译出视角,所以才用国籍进行了简单的区分,并不代表着译者的文化立场、文化身份。一个译者的文化立场、文化身份,并不等同于其国籍。汪宝荣在论述译者姿态理论时曾经对从事中华文化外译的译者文化身份进行过分类和界定。在他看来,"从事中华文化外译、具有中华文化身份的译者主要有四类:中国本土译者(如林语堂、杨宪益、萧乾、王佐良),身在国外却有着强烈的中华文化归属感的华裔译者(如王际真、余国藩、夏志清),港澳台华人译者(如孔慧怡、齐邦媛),到国内'寻根'并谋求个人事业发展的海外裔译者(如梁社乾)"①。在上述 32 位译者中,就不乏这样的译者。在选择代表性译者时,我们既会考虑到译者的国籍,也会考虑到其文化立场和文化身份。

根据上文所提出译者选择标准,并考虑研究的可行性,我们选择霍克思、闵福德、罗慕士、沙博理、杨宪益五位中外代表性译者。霍克思、闵福德虽然是合译《红楼梦》,但除此合译外,霍克思还翻译了《楚辞》《中国汉魏晋南北朝诗集》等中国古代诗歌名篇,闵福德更是翻译过《孙子兵法》《易经》《聊斋志异》《道德经》等文学、军事学名著,两人对江苏文学、中国文学的翻译与传播都起到了举足轻重的作用,因此双双入选。选择罗慕士的原因也大致相同,除了《三国演义》的英文全译本外,罗慕士还曾翻译过《道德经》《中国童话故事集》等名篇,值得关注。沙博理具有文化异质性,杨宪益英译作品丰富,他们都是公认的翻译大家。

全此,本书拟深入研究的代表性译者都已选择完毕。这些译者不仅翻译了重要的江苏文学经典,也同时对其他中国文学经典予以译介。从他们身上,我们能够充分感受到那份对中国文学、中国文化的强烈热爱。通过全面深入的研究,考察他们的翻译观、文化立场、翻译动机、翻译选择,以及译介方式等方面,找寻他们之间的共性与差异,势必能为未来江

① 汪宝荣. 译者姿态理论与中华文化外译——以王际真英译《阿 Q 正传》为例. 燕山大学学报(哲学社会科学版),2018(1):35.

苏文学经典乃至中国文学经典英译时的译者选择、译者模式的确定提供有价值的参照。因此,在分析时,我们并不局限于考察他们所译介的江苏文学经典,分析其中的江苏元素,而是将江苏文学文化融入整个中国文学文化中,发现这些译者身上的闪光之处。

第二章　霍克思英译研究

　　1923 年 7 月 6 日,霍克思(David Hawkes)出生在英国伦敦东部。[①]
18 岁进入牛津大学基督教堂学院古典文学专业学习。正是在此期间,霍
克思接触到了林语堂《生活的艺术》(*The Importance of Living*)一书,开
始对中国文学产生兴趣。第二次世界大战期间,出于申请入伍时体检未
通过,霍克思转而前往英国皇家军队情报部门,接受军事日语的培训工
作,之后成为日语集训课程的初级教员。在服役期间,霍克思接触到了由
伦敦乔治·艾伦与昂温出版有限公司(George Allen & Unwin Ltd.)出
版、韦利(Arthur Waley)翻译的《西游记》节译本《猴王》(*Monkey*),加深
了其对中国文学的兴趣。

　　二战结束后,霍克思返回牛津大学,由于对之前古典文学专业中古代
哲学和古代史的课程没有兴趣,加之牛津大学当时并没有日语专业,因
此,霍克思转入东方学系汉学科,成为牛津大学汉学科继戴乃迭(Gladys
Taylor)之后的第二位学生,师从当时汉学科唯一的教师,汉学家、伦敦差
会教士修中诚(Ernest Richard Huges)。在此期间,霍克思还结识了中国
著名戏剧家熊式一先生。1947 年,霍克思获得牛津大学中文学士荣誉学
位,并考取研究生,将《楚辞》作为研究方向。

　　1948 年,霍克思参加了首届"青年汉学家会议"。在完成《离骚》的英

①　本部分关于霍克思的生平,内容多参阅:王丽耘. 大卫·霍克思汉学年谱简编. 红
　　楼梦学刊,2011(4):71-117;朱振武,等. 汉学家的中国文学英译历程. 上海:华
　　东理工大学出版社,2017. 在此一并表示感谢!

译后,霍克思前往北京,在燕卜荪(William Empson)的帮助下,开始了为期三年的北京大学求学生涯。后来由于朝鲜战争爆发,霍克思被迫返回英国。在中国期间,由于对《红楼梦》的兴趣,霍克思将"香菱学诗"和"宝玉黛玉同看《西厢记》"的片段翻译成了英文。

回英国后,霍克思于 1952 年获得了牛津大学东方学系高级文学学士学位,在受聘担任牛津中文讲师的同时,开始攻读博士学位。1955 年,32 岁的霍克思完成了题为"楚辞创作日期及作者考订"("The Problem of Date and Authorship in Ch'u Tz'u")的博士论文,获哲学博士学位。1959 年和 1967 年,霍克思撰写的《楚辞,南方诗歌——古代中国文学选集》(*Ch'u Ts'u*,*The Songs of the South*:*An Ancient Chinese Anthology*),以及他翻译并批注的《杜诗初阶》(*A Little Primer of Tu Fu*)由牛津大学克拉伦登出版社先后出版。

1970 年,霍克思和闵福德一起,签约企鹅出版集团,翻译出版《红楼梦》。其中,霍克思翻译前八十回,闵福德翻译后四十回。前二十六回以《枉入红尘》(*The Golden Days*)为书名,于 1973 年出版。第二十七回至第五十三回取名为《海棠诗社》(*The Crab-Flower Club*),于 1977 年出版。第五十四回至第八十回取名《异兆悲音》(*The Warning Voice*),于 1980 年出版。至此,《红楼梦》前八十回译毕,取名为《石头记》(*The Story of the Stone*)。

1983 年,60 岁的霍克思从牛津大学退休,随即离开牛津,前往威尔士山区锡尔迪金郡的兰德韦布雷菲(Llanddewi Brefi)生活。2009 年 7 月 31 日,霍克思在牛津家中离世,享年 86 岁。

霍克思从阅读韦利的《西游记》选译本开始,逐渐对中国文学产生了浓厚的兴趣。他的一生都在为中国古典文学的对外译介和传播做着贡献。特别是其与闵福德合译的《红楼梦》,更是成为经典之作。霍克思在其翻译生涯中,秉持着怎样的翻译观和文化立场,有着怎样的翻译动机和翻译选择,在翻译中遇到了哪些困难和障碍,采取了何种译介方式,值得我们研究与思考。

第一节　忠实且极具学术探究精神的翻译观

　　每一个译者都在不同的生长环境中成长,不同的社会环境、教育背景、翻译经历,都会使其形成独特的翻译观。一个译者的翻译观,又直接影响其翻译的选择,以及翻译的策略与方法。可以说,翻译观"直接体现了译者对翻译活动的理解,也制约着译者的价值取向及翻译方法"①。在霍克思六十多年的翻译生涯中,他的翻译实践始终受到其翻译观念的影响。梳理、归纳并阐释霍克思的翻译观,有助于我们了解汉学家是如何理解翻译,又是如何看待江苏古典文学、中国古典文学的。

　　霍克思的翻译实践源自于在牛津大学求学时期的《离骚》翻译。在1948年前往北京之前,霍克思就已经完成了《离骚》的英译本。在霍克思看来,翻译是研究的第一步,由于他决心在硕士阶段研究楚文学,因此,翻译《离骚》成为其研究起始的第一步。在抵达北京并进入北京大学学习后,霍克思继续《楚辞》的翻译工作。在霍克思看来,他翻译《楚辞》,"不是非常文学性的翻译,只是为自己译出那些词。努力弄清它的含义,然后把它译出来"②。可见在当时,霍克思最困难的问题来源于对《楚辞》原文语言的理解。这种出于研究的翻译目的,使霍克思逐渐形成了保证翻译中语言准确的翻译习惯,进而形成了忠实的翻译观念。霍克思的忠实翻译观,总体上体现在对原作的忠实和对译文读者的忠实。

　　在对原作的忠实上,霍克思坚持认为"译者应该谦卑,更多关注原著的忠实传译与接受效果,而不是白身创造力的发挥或是个人更大声誉的获得"③。但是,霍克思并没有仅仅将忠实二字着眼于语言符号的忠实上,而是强调对诗歌整体的忠实。在比较施耐德(Gary Snyder)、华生

---

① 　许钧. 翻译论(修订本). 南京:译林出版社,2014:161.
② 　转引自:王丽耘. 中国文学交流语境中的汉学家大卫·霍克思研究. 福州:福建师范大学,2012:159.
③ 　转引自:王丽耘. 中国文学交流语境中的汉学家大卫·霍克思研究. 福州:福建师范大学,2012:68-69.

(Burton Watson)和韦利的诗歌翻译时,霍克思强调了翻译诗歌的最基本要求:译作要读起来像诗歌。他说:"在寒山诗的英文译本中,我必须承认,我对斯奈德的翻译有着荒谬的爱。斯奈德的翻译当然不够准确,甚至于他有时候会很愚蠢,把金玉翻译成钻石貂皮。但是,他的译作读起来像诗。在我看来,华生的翻译介于斯奈德的和韦利的翻译之间:比韦利更加通俗一些,但又不像斯奈德的翻译那么夸张。"①在文学翻译中,诗歌的翻译往往更为困难,因为其独特的韵律和节奏往往无法在另一种语言、另一种文化中复制。这也导致了在诗歌翻译的批评和研究中,很大一部分是围绕诗体译诗还是散体译诗展开的。与霍克思倾向诗体译诗不同,翁显良被学界所关注,正是因为他所推崇的散体译诗。翁显良在《意态由来画不成》中认为:"翻译的目的是向读者介绍原作,是要人家懂而不是要人家不懂,所以不能不现代化,而且要不断地现代化,过了一定时期又得把译过的作品重新再译。"②正是这种向读者介绍原作的目的,使翁显良形成了诗歌散译的观点。表面上看,翁显良的诗歌翻译观和霍克思截然不同,翁显良认为诗歌翻译中的再现形象"绝不是临摹,似或不似,在神不在貌,不妨得其精而忘其粗";声律改创源于"语言不同……更不必受传统形式的束缚,押韵不押韵,分行不分行,一概无所谓"。③ 细细品读霍克思和翁显良的表述会发现,其实两个人的观点并不矛盾,虽然霍克思强调译作要读起来像诗歌,而翁显良则倾向注重神韵,但从根本上来看,两人都是希望能够在诗歌的翻译中忠实地再现原作的风采。无论是诗歌翻译批判,还是范畴更大的文学翻译批评,我们切不能二元对立,而应当从翻译的本质上去正确理解译者的翻译观。霍克思本人也对翻译批判中的二元对立持否定态度。在谈及《红楼梦》的翻译时,他就曾表示自己和杨宪益夫妇的译作"其实并没有什么高下之分,只是风格不同。他非常敬佩杨宪益夫妇,为他们能译出如此大量的作品而惊叹,甚至表示当时不知道杨宪益夫

① Hawkes, D. *Cold Mountain*: *100 Poems* by the T'ang Poet Han-shan by Burton Watson and Han-shan. *Journal of the American Oriental Society*, 1962, 82(4): 596.
② 翁显良. 意态由来画不成. 北京:中国对外翻译出版公司,1983: 2.
③ 翁显良. 古诗英译. 北京:北京出版社,1985: 小序.

妇也要译《红楼梦》,否则他自己就不会译了"①。

在霍克思自己的诗歌翻译实践中,他其实也是一直秉持着忠实于原作整体的翻译观的。在翻译《杜诗初阶》时,考虑到外国学生中文水平较差,学习中文诗歌有困难,霍克思采取了逐字对译、添加注释等方式,让学生能够更为准确地理解。"这种做法可以让读者对中国诗歌的本质有更加清楚和直接的认识。"②霍克思对原作的忠实,有着明确的翻译目的作为支持,而他的翻译目的,也恰恰是其忠实翻译观的第二层体现,即对译作读者的忠实。

霍克思在他所译的《红楼梦》第二卷《海棠诗社》的序言中有过这样的表述:"这部小说中年轻人的兴趣多半是文学上的,文中充满了与书籍、戏剧、诗相关的片段。那些在曹雪芹看来他同时代的中国人能够理解的文学背景,西方读者却不具备,因此常常会对这些片段感到困惑或无法理解。为了使这些片段明白易懂,我在翻译时偶尔会扩展一下原文,作进一步的解释。这种做法我认为读者是可以接受的。还有一种选择是用脚注来解释。脚注好倒是好,但在我看来,阅读带有大量注释的小说无异于戴着锁链打网球。"③可见,霍克思之所以对《红楼梦》的典故做文内注释,是为了提高西方读者的阅读体验,是从读者接受的角度出发的。这种看似对原文的不忠实,其实是符合霍克思传播中国文化、红楼文学的目的的。这也是为何霍译本在西方世界有很强的认可度和接受度。

从接受美学与接受理论的视角来看,文学交流是需要文本和读者之间的相互作用的。在沃尔夫冈·伊瑟尔(Wolfgang Iser)看来,文学作品的义本和读者之间是不对称的。他认为,"首先,读者无法检验他(她)对文本的理解是否正确。其次,文本和读者之间没有建立意图的调节语境;

---

① 朱振武,等. 汉学家的中国文学英译历程. 上海:华东理工大学山版社,2017:27.

② W,G. *A Little Primer of Tu Fu* by David Hawkes. *Bulletin of the School of Oriental and African Studies*,*University of London*,1968,31(2):451.

③ Hawkes,D. Preface. Fan S. Y. (trans.). In Cao,X. Q. & Gao,E. *The Story of the Stone 2*. *Hawkes*,*D.* (*trans.*). *Shanghai*:*Shanghai Foreign Language Education Press*,2014:8.

这种语境只有靠读者从文本的暗示或标示中建立"①。这和霍克思的做法不谋而合。对霍克思而言,他既是原作的读者,又是译作的"作者",所以他在翻译《楚辞》时选择了并不是非常文学的翻译方式,就是为了能纠正文本(《楚辞》)和读者(霍克思自己)之间的这种不对称性。他并不是要将他所翻译的《楚辞》介绍到西方世界,而是通过翻译去了解《楚辞》,进而去研究它。但在翻译《红楼梦》时,因为考虑到广大西方读者的文化与文学接受问题,霍克思转而用大量的文中注释,去帮助不了解中国文学与文化的西方读者建立起与文本的联系,"因为文本无法自发地响应读者的指示和问题"②。

同样,在诗歌翻译中,霍克思也非常重视译文对读者的友善程度。上文我们在分析霍克思秉持对原作的忠实观时,曾举过其评价寒山诗的例子。在那时,我们就已经看到了霍克思对于极端追求逐词逐句对应的否定。其实,霍克思在诗歌翻译上所秉持的整体性忠实,还蕴含着对读者接受的考量。1953 年,霍克思在评价海陶玮(James Robert Hightower)的《韩诗外传》时,曾就其翻译专门举了"夫形体也色心也"的例子。海陶玮将这句话翻译成"Form is the body and appearance is the mind"。霍克思认为,"这句话的翻译很是完美(因为每个英文单词都和中文一一对应了),但却让读者感觉莫名其妙……从上文可以看到,这翻译甚至连准确都谈不上。它也不可能准确,因为准确的前提是要符合语言习惯"③。在霍克思看来,如果读者无法通过阅读从文字中领悟文本的真实意义,那么翻译就是失败的。从翻译的本质来看,意义的传递需要符号作为载体,但在翻译中,意义的准确远比符号的正确更重要。无论是奈达(Eugene A.

---

① 转引自:姚斯,霍拉勃. 接受美学与接受理论. 周宁,金元浦,译. 沈阳:辽宁人民出版社,1987:376.

② 姚斯,霍拉勃. 接受美学与接受理论. 周宁,金元浦,译. 沈阳:辽宁人民出版社,1987:377.

③ Hawkes, D. *Han Shih Wai Chuan* by James Robert Hightower. *The Journal of the Royal Asiatic Society of Great Britain and Ireland*, 1953(3/4):165.

Nida)"首先是意义,其次是文体"①的观点,还是魏象乾"了其意,完其辞,顺其气,传气神"②的表述,中外翻译家无不在传递着意义之于翻译的重要。在这一点上,霍克思读者接受视角下的翻译忠实观和主流翻译界是相同的。

为了在翻译时力求忠实,霍克思秉持着严谨的学术研究译风。如果说霍克思翻译的忠实更多的是翻译本质的要求,那么他严谨的研究精神则是其学者身份的体现。一个译者的忠实,往往体现在不同的方面。有的译者更加偏重语言文字,有的译者则更多考虑意义的再现。但是,文学作品的翻译是不同文化之间的相互碰撞,文化是会存在缺项的。这些文化缺项会真实展现不同译者的不同翻译观。对霍克思而言,在翻译中弥补这种文化缺项的最好方法,就是尽可能地去尊重原作、尊重原作者、尊重译入语的文化。严谨的学术研究译风,是忠实翻译的最有力保证。作为牛津大学的教师,以及一名对中国文学怀有极度热情的学者,霍克思将严谨的学术作风带到了他的翻译活动中。

诗歌是极其讲究风格和韵律的。但中文诗的韵律往往很难和英文诗的韵律对应。在论及阿伦·艾林(Alan Ayling)和邓肯·麦金托什(Duncan Mackintosh)翻译的《续词选》(*A Further Collection of Chinese Lyrics and Other Poems*)时,霍克思给予了两位译者高度的评价。在翻译中,两位译者采用了不完全韵的诗词翻译方法,但霍克思并非仅仅表达了对特定韵律使用上的肯定,他更加肯定译者为寻求更好的翻译方法而做出的学术上的努力。他说:"最好的翻译通常是由那些拥有自己风格的译者做出的,他们经过不断的实践,形成了一种既适合自己又适合所译文本的风格。"③两位译者的宋词译本之所以获得成功,就是因为他们能够在诗

---

① Nida, E. A., Taber, C. R. *The Theory and Practice of Translation*. Leiden: E. J. Brill, 1969: 12.

② 陈福康. 中国译学理论史稿. 上海:上海外语教育出版社,1992: 76.

③ Hawkes, D. *A Further Collection of Chinese Lyrics and Other Poems* by Alan Ayling & Duncan Mackintosh. *Journal of the American Oriental Society*, 1973, 93(4): 636.

词翻译时秉着学术的探究精神,勇于创新,从而找到最适合自己、最适合文本,也最适合读者的译介方式。霍克思很欣赏韦利在诗歌翻译中添加相关背景说明的做法。他认为"韦利先生似乎很早就意识到了,如果没有为读者建起理解这些诗作的心理框架,而只是单纯翻译异域的文本文字,这样做是不够的"①。同样,在评论刘若愚(James J. Y. Liu)的《中国诗学》(*The Art of Chinese Poetry*)时,霍克思特别提到了刘若愚所做的索引,"就全书而言,这六页的索引对学习中文的西方学生而言极具价值"②。这些评论都表现出霍克思对于翻译中译者研究精神的赞同。

在自己的翻译实践中,霍克思也一直将这种严谨的学术探究精神贯穿始终。这从别人对其译作的评价中可见一斑。霍克思早年翻译的《楚辞》收录在其撰写的《楚辞,南方诗歌——古代中国文学选集》中。这本书对西方了解并研究中国南方诗歌,影响深远。哈罗德·谢迪克认为"这部包含了介绍和说明的译著,展现了作者严谨、批判的学术精神,以及可敬的判断力与审美"③。杨联陞在书评中更是举例称赞霍克思在翻译中所采用的注释方式。④"《楚辞》理解起来很困难,里面充满了关于作者、日期、文本,以及解释上的诸多问题……但霍克思通过旁征博引中国学者的观点,加上自己的研究,使得这部译作引人入胜、令人信服。"⑤韦利也认为

---

① 转引自:王丽耘. 中国文学交流语境中的汉学家大卫·霍克思研究. 福州:福建师范大学博士学位论文,2012:73.

② Hawkes, D. *The Art of Chinese Poetry* by James J. Y. Liu. *Bulletin of the School of Oriental and African Studies*, *University of London*, 1963, 26(3):672-673.

③ Shadick, H. *Ch'u Tz'u*, *The Songs of the South*. *An Ancient Chinese Anthology* by David Hawkes. *The Journal of Asian Studies*, 1959, 19(1):78.

④ 参阅:Yang, L. S. *Ch'u Tz'u*, *The Songs of the South*. *An Ancient Chinese Anthology* by David Hawkes. *Harvard Journal of Asiatic Studies*, 1960—1961, 23:209-211.

⑤ Whitaker, K. P. K. *Ch'u Tz'u*, *The Songs of the South*. *An Ancient Chinese Anthology* by David Hawkes. *Bulletin of the School of Oriental and African Studies*, *University of London*, 1960, 23(1):169-170.

"鲜有如此书一样集最新学术研究和文学佳作于一身的作品"①。这种将翻译与研究合二为一的翻译路径,也在霍克思的《红楼梦》翻译中有深入的体现。在霍克思所翻译的三卷中,每一卷都有长达十几页的序言,用以描述其对原作的考证和研究。特别是在第一卷的前言中,他更是把这种严谨的学术精神发挥得淋漓尽致。他写道:"在翻译这本小说的时候,我感到要忠实地遵从任何一个单独的底本是不可能的。第一回的翻译主要采用高鹗底本,因较之其他底本它的矛盾要少些,但趣味也少了些。不过在后来的章回中,我不时参照阅读一些抄本,而在极少的几处,我还自作主张做了小小的改动。我遵循的原则之一是把一切都传译出来——甚至双关语。因为,如前所述,虽然这是一部'未完成'的小说,但却是一位伟大艺术家用毕生心血反复修改而就的作品。我因此认为,在文中发现的一切有目的的东西,都必须设法传达出来。我不能说自己始终做得成功,不过,假若我能够把这部小说给予我的阅读快感向我的读者传达一二,那么我的此生就算没有虚度了。"②

霍克思一生都秉持着忠实且极具学术探究精神的翻译观。这使得他的译著不仅仅能让普通的西方读者了解并喜爱上中国文学和中国文化,更能让意欲探索研究中国文学和中国文化的西方学者有所收获。这是十分难能可贵的。通常而言,一部译作很难兼顾普通阅读与学术研究,但霍克思恰恰做到了,这与他牛津大学的教职身份不可分割,也与他对中国文学、文化的热爱不无关系。一个好的译者应当是一个研究者,从霍克思的经历来看,无疑是正确的。当然,一个译者的翻译观往往又与他的文化立场紧密相连。因此,下文我们将从文化立场的视角,分析其对霍克思翻译实践的影响。

① Waley,A. *Ch'u Tz'u*,*The Songs of the South*. *An Ancient Chinese Anthology by David Hawkes*. *The Journal of the Royal Asiatic Society of Great Britain and Ireland*,1960,1/2:65.

② 转引自:王宏印. 试论霍译《红楼梦》体制之更易与独创//刘士聪. 红楼译评. 天津:南开大学出版社,2005:78.

第二节 兼容并济、文化交融的文化立场

"翻译一个文本就是翻译一种文化。"①刘云虹在《翻译批判研究》中指出:"翻译不仅仅是两种语言之间的转换,更是两种文化之间的对话。随着翻译研究的深度和广度不断增强,尤其是在全球化和多元文化背景下,翻译的文化属性得到了越来越多的认同与关注。"②翻译,特别是文学翻译,其文字背后的文化属性显得尤为重要。其中,译者的文化立场往往会对译介起到至关重要的影响。翻译界长期以来所探讨的"异与同"的问题,其实就是译者文化立场、文化心理、文化观念博弈的结果。译者的文化立场,往往形成于本民族语言文化的大环境里。在接触、学习,甚至是研究另一种文化的过程中,又会无意识地调整和纠正自身原本的文化立场。所以,译者的文化立场往往是复杂的,是由多种文化交织在一起的,会体现在很多不同的方面。如许渊冲就展现出"明确的文化指向、关注文化意义阐释与转换、深刻的文化思考、文化的自觉、双向交流的思想"③等复杂的文化立场。霍克思是土生土长的英国人,他的文化观念深深地根植于英国的土地上。但在接触到《西游记》后,他开始了解并喜欢上了中国文学和中国文化。在多年的翻译实践和学习研究过程中,他逐渐形成了兼容并济、文化交融的文化立场。虽然在翻译中,霍克思本人更加关注作品的文学特质,而且整体上还是站在目的语文化的立场上,但如果细细揣摩,还是不难发现,霍克思的文化立场展现出三个值得关注的个性特征。

第一,霍克思希望借由中国古典文学英译,让西方世界更加了解中国文化。霍克思的翻译通常被认为有归化的倾向,特别是其翻译的《红楼梦》,学界往往拿它和杨宪益、戴乃迭的异化译本相比较。归化的翻译是

---

① Malmqvist, G. On the Role of the Translator. *Translation Review*, 2005,70: 5.

② 刘云虹. 翻译批判研究. 南京:南京大学出版社,2015:251.

③ 参阅:祝一舒.试论许渊冲翻译的文化立场与使命担当.外语研究,2018(5):57-61.

译者站在目的语文化立场上的翻译选择。对于霍克思而言,虽然他在翻译《红楼梦》时采取了大量归化的翻译手段,但这与他意欲通过翻译使西方读者了解中国文化的文化立场并不矛盾。译者与原作者最大的不同在于,原作者通常仅仅面对一种文化,而译者必须了解两种不同的文化,才有翻译的可能。正因为译者在翻译实践的过程中面对不同的文化,因此译者自身的文化立场通常不会是两种不同文化的对立。文化与文化之间并不是对立的,文化本身是具有相对性的。奥斯瓦尔德·斯宾格勒曾站在欧洲中心主义的立场上谈论过文化的相对性,在他看来,"每一种文化都以原始的力量从它的土生土壤中勃兴起来,都在它的整个生活期中坚实地和那土生土壤联系着;每一种文化都把自己的影响印在它的材料、即它的人类身上;每一种文化各有自己的观念,自己的情欲,自己的生活、愿望和感情,自己的死亡……在这里,文化、民族、语言、真理、神、风光等等,有如橡树与石松、花朵、枝条与树叶,从盛开又到衰老,——但是没有衰老的'人类'"①。霍克思的文化观生长于英国的土壤中,但同时也受到了中国文化的滋养与浸润。他在《红楼梦》翻译中的归化,是为了将中国文化之"水"引入西方文化之"河"。霍克思自己也说道:"如果能让读者体验到哪怕只是我读这本中国小说时所获乐趣的一小部分,我也就不虚此生了。"②当然,我们也必须承认,作为一名英国学者,英国文化对霍克思的影响是根深蒂固的,他希望通过中国古典文学的英译,扩大中国文化在西方影响力的文化求索,不仅仅基于他对中国文化的热爱,更是饱含着对西方读者的爱,饱含着希望与西方读者一起分享中国文化的心情,因此,通过归化的翻译手段去"迎合"西方读者,是可以理解的,也是必然的。

在诗歌翻译中,也同样能看到英国文化对霍克思的影响。在《杜诗初阶》的翻译中,霍克思将中文诗歌题目多动词词组的特色,转换成了西方诗歌题目所惯行的名词性词组,并且在他看来,这种改动理所当然,并没

---

① 奥斯瓦尔德·斯宾格勒. 西方的没落. 齐世荣,等译. 北京:商务印书馆,1963:39.

② Hawkes, D. Introduction. Fan S. Y. (trans.). In Cao, X. Q. & Gao, E. *The Story of the Stone* 1. Hawkes, D. (trans.). Shanghai: Shanghai Foreign Language Education Press, 2014:56.

有什么不妥。① 不仅如此,他还批评洪业(William Hung)"为了译文的实用性而翻译得过于平淡,反而失去了诗歌本身的灵动"②。在霍克思看来,中西方审美的差异,造成了中文古诗英译的困难。在他看来,"如何能在中国诗歌的翻译中既避免平淡无奇甚至增加注释,又能保留诗歌本身之美,这个问题也许很少有人能够回答"③。现在看来,霍克思之所以会改动诗歌题目,之所以会批判洪业,又之所以提出诗歌翻译困境的问题,其实源自根植于他心底的英国文化观念,这种西方文化与他同样热爱的东方文化产生了冲突,他作为一个英国人,实在是"不识庐山真面目,只缘身在此山中"。不仅霍克思如此,很多西方汉学家在翻译中也同样如此。因为无论他们再怎么热爱中国文化,再怎么希望通过中国古典文学的英译去扩大中国文化在西方的影响力,也无法摆脱目的语文化(即自身的西方文化)对他们根深蒂固的影响。

第二,霍克思希望借由翻译这条纽带,将中国文化引入西方文化中,丰富西方文化。如果说让西方读者了解中国文化是霍克思文化立场的一个特质,那么,通过中国文化来丰富西方文化,是霍克思文学翻译的另一特质。在他看来,在文化不断延续的过程中,翻译是能起到重要作用的。这和季羡林的观点一致。季羡林曾谈论过翻译对中华文化的作用。他说:"若拿河流来做比较,中华文化这一条长河,有水满的时候,也有水少的时候,但却从未枯竭。原因就是有新水注入,注入的次数大大小小是颇多的,最大的有两次,一次是从印度来的水,一次是从西方来的水。而这两次的大注入依靠的都是翻译。中华文化之所以能长葆青春,万应灵药就是翻译。翻译之为用大矣哉!"④很多译者在翻译的过程中都十分重视

① 参阅:王丽耘. 中国文学交流语境中的汉学家大卫·霍克思研究. 福州:福建师范大学,2012:70-71.

② Hawkes, D. *Tu Fu*, *China's Greatest Poet* by William Hung. *The Journal of the Royal Asiatic Society of Great Britain and Ireland*,1953(3/4):164.

③ Hawkes, D. *Tu Fu*, *China's Greatest Poet* by William Hung. *The Journal of the Royal Asiatic Society of Great Britain and Ireland*,1953(3/4):164.

④ 季羡林,许钧. 翻译之为用大矣哉//许钧,等. 文学翻译的理论与实践——翻译对话录(增订本).南京:译林出版社,2010:3.

翻译的忠实,但由于译语文化和原语文化上的不同,会使得译语的语言结构失去了原语的特色。这一点,在诗歌翻译中体现得十分突出。如何让西方读者也能够欣赏到中文诗歌的节奏之美和韵律之美,是中文诗歌英译的难点。诗体译诗与散体译诗的争论也正是来源于此。如何能够通过翻译,把中文诗歌的特色注入进西方文化中,霍克思为此做了很多思考和努力。《红楼梦》中有很多诗歌,这些诗歌不仅用于展现书中人物特征,衔接故事情节,还包含了很多中文诗的独特语言特征。因此,翻译好《红楼梦》中的诗歌,不仅对读者了解红楼文化十分重要,更重要的是,还能够让西方了解中国诗歌的写作形式、特征规律,对丰富西方诗歌体系和发展整个诗歌创作都大有益处。例如,《红楼梦》第五回中有一句"湘江水逝楚云飞"。这句诗暗藏了人物"湘云",从翻译的角度来看,这是很困难的。把此句诗的内容翻译出来不难,但会失去该诗的精华。为了两全其美,霍克思不仅将此句译为"The Xiang flows and the Chu Clouds sail away"①,还在附录中进一步说明:"The picture is a rebus of Xiang Yun's name. Xiang is the river which flows northwards through the province of Hunan into Lake Donting. 'Yun' means 'cloud'. Chu was the ancient name of the Hunan-Hubei area of which Lake Dongting is the centre..."②。也许有人会认为这样的注释翻译并不能完全展现中文古诗的精髓,但霍克思此举仍然值得称赞。因为对普通读者而言,霍克思的翻译没有影响读者的阅读体验,还为诗歌爱好者、诗歌研究者提供了新的诗歌创作思路。这就是霍克思希望通过翻译丰富西方文化的最佳例证。

霍克思译著的《楚辞,南方诗歌——古代中国文学选集》在《楚辞》英译史上获得了很高的评价。霍克思确实在翻译的方法和技巧上超乎常人,也往往更加关注翻译的文学机制,但我们不应忽略他在文化传播上的贡献。马祖毅和任荣珍在《汉籍外译史》中曾经评价此书"采取介乎逐字

① Cao, X. Q. & Gao, E. *The Story of the Stone 1*. Hawkes, D. (trans.). Shanghai: Shanghai Foreign Language Education Press, 2014: 119.
② Cao, X. Q. & Gao, E. *The Story of the Stone 1*. Hawkes, D. (trans.). Shanghai: Shanghai Foreign Language Education Press, 2014: 643.

逐句与自由翻译之间的中间道路,在各篇标题的翻译上,尤其不受拘束,但附有原题的音译……全书采用两种注释方式,即脚注和尾注。每页底下的脚注简单扼要,供一般读者浏览。全书结尾部分的尾注则极为详明,讨论译者采用了某一译法的理由,让专家们鉴别判断"①。这里有两点特别值得称赞。一是对标题附了音译。中文诗歌的韵律大都通过声音去展现,在中文里,拼音的帮助很大。霍克思对标题附音译的做法,尊重了中文诗歌创作时的韵律体现。同时,他还考虑到汉字的表意功能"不受拘束",为读者提供了汉语丰富的内涵。在《红楼梦》人名的翻译中,霍克思也十分重视这一点,"按人物的尊卑、职业生涯、名字性质等情况,分别采用译音法和译意法"②。第二个值得称赞的是脚注和尾注两种注释方式。引入中国文化、丰富西方文化的第一步固然是让西方读者喜爱上中国文化,但仅仅喜爱,是难以促进文化交流的。因此,在激发起读者对中国文化的兴趣后,需要为他们提供更多了解中国文化的机会,变兴趣为研究。脚注的作用是激发兴趣,尾注则为研究提供了基础。霍克思为西方文化,特别是英国文化的延续发展,贡献良多。但他自己却十分谦虚。在多年之后重新谈论翻译《红楼梦》时,他表示:"我译毕《红楼梦》已经多年,恐怕难以就翻译这本书的经验发表任何有益的意见了——只能说我记忆中的翻译《红楼梦》的那段时间是我一生中非常愉快的一段时光。我的工作进度很慢,但我庆幸能够从容不迫地工作,我在翻译过程中所享有的自由有人可能以为是不负责任,而我却因此而深受鼓舞。我的译本中免不了有错误,有的还很严重,到时候很可能这个译本会被替代,以至于被遗忘,而我确信,译本可能具有的优点则要部分地归于写作时所赋予它的精神——这一点我既无力分析,也难以解释。"③霍克思说得十分谦虚,然而,那些他无力分析又难以解释的,正是一个热衷于中国文化的译者所特有

---

① 马祖毅,任荣珍. 汉籍外译史(修订本). 武汉:湖北教育出版社,2003:235.
② 夏廷德.《红楼梦》两个英译本人物姓名的翻译策略//刘士聪. 红楼译评:《红楼梦》翻译研究论文集. 天津:南开大学出版社,2004:138.
③ 翻译家戴维·霍克斯先生的来信(译文)//刘士聪. 红楼译评:《红楼梦》翻译研究论文集:天津:南开大学出版社,2004:6.

的文化精神与文化立场。他不仅仅意欲向西方世界介绍中国文化,更希望将中国文化之"水"注入西方文化之"河",使文化互通并得以延续。

第三,霍克思反对中西文化对立,意图通过翻译,增加中西方的文化交流。由于霍克思本人的职业背景,他在翻译中更多关注作品的文学性和诗学价值,因此,不少人评价其译作往往对文化传播关注不够。比如张春柏曾评价霍克思在翻译《红楼梦》时"并没有把小说中'一切有目的的东西'都'传达'出来。在传播中国文化方面,他甚至是比较失败的"①。冯全功也认为"如果单纯是文学译介的话,更注重译本本身的文学性与可接受性,在异域世界还它一个文学经典,霍译《红楼梦》便是一个很好的榜样"②。我们认为,一个译者在翻译的过程中,必然会因为自身的原因,形成一种自主的翻译选择,或是更多关注文本的文学性,或是更多关注文本的其他属性。但是,这种翻译选择是相对的,不是一种非此即彼的对立选择。霍克思的翻译虽然更加倾向于关注文学与诗学价值,但同时也体现出了对文化交流的渴望。特别需要注意的是,译者的文化立场是客观存在的,它有别于主观性很强的文化目的,文化主场是译者自身所带有的客观属性,即便没有主观的翻译文化目的,也是一定会存在于翻译过程和译本之中的。

中国古典诗歌英译中有一个很难处理的问题,就是韵脚。在英国的诗歌文化中,一韵到底很难运用在长诗中。因此,如何兼顾这两种诗歌文化,就变成了一个很困难的问题。霍克思在处理《红楼梦》第三十七回的海棠组诗时,就遇到了这个问题。陈可培在分析时表示:"这组海棠诗严格遵循七律格律……限了韵脚,规定要以'门''盆''魂''痕''昏'五个字结束第一、二、四、六、八行……而且,五个所限韵脚又构成体现中国传统诗歌的五个意象,包括人的创造物(门、盆)、人的虚构物(魂)、自然界的

---

① 张春柏. 如何讲述中国故事:全球化背景下中国文学的外译问题. 外语教学理论与实践,2015(4):11.
② 冯全功.《红楼梦》英译思考. 小说评论,2016(4):94.

(昏)和人类自身的(痕)四类。"①这种限定给该诗的英译带来了巨大的困难。如果不能够将这些韵脚准确翻出,就难以体现原诗中的中国文化意象。这并不是简单的诗歌形式与含蕴的取舍,因为只有在翻译中准确翻译出了原诗的形式,才能够将包含在形式内的韵味展现给西方读者,也才算是翻译得到位。为了能够达到文化传播的效果,霍克思从韵脚的角度出发,对不同意象采用不同的韵脚处理,既保证了诗歌的节奏和韵律,也翻译出了原诗中想要传达的柔美之感。② 这足见霍克思对中国文化的尊重。

那么,霍克思又是如何通过翻译,加强中西方文化交流,做到中西文化的双向交流的呢?评价一个译者,不能单单看其译本内容的质量,还要关注译本的接受程度。一个译本的成功与否,是需要读者和学界共同评价的。霍克思希望加强中西文化交流的文化立场,在其译作的接受上得以全面的体现。在读者接受上,霍克思得到的不仅仅是西方普通读者的肯定,更为重要的是,一批重要的华裔学者和中国学者,也十分肯定霍克思在文化交流与传播中所做的贡献。刘绍铭(Joseph S. M. Lau)在评价霍克思的《红楼梦》译本时,认为"对那些掌握了外语的中国读者而言,杨戴本充满了语言上的熟悉感,无法为读者提供产生批判性悟见的智慧火花。而杰出的霍译本正是在这点上,也许对于那些双语读者而言,比对于把汉语当作一门外语的读者来说作用更大"③。这正体现了霍克思在中西文化交流中的重要价值。刘靖之在谈论文化对翻译的重要性时,认为"译文实际是原文+原文文化背景+译文+译文文化背景+原文作者的气质和风格+译者的气质和风格的混合体,要令这些元素有机地结合起而形

① 陈可培. 译者的文化意识与译作的再生——论戴维·霍克斯译《红楼梦》的一组诗//刘士聪. 红楼译评:《红楼梦》翻译研究论文集. 天津:南开大学出版社,2004:370.

② 参阅:陈可培. 译者的文化意识与译作的再生——论戴维·霍克斯译《红楼梦》的一组诗//刘士聪. 红楼译评:《红楼梦》翻译研究论文集. 天津:南开大学出版社,2004:363-374.

③ Lau, J. S. M. *The Story of the Stone* by David Hawkes. *Tamaking Review*, 1979, 10(1/2):238.

成一个综合体,实非易事,但有人做到了这种综合性的工作,如:傅雷的中译《约翰·克利斯朵夫》,如霍克思的英译《红楼梦》"①。这些评论,无疑都肯定了霍克思的翻译行为对中西文化交流所产生的巨大推动。

无论是在诗歌翻译、小说翻译,还是文学研究中,霍克思都将其兼容并济、文化交融的文化立场贯穿始终。也许有学者对霍克思在《红楼梦》英译中采取归化的翻译策略还略有微词,但我们应当注意到,在当时的时代背景下,如何让西方读者喜欢上中国文学、中国文化,又让中国文学、中国文化走入西方学者研究的视野中,是时代所赋予霍克思的历史使命。在那个连牛津大学图书馆都没有唐诗、《史记》的年代,霍克思的《楚辞》、杜甫诗歌英译和研究对英国的中国文化爱好者、学习者,以及研究者而言是多么重要。我们不能脱离时代背景,从后世的角度去错误地评价霍克思的翻译,更不能忽视霍克思兼容并济、文化交融的文化立场对他多年翻译实践的积极影响。

第三节　复杂但坚定的翻译动机

译者之所以选择翻译,走上翻译之路,必然是有原因的。也许译者走上翻译之路纯属偶然,但其翻译的动机往往是明确的。影响翻译的因素有很多,主观的、客观的、个体的、群体的、社会的、经济的、文化的。"这些影响有时是直接的,有时是间接的,但总的来说,可以将之[社会、文化、政治和意识形态因素]归于外部因素,因为在影响翻译的所有因素中,最活跃且起着决定性作用的,是翻译的主体因素,是译者的翻译动机,是体现翻译主体因素的重要部分。"②从译者的翻译动机来看,往往包含了两个层面的意思,一个是译者为什么要翻译,即其进入翻译领域,从事翻译工作的动机;另一个则是在每一次具体的翻译实践中,译者有着怎样的翻译动

---

① 刘靖之. 翻译——文化的多维交融(代序)//刘宓庆. 文化翻译论纲. 武汉:湖北教育出版社,1999:代序 5.

② 许钧. 翻译论(修订本). 南京:译林出版社,2014:156.

机。需要注意的是,在理解和把握后一层面的翻译动机时,我们应当明确其与译者翻译选择的不同。动机是影响译者进行翻译选择的重要因素,而译者的翻译选择则是体现译者翻译动机的结果。

霍克思之所以走上中国文学的英译之路,有三个重要的时期对他影响很大。第一个是他在班克罗夫特学校(Bancroft's School)读书时期;第二个是他二战结束后回到牛津大学的学习时期;第三个,就是他1948年至1950年在中国的留学时期。

霍克思在7岁时就进入班克罗夫特学校。13岁时,由于霍克思对语言的兴趣,他放弃了理科的学习,转而学习古希腊语。正是在班克罗夫特学习期间,霍克思接触到了林语堂的《生活的艺术》。这部作品在当时的英国十分流行。著名书评家彼得·普瑞科特(Peter Precott)甚至夸张地说:"看完此书,我真想跑到唐人街,一遇见中国人,便向他行个鞠躬礼。"① 和很多英国读者一样,霍克思也很喜欢这部作品。这部作品也让霍克思开始对中国文化产生了兴趣。

霍克思1941年进入牛津大学,继续其古希腊文学的学习。但随着二战的爆发,霍克思也产生了投身部队的想法。在为英国皇家军队服务期间,由于所做的是日语培训的相关工作,他开始把兴趣由古希腊、古罗马文学,转到了东方文学和文化上。正是在部队的这段时间,他接触到了另一本让他爱上中国文学和文化的作品,韦利英译的《猴王》。韦利的这个译本并不是《西游记》的全译本,但此译本在西方世界影响颇大。自1942年出版以来,乔治·艾伦与昂温出版有限公司一共再版5次。不仅如此,该译本在美国出版了3个版本,伦敦读者联合会也出版了一个版本。1961年,"企鹅丛书"又将韦利的译本收录进其中。此外,很多国家的译者还以韦利的译本为原本进行转译,可见其影响力之深远。马祖毅、任荣珍也评价此译本"译文流畅生动,真实可信"②。事实证明,韦利的译本对霍

---

① 转引自:王丽耘. 中国文学交流语境中的汉学家大卫·霍克思研究. 福州:福建师范大学,2012:41.

② 转引自:马祖毅,任荣珍. 汉籍外译史(修订本). 武汉:湖北教育出版社,2003:266.

克思后来转向中国文学文化的学习和研究之路,有着重要的影响。

二战结束后,霍克思回到牛津大学,但此时的他已经对古希腊、古罗马文学毫无兴趣,他希望能够转至日语学习。由于牛津大学东方学系并没有日语专业,加之韦利的《猴王》对霍克思影响很深,因此霍克思便转至东方学系汉学科,开始汉学的学习和研究。当时牛津大学汉学科只教授四书五经等少量的中国典籍,并不涉及中国文学,这让喜爱中国文学的霍克思很是遗憾。虽然《诗经》很受当时西方汉学研究者的关注,但霍克思并没有将目光放在《诗经》上,而是另辟蹊径,开始对南方楚文化的《离骚》进行研究,并开始了最初的翻译尝试。霍克思翻译《离骚》的动机十分简单,他想要通过研究《离骚》去了解中国文化,但由于自身汉语水平的缺乏,以及当时英国汉学界对楚文化的忽视,因此,霍克思只能边翻译边研究。《离骚》的翻译对霍克思而言并不容易,这也构成了他后来前往中国留学的直接动因。

在前往中国之前,还有一件事对霍克思的影响很大,就是 1948 年 4 月在剑桥大学国王学院举行的首届"青年汉学家会议"(The Junior Sinologues Conference)。霍克思作为会议的创始人和召集人,此次会议对他的汉学翻译与研究产生了很大的影响。会议结束后,虽然操作困难很大,但霍克思还是于同年 7 月出发,前往中国,开始了一段为期三年左右的留学生涯。

在中国的学习生活中,霍克思有两段十分重要的翻译实践。第一是《楚辞》的翻译。因为霍克思硕士期间选择了《楚辞》作为其继续研究的内容,因此,在中国期间,他并没有间断对《楚辞》的研究。为了能够更好地理解和研究,他完成了《楚辞》的翻译工作。第二个则是在留学期间,他接触到了《红楼梦》,由于《红楼梦》在中国学生中反响很大,讨论很多,因此,霍克思开始关注这部作品,甚至在离开中国之前,对部分内容进行了翻译。

通过上面所梳理的三个重要时期,我们发现,霍克思之所以会走上中国文学的翻译和研究之路,不仅仅是命运的偶然,更重要的是他自己的主观追求。如果说《生活的艺术》是霍克思走入中国文学文化的启蒙,那么

《猴王》就是他决心学习中国文学文化的重要推动力。通过对这些作品的阅读,霍克思产生了对中国文学和文化的高度兴趣,开始主动求索,并在求学的过程中逐渐形成了翻译中国文学的最初动机——读懂它,并开始了自己的翻译实践。可以说,一个译者走上翻译之路并非完全偶然,必然有作品和作品所承载的文学性与文化价值对译者的吸引。霍克思的翻译动机十分明确,那就是对中国文学、中国文化的热爱。这种热爱从好奇和兴趣开始,进而转为了一种发自肺腑的爱。那么,具体到一个个翻译作品,霍克思又有怎样具体的翻译动机呢?

《楚辞,南方诗歌——古代中国文学选集》是霍克思早期翻译实践的代表作品。在这部著作中,霍克思将作为研究文本的《楚辞》完整地翻译了出来。这部作品,对西方了解及研究中国古代南方诗歌的读者十分重要。谈及翻译《楚辞》的动机,霍克思轻描淡写:“(《楚辞》)不是非常文学性的翻译,只是为自己译出那些词,努力弄清它的含义,然后把它译出来。”①从这句话看,霍克思的翻译动机仅仅是为了能在研究中有一个对文本的正确理解。但事实上,在霍克思翻译《楚辞》之前,西方已经有了不少《楚辞》的译本。虽然这些译本都是节译,但霍克思也完全可以依据前人的译本进行自己的研究。然而,霍克思在阅读、研究前人的译本之后发现,这些译本存在不少问题。在评论《楚辞》第一个英文节译本,即庄延龄(Edward Harper Parker)的《离别的忧伤或离骚》(*The Sadness of Separation*, *or Li Sao*)时,霍克思认为“它与其说是翻译不如说是英语释义,如此跳跃式维多利亚诗行译文一个聪明的在校男生就能写出”②。对翟理斯(Herbert Allen Giles)的译本则评价为“译文优美、可读性强,缺点在于过于随意,有时带有令人讨厌的欧化特征”③。在评价理雅各(James

---

① 转引自:王丽耘. 中国文学交流语境中的汉学家大卫·霍克思研究. 福州:福建师范大学,2012:159.

② 转引自:王丽耘. 中国文学交流语境中的汉学家大卫·霍克思研究. 福州:福建师范大学,2012:160.

③ 转引自:王丽耘. 中国文学交流语境中的汉学家大卫·霍克思研究. 福州:福建师范大学,2012:161.

Legge)翻译的《离骚》《怀沙》《九歌》时,霍克思认为"译文较之庄延龄的要准确得多,但由于译者对原作显而易见的偏见,他没有觉得有责任为英语读者提供优美的译文"①。霍克思还把理雅各的译本和林文庆的译本进行比较,认为该译本是"学生学习时不错的逐字对译本(a good student's crib),但译文本身不但没有理雅各译文所具有的准确性,而且存在理雅各译文同样的问题——缺乏文学美(literary merit)。理雅各的平直散文(flat prose)与林文庆的无韵体杂文(essays in blank verse)相比反而具有更多的可取之处"②。对于杨宪益、戴乃迭夫妇采取英雄双行体的方式押韵翻译,霍克思认为"这样译出的译文是匠心独运的一座丰碑,但译文与原诗的关系给我的印象就如一只巧克力制的复活节鸡蛋和一个煎蛋卷之间的差别一样"③。

当然,霍克思并不是对所有的译本都略有微词,相反,他十分欣赏韦利的译本,以及白英(Robert Payne)与虞明铨、沈裕庭的合译本。特别是韦利的译本,霍克思认为"译文精彩,大大超过我的译文"④。而对白英与虞明铨、沈裕庭的合译本,霍克思认为"此译本虽然有时脚注有误导性,但整个译文清新可读,是除韦利英译外唯一绝对不会让读者望而却步的长篇翻译。同时此译本的重要性还在于它的译者认真地试图不再拘泥于王逸的注释"⑤。

霍克思对《楚辞》过往的各个译本的充分研读,不仅仅有助于他的《楚辞》研究,更为重要的是,这些前期的文本研究,坚定了霍克思自己翻译

---

① 转引自:王丽耘. 中国文学交流语境中的汉学家大卫·霍克思研究. 福州:福建师范大学,2012:161.
② 转引自:王丽耘. 中国文学交流语境中的汉学家大卫·霍克思研究. 福州:福建师范大学,2012:163.
③ 转引自:王丽耘. 中国文学交流语境中的汉学家大卫·霍克思研究. 福州:福建师范大学,2012:163.
④ 转引自:王丽耘. 中国文学交流语境中的汉学家大卫·霍克思研究. 福州:福建师范大学,2012:161.
⑤ 转引自:王丽耘. 中国文学交流语境中的汉学家大卫·霍克思研究. 福州:福建师范大学,2012:163.

《楚辞》全译本的信念。学者型译者的翻译动机常常如此。在他们眼中，自己的翻译实践之所以必须，很大程度上是因为当下的需要。例如朱生豪在翻译《莎士比亚戏剧全集》时就谈到"中国读者耳莎翁大名已久，文坛知名之士，亦尝将其作品，译出多种，然历观坊间各译本，失之于粗疏曹帅者尚少，失之于拘泥生硬者实繁有徒。拘泥字句之结果，不仅原作神味，荡焉无存，甚且艰深晦涩，有若天书，令人不能卒读，此则译者之过，莎翁不能任其咎者也"①。霍克思的译本虽然并没有刻意追求原作的文学性和诗学性，但这是由他的翻译动机所决定的。《楚辞》的翻译不仅仅是霍克思翻译实践的开始，也是其研究中国文学和文化的开始。到了《杜诗初阶》时，霍克思的翻译动机又有了新的变化。

和翻译《楚辞》纯粹追求理解的准确不同，霍克思翻译《杜诗初阶》的动机有了很大的变化，他开始关注如何通过汉学的教学工作，让中国文学在西方正确并有效地传播。霍克思关注唐诗，源于吴世昌到牛津大学任职。正是因为吴世昌的到来，霍克思有机会开始系统地学习唐诗。这为他后来翻译《杜诗初阶》奠定了基础。事实上，20 世纪 30 年代前，杜甫在西方的译介并不多，只有德庇时（Sir John Francis Davis）、梅辉立（William Frederick Mayes）、翟理斯、庄延龄、埃尔文（Maly Elwin）等人在其他文本中的简单译介。直到 20 世纪 30 年代，才由艾思柯（Florence Ayscough）出版了上下两册的杜甫传记著作。1952 年，洪业出版了迄今为止在西方最为重要的一部杜甫的研究专著，题为《杜甫：中国最伟大的诗人》(Tu Fu, China's Greatest Poet)。从杜甫研究的角度来看，这部作品"至今仍被认为是最好的用英文写就的研究著作"②，但是，从诗歌翻译的角度来看，霍克思显然不是十分满意。在霍克思看来，洪业"为了译文

---

① 朱生豪.《莎士比亚戏剧全集》译者自序//罗新璋，陈应年. 翻译论集（修订本）. 北京：商务印书馆，2009：538.

② 倪豪士. 美国杜甫研究评述//陈文华. 杜甫与唐宋诗学：杜甫诞生一千二百九十年国际学术研讨会论文集. 台北：里仁书局，2002：2.

的实用性而翻译得过于平淡,反而失去了诗歌本身的灵动"①。不仅如此,霍克思还认为洪业并没有翻译出原诗中所蕴含的大量意象和典故,而杜甫诗歌的精髓恰在此处,因此十分可惜。不过,霍克思也承认,"如何能在中国诗歌的翻译中既避免平淡无奇甚至增加注释,又能保留诗歌本身之美,这个问题也许很少有人能够回答"②。在写下上述书评的十四年后,霍克思翻译出版了《杜诗初阶》。在霍克思看来,他之所以想要翻译杜甫的诗歌,"部分是因为杜甫在中国被认为是最伟大的诗人,但他的诗作在国外却未得到很好译介与传播。部分是因为杜甫生活在一个动荡多事的年代,而杜诗中有很多体现,值得翻译"③。从霍克思的话中我们不难发现,译者的翻译动机和翻译选择往往是紧密联系在一起的,一个译者的翻译动机往往会影响他的翻译选择。霍克思之所以选择杜甫,从翻译动机的层面来看,是因为唐诗在中国文学文化中具有重要影响力,但其未能在西方世界得到广泛传播,而杜诗又恰恰是唐诗中的翘楚。前人在杜甫诗歌以及唐诗翻译过程中留下的遗憾,也成为了霍克思翻译的强大动机。

《红楼梦》是霍克思翻译作品中的皇冠。在霍克思翻译《红楼梦》之前,已经有了不少《红楼梦》的节译和选译本。20 世纪 50 年代,彭寿神父甚至已经完成了《红楼梦》全本的英文翻译,只是因为文本接受的原因才没有刊稿。对霍克思来说,《红楼梦》全本翻译动机的产生,既有主观的个人因素,也有客观的环境因素。

从主观上来看,对中国文学和文化颇有兴趣的霍克思,自接触到《红楼梦》这部作品,就已经有了翻译的念头。霍克思第一次接触到《红楼梦》,是在中国留学之时。根据王丽耘的考证,"牛津同学裘克安给霍克思看过一套用极差的草纸印刷的中国古典名著《红楼梦》,这是霍克思第一

---

① Hawkes, D. *Tu Fu*, *China's Greatest Poet* by William Hung. *The Journal of the Royal Asiatic Society of Great Britain and Ireland*, 1953(3/4): 164.

② Hawkes, D. *Tu Fu*, *China's Greatest Poet* by William Hung. *The Journal of the Royal Asiatic Society of Great Britain and Ireland*, 1953(3/4): 164.

③ 转引自:王丽耘. 中国文学交流语境中的汉学家大卫·霍克思研究. 福州:福建师范大学,2012: 222.

次听说《红楼梦》,当时的他不熟悉中国白话文,勉强读了首回第一页就无法坚持。但他发现中国学生都爱谈论《红楼梦》,故而决心读懂它。通过燕卜荪夫妇帮忙,霍克思为自己请了位中国老先生做家教,又通过一位中国朋友为自己买了套《红楼梦》,此后他开始几乎每天请老先生来与自己一同读《红楼梦》"①。正是在和老先生每天的研读过程中,霍克思开始逐渐了解红楼,并开始尝试翻译其中部分的片段。如果说翻译《楚辞,南方诗歌——古代中国文学选集》的动机是为了理解和研究,《杜诗初阶》是为了汉学教学,那么,霍克思翻译《红楼梦》,无疑是被这部作品本身的文学性和艺术性所感染,希望有更多的西方人能够和他感同身受。不过,多年后,再回忆起翻译《红楼梦》的初衷时,霍克思也笑谈人们对这部作品有着不同看法。他写道:"也并非每个人都为这部小说的魅力所感染。我记得在1949年年初,赵树理在老北大民主广场上召开的露天会议上曾说:'对于像贾宝玉之类的纨绔子弟的滑稽表演,对于唐明皇和他的小老婆的爱情生活,我们再也没有兴趣了。'"②不过,对于大部分读过《红楼梦》的西方读者和学者来说,这部作品还是魅力非凡。

回到英国之后,霍克思越发关注《红楼梦》,特别是关注作品已有的译本。霍克思曾经评价《红楼梦》"是一部真正伟大的中国小说,目前已有的两部英译本虽然不错但在为英语读者提供鲜活的译文方面仍做得相当不够"③。由此可见,霍克思已经逐渐产生了明确的翻译《红楼梦》的想法。在主编牛津东亚文学丛书时,霍克思就已经将《红楼梦》加入到了必译书单中。但随着对《红楼梦》研究的深入,他越发认为翻译《红楼梦》应当注重文学文化的传递,而非似他翻译《楚辞》时的研究意图。因此,在霍克思看来,《红楼梦》似乎不大适合被收录进这套牛津东亚文学丛书了。也正是在这个时候,企鹅出版集团找到霍克思,商议翻译《红楼梦》事宜。在商

---

① 王丽耘. 大卫·霍克思汉学年谱简编. 红楼梦学刊,2011(4):76.

② 翻译家戴维·霍克斯先生的来信(译文)//刘士聪. 红楼译评:《红楼梦》翻译研究论文集. 天津:南开大学出版社,2004:5.

③ 转引自:王丽耘. 中国文学交流语境中的汉学家大卫·霍克思研究. 福州:福建师范大学,2012:281.

讨的过程中,霍克思考虑到《红楼梦》前八十回和后四十回是由两人撰写,从翻译的角度看似乎两人合译更好,又恰好自己的学生闵福德对《红楼梦》很有兴趣,于是提出让自己的学生闵福德与自己合译。这个想法从翻译的角度来看很好,但因为合同原本是霍克思一人翻译,现在变成两人翻译要变更合同,所以在实际操作层面有些麻烦。但企鹅出版集团负责与霍克思洽谈的普莱斯听说之后十分支持,毫不犹豫地同意了霍克思的要求,促成了这部佳作的问世。

为了能够翻译并出版这部佳作,霍克思个人的牺牲也很大。由于霍克思是牛津东亚文学丛书的主编,且在之前已经将《红楼梦》列入了必译书单,因此牛津大学出版社认为该书不能由企鹅出版集团出版。无论企鹅出版集团提出了怎样的合作方案,牛津大学出版社都未同意。考虑到自己对《红楼梦》的热爱远大于教书,霍克思毅然决定辞去牛津大学的教职,安心翻译,这才使《红楼梦》的英文全译本能够呈现在西方读者的眼前。如果没有霍克思强大而坚定的翻译动机,《红楼梦》英文全译本与西方读者的见面恐怕要推迟很久了。

通过以上对霍克思整体的翻译动机以及在《楚辞,南方诗歌——古代中国文学选集》《杜诗初阶》和《红楼梦》翻译中的翻译动机的分析,我们可以发现,霍克思的翻译动机是复杂但坚定的。说他翻译动机复杂,是因为除了传播中国文学和文化精髓的根本动机之外,还包含着希望能够通过翻译而为教学和科学研究助力的动机。说他翻译动机坚定,那是因为无论霍克思在具体作品翻译时有着怎样不同的翻译动机,我们都可以看到他对于翻译事业的热爱,对中国文化的热爱。霍克思的翻译动机,显然是发自文学和文化的视角,一直未变。甚至霍克思在晚年翻译完《红楼梦》之后,他又重新修改自己早年的《楚辞》译本,足见其翻译动机的强大。

第四节 文化观照与学术坚守:霍克思的翻译选择

译者的翻译观与文化立场不仅会影响其翻译动机,同时也和译者的翻译选择有着联系。广义的翻译选择,包含着两个方面的内容:一个是翻译什么,一个是怎么翻译。可以说,广义上译者的翻译选择是贯穿于翻译过程始终的,译者在译前阶段主要思考的是翻译什么,而在译中阶段则主要考虑怎么译。在具体的层面上看,我们可以把译前阶段看作狭义的翻译选择,即翻译什么,而把译中阶段的怎么译看成译者的译介方式。我们在本书中所涉及的翻译选择,皆指狭义的翻译选择。在本节中,我们将具体探讨霍克思翻译选择。

译者的翻译选择,和作者的写作选择有着类似的特征。萨特(Jean-Paul Sartre)对文学的写作曾经做过探讨,在他看来,"一旦人们知道想写什么了,剩下的事情是决定怎么写。往往这两项选择合而为一,但是在好的作者那里,从来都是先选择写什么,然后才考虑怎么写"①。虽然译者的主体地位早已确立,但译者的翻译选择并没有作者那么自由,很多情况下受到作者和读者的因素影响。这是因为"译者主体地位的确立并不以排斥作者为前提,也不以否定读者的作用为目的,相反,还更注意到了翻译活动具有其特殊性,那就是译者的主体作用并不是孤立的,而是与作者和读者的作用紧密相连"②。我们在考察霍克思的翻译选择时,不同作品的考察重点各不相同。在考察《离骚》《楚辞》的翻译时,最重要的问题是他为什么会关注南方楚文化,并最终选择了这部作品;在考察《杜诗初阶》时,除了关注为何翻译杜甫外,还需要重点关注他的诗歌选择标准,即他是如何从杜甫上千首诗中选择部分诗作收录进译著中的;在考察《红楼梦》时,由于《红楼梦》底本较多,我们将把考察的重点放在霍克思对《红楼梦》底本的选择上。

在前文阐述霍克思《楚辞》的翻译动机时,我们已经知道了霍克思翻译《楚辞》更多是为了支撑自己的《楚辞》研究,因此,霍克思《楚辞》的翻译选择,事实上也就是他的研究选择。霍克思是在他研究生阶段开始研究《楚辞》的。《楚辞》中最为闪耀的《离骚》,则是霍克思本科阶段的研究课

---

① 让-保罗·萨特. 什么是文学//施康强,译. 萨特文学论文集. 合肥:安徽文艺出版社,1998:84.
② 许钧. 翻译论(修订本). 南京:译林出版社,2014:245.

题。那么,探究霍克思《楚辞》的翻译选择,应当不能回避这样一个问题:霍克思是如何发现并决定翻译《离骚》的。

霍克思在 1941 年进入牛津大学时,其专业是古希腊、古罗马文学,因为二战时担任日语集训课程的初级教员,对东方语言文化特别是日本语言文化产生了兴趣,但由于牛津大学东方学系没有日语专业,因此转入了汉学科。正是从此时开始,霍克思开始了解并关注中国文学和文化。由于当时牛津大学对中文研究持怀疑的态度,所以当时的汉学科不仅只有修中诚一名教师,而且教学也仅局限在四书五经等中国典籍上,并没有涉及文学方面。在这种情况下,霍克思是如何接触到《离骚》的呢?

虽然当时英国学界对中国诗歌的关注都集中在《诗经》上,但也有不少学者关注中国诗歌的另一个源头。1879 年,庄延龄就已经翻译出了《离骚》的第一个英译本。在霍克思之前,理雅各、白英、韦利、林文庆、杨宪益和戴乃迭都先后翻译过《离骚》①。霍克思究竟是如何接触到《离骚》我们无法得知,但应该能够肯定的是,霍克思关注到《离骚》,一方面是他并不满足于典籍的学习而更加关注中国文学与文化,另一方面,也许和他对韦利的欣赏有关。韦利在 1923 年《郊庙歌辞及其他》(*The Temple and Other Poems*)中曾经翻译过《离骚》的部分内容,霍克思对此书大加赞赏②。这两方面的原因都可能让霍克思对中国南方楚文化、楚诗产生关注,并从《离骚》开始,进行自己的翻译实践。

霍克思在翻译《离骚》之后选择《楚辞》,是一个水到渠成的过程。前文我们在讨论霍克思翻译《楚辞》的动机时已经谈到他为研究而翻译的目的。正是因为这样的目的,让他在选择《楚辞》的翻译底本时十分慎重。《楚辞》是由西汉的刘向搜集整理的,但刘向辑录的《楚辞》早已佚失,现存的各个《楚辞》版本大多依据的是东汉王逸校注的《楚辞章句》。可惜王逸校注的《楚辞章句》原版也已佚失。目前现存的三个版本都是明朝时刊刻

① 参阅:冯俊. 典籍翻译与中华文化"走出去"——以《离骚》英译为例. 南京社会科学,2017(7):150-156.
② 参阅:王丽耘. 中国文学交流语境中的汉学家大卫·霍克思研究. 福州:福建师范大学,2012:161.

的。据霍克思自己说,他选择的底本来源于《四部备要》①。《四部备要》中选用的是宋代洪兴祖补注的版本,应当说可信度是比较高的。霍克思选择这个底本进行翻译,对研究《楚辞》来说是严谨的。

在《杜诗初阶》的翻译选择上,霍克思先后经历了两个阶段。一是如何从众多的唐代诗人从选出一位,二是在确定译介杜甫的诗歌之后,如何确定杜诗的选择标准。霍克思早在牛津学习期间,就对唐诗产生了兴趣。1948 年,中国学者吴世昌来到牛津任职。正是在这一期间,霍克思开始对唐诗产生了深厚的兴趣。据霍克思自己说,他"每天去吴世昌家中上课,两人一块阅读唐诗"②。虽然无法考证霍克思是否是在这个时期对杜甫产生了兴趣,但杜甫作为唐代最有名的诗人之一,霍克思应该读到过他的诗。真正有记载的霍克思接触杜甫诗歌,是霍克思在北京大学求学期间所听的俞平伯的讲座。可惜这并不是一次与杜甫成功的接触,霍克思回忆起这次讲座,说"他(俞平伯)所说的每一个字我几乎都听不懂"③。霍克思说得比较含糊,我们不知道是因为当时他受中文水平的限制,没能听懂俞平伯口音很重的中文,还是因为俞平伯"不教之教"的风格,让霍克思没能搞清楚他想表达什么。但不管如何,至少通过这次讲座,以及北大的留学生活,霍克思对杜甫有了更深的认识。最直接的影响,就是在他回国之后的 1953 年,霍克思发表了书评,评价洪业的译著《中国最伟大的诗人杜甫》。在这篇简短的书评中,霍克思不止一次流露出对杜甫的赞美,以及洪业未能完美传递杜甫诗歌精髓的遗憾。他写道:"杜甫的诗歌用十分经典的醇和质朴之风将感性与深厚情感糅合在一起。结果就是他的诗歌呈现出一种令人无法言说的强大控制力。洪业太过执着于杜甫诗歌的主

---

① 参阅:王丽耘. 中国文学交流语境中的汉学家大卫 · 霍克思研究. 福州:福建师范大学,2012:165.

② 转引自:王丽耘. 中国文学交流语境中的汉学家大卫 · 霍克思研究. 福州:福建师范大学,2012:219.

③ 转引自:王丽耘. 中国文学交流语境中的汉学家大卫 · 霍克思研究. 福州:福建师范大学,2012:219.

题,如果能再译一次,希望能译得更真实、更有力量。"①这种对杜甫诗歌的赞誉,以及在书评有流露出的对洪业译本的遗憾,让我们能够隐约了解为何在数年后,霍克思将出版自己的译本。

1962 年,世界和平理事会推选杜甫为世界文化名人。这是继李时珍、屈原和关汉卿之后,第四位被推选为世界文化名人的中国人。杜甫的当选,对当时已经深爱杜甫诗歌的霍克思而言是一个触动。在这之后不久的 1967 年,霍克思就在牛津大学克拉伦登出版社出版了《杜诗初阶》。由此可见,霍克思对唐诗英译的诗人选择是一个长期的过程。他之所以选择译介杜甫,并不是一时兴起,而是通过多年的学习和研究经历,将目光逐渐锁定在杜甫身上的。但是,杜甫吟诗上千,全部译出并不现实,且很多诗歌考证求索十分困难。那么,《杜诗初阶》中的杜诗选择又是如何确定的呢? 霍克思曾经说过,要"将中国文学作为整个人类文化遗产的一部分来呈现"②。如果我们将霍克思的文化立场和他的翻译选择结合起来,就不难发现这句话其实包含了两层意思。第一,应当译介中国文学中的经典佳作;第二,所选作品应当有助于中西方文化的交流和互鉴。在选择所译杜甫诗歌时,霍克思最终决定以清代孙洙的《唐诗三百首》为底本,译介其中所收录的杜甫诗歌。霍克思表示:"它(《唐诗三百首》)是一代代中国孩童进入诗歌世界的启蒙读物,就如同我们这儿帕尔格雷夫所编的《英诗金库》。且《唐诗三百首》中杜甫诗的挑选都很明智。"③霍克思在《杜诗初阶》序言中的这番表述,和他一直以来对中国文学和文化的态度是一致的。可以说,霍克思在中国唐诗翻译中的作者选择和作品选择,全面展现了他作为一名热爱中国文学和文化的学者所秉持的翻译观和文化立场。

在上文我们分析霍克思翻译《红楼梦》的动机时,已经梳理并展现了

---

① Hawkes, D. *Tu Fu*, *China's Greatest Poet* by William Hung. *The Journal of the Royal Asiatic Society of Great Britain and Ireland*, 1953(3/4): 164.

② 转引自:王丽耘. 中国文学交流语境中的汉学家大卫·霍克思研究. 福州:福建师范大学, 2012: 223.

③ 转引自:王丽耘. 中国文学交流语境中的汉学家大卫·霍克思研究. 福州:福建师范大学, 2012: 224.

霍克思从接触到热爱《红楼梦》的全过程。从这个过程和他翻译《红楼梦》的动机上看,我们不难发现,霍克思选择翻译《红楼梦》,是与他对中国文学文化的热爱分不开的,甚至可以说,霍克思翻译《红楼梦》是"命中注定"。但是,和翻译《楚辞》、杜甫诗歌不同,翻译《红楼梦》面临着一个巨大的困难,也是很多中国古典文学都存在的问题,就是如何确定底本。在翻译底本的选择上,《红楼梦》和杜甫诗歌还有所不同,杜甫诗歌的选择更多在于挑选哪些诗歌,而《唐诗三百首》的底本并不复杂。但《红楼梦》底本选择的难度在于,由于《红楼梦》手稿并不完整,因此版本实在是太多了。首先,除去早期的抄本,单从刻本来看,以回目来划分,就分成一百二十回程本和八十回脂本。其次,无论是程本还是脂本,都有很多不同的版本。以程本为例,据胡文彬研究,"现存程甲本就有 10 余种,程乙本 30 余种"①。如此多的底本为我们研究《红楼梦》译本带来了很大的麻烦。我们很难确定,《红楼梦》译者在翻译时,选取的究竟是哪一个版本,又或是哪几个版本。在译本研究时,我们常常见到有学者评价某些译本存在错译、漏译等情况,考虑到《红楼梦》底本的复杂性,究竟是译者错译漏译,还是其翻译所依据的底本就是如此,恐怕还需我们仔细研究。由此可见,译本的底本研究,是翻译批评的一个重要方面。在这里,我们并不想就霍克思翻译《红楼梦》时的底本做一个细致深入的考察,我们想要了解的是,霍克思在翻译之初,对《红楼梦》的底本是一个什么样的态度,做了哪些工作,又是如何做出选择的。简而言之,对霍克思在《红楼梦》底本的选择上,我们关注的是过程,而非结果。

国内学者对霍克思译本的底本选择给予了广泛的关注。范圣宇认为,霍克思"在翻译过程中使用过的底本主要有《红楼梦》(人民文学出版社,1964 年)、《红楼梦八十回校本》(俞平伯,1958 年)、《王希廉评本新镌全部绣像红楼梦》(台北:广文书局,1977 年)、《脂砚斋重评石头记》(北京:文学古籍出版社,1955 年影印庚辰本,上海:上海古籍出版社,1980 年影印己卯本)、《百廿回红楼梦》(台北:青石山庄出版社,1962 年影印乾隆壬

---

① 胡文斌. 历史的光影. 香港:时代作家出版社,2011:21.

子年活字本)、《国初钞本原本红楼梦》(台北:台湾学生书局,1976 年影印有正本)、《乾隆抄本百廿回红楼梦稿》(北京:中华书局,1963 年影印本)这几种"①。鲍德旺、刘洵根据《〈红楼梦〉英译笔记》认为,"霍克思在翻译过程中主要参考了人民、俞本、王本、庚辰、甲戌、高抄、乾抄、刻本、程甲本等版本,而人民文学出版社 1964 年出版的《红楼梦》则是其翻译的主要参考底本"②。王丽耘、胡燕琴的研究最为细致,她们认为,"霍克思在《红楼梦》翻译过程中至少参考了 13 种底本,其中 7 种可确定具体版本信息,其他 6 种暂付阙如。……在 13 种底本中,人民本《红楼梦》是霍克思翻译的主要底本,英译笔记中但凡讨论到版本问题,首先引用的均是该本文字,如不存在版本文字歧异,霍氏亦是径直依据人民文学本译介。除了此本,霍克思参校较多的依次是《兰墅阁乾隆抄本百廿回红楼梦稿》(52 次)、《脂砚斋重评石头记》(庚辰本)(50 次)、《红楼梦八十回校本》(35 次)、《国初钞本原本红楼梦》(29 次)和《百廿回红楼梦稿》(胡天猎藏本)(13 次)"③。胡欣裕最新研究发现,"霍克思的参考底本为十本,除王本和甲戌本外,其余八本都能在《霍克思文库》找到对应的版本信息"④。这些学者的研究为我们展现了一幅霍克思《红楼梦》翻译底本选择的丰富画卷。我们可以清楚地看到,虽然目前我们无法完全准确地穷尽所有霍克思译本的底本,但有一点可以肯定的是,霍克思在《红楼梦》底本选择上,是做了非常多的努力的。他在底本选择上的这些努力,和他忠实且极具学术探究精神的翻译观、为促进中西方文化交流的文化立场是高度一致的。这再次印证了译者的翻译观、文化立场是对其翻译选择有着直接且密切的影响的。但需要注意的是,由于《红楼梦》底本实在太多,底本与底本之间关系复杂,即便是中国研究《红楼梦》的史学专家,对《红楼梦》的底本也仍然在不断的研究和考证中。所以,霍克思在《红楼梦》底本的选择上,是一个循序渐

① 范圣宇.《红楼梦》管窥——英译、语言与文化. 北京:中国社会科学出版社,2004:26.
② 鲍德旺,刘洵. 霍克思《红楼梦》英译底本分析. 江苏社会科学,2012(S1):236.
③ 王丽耘,胡燕琴. 霍克思《红楼梦》英译底本析论. 国际汉学,2017(3):97.
④ 胡欣裕. 霍译《红楼梦》底本补正. 曹雪芹研究,2020(4):170.

进、持续发展的过程。底本的选择不仅仅停留在译前阶段,还持续在整个译中阶段。霍克思自己在谈到《红楼梦》底本的选择时,也表示:"我开始时没有太考虑版本问题,我以人民文学出版社的四卷本《红楼梦》着手翻译,但那时手中也有俞平伯的《红楼梦八十回校本》。"① 而到了译中阶段,霍克思发现自己"不能坚持只忠实于任何一个本子。第一回我主要用的是高鹗的版本,因为它虽然没有其他本子精彩,却更具有一致性;但在随后的章回里我经常用的是某一抄本,甚至偶尔自己也做过点小改动"②。长篇古典小说的底本考量总是复杂的,霍克思为了更加忠实地将《红楼梦》的原貌展现给西方读者,在翻译选择上做了很大的努力。

综观霍克思的翻译选择,我们发现,无论是翻译《楚辞》时的由浅及深,还是翻译《杜诗初阶》时的文化观照,抑或者翻译《红楼梦》时的学术坚守,都和他的翻译观、文化立场保持着高度的一致。可以说,霍克思的翻译观和文化立场,始终潜移默化地指引着他的翻译之路,从翻译的动机,到翻译的选择,再到译介的方式。下一节,我们关注霍克思的译介方式,从宏观和微观两个层面,考察霍克思翻译观与文化立场在译介方式上的体现。

第五节　多元的译介方式

从《楚辞,南方诗歌——古代中国文学选集》到《杜诗初阶》再到《红楼梦》,霍克思的翻译能力毋庸置疑,结合霍克思的翻译观、文化立场,我们发现,霍克思在具体作品的译介过程中,最为关注的是译文的忠实。为了使译文尽可能忠实,霍克思采取了很多方式,这使他的翻译总体呈现出策略与方法的多元化。

---

① 转引自:王丽耘. 中国文学交流语境中的汉学家大卫·霍克思研究. 福州:福建师范大学,2012:294.

② Hawkes, D. Introduction. Fan S. Y. (trans.). In Cao, X. Q. & Gao, E. *The Story of the Stone 1*. Hawkes, D. (trans.). Shanghai: Shanghai Foreign Language Education Press, 2014:56.

在分析阐述霍克思译介的多元特征之前,我们有必要首先聚焦于霍克思译介的忠实性。霍克思翻译的忠实,是和他所秉持的忠实翻译观一致的。在具体的翻译过程中,霍克思的忠实翻译观不单单局限在对原文文字的忠实,更是对原作和原作者的整体忠实。在霍克思看来,无论是诗歌还是小说,在翻译过程中,"译者应该谦卑,更多关注原著的忠实传译与接受效果,而不是自身创造力的发挥或是个人更大声誉的获得"①。但我们知道,诗歌翻译和小说翻译还是有所不同的,在诗歌中,语言符号和意义之间的联系比小说更加紧密,给译者造成的困难也比小说更大。如何处理诗歌中语言符号和意义传达之间的关系,是一个优秀译者需要特别关注的。

许渊冲在诗歌翻译中曾提出过"三美"论,即诗歌翻译要注意"意美""音美"和"形美"。但是,要想在诗歌翻译中达到"三美",是十分困难的。许渊冲认为:"译诗不能百分之百传达原诗的'意美''音美''形美',总要有所牺牲……意、音、形三方面牺牲得最少的译文,才最能传达原诗的韵味,才是最优秀的译文。"②在我们特别关心的诗歌翻译的忠实问题上,许渊冲则认为,"翻译应以'信'字为先,但'信'是不是等于'准确'?严格说来,文学翻译尤其是诗,是不可能翻得'准确'的"③。如果诗歌的翻译在语言符号上难以百分之百的准确,那译者能否做到意义的准确?傅雷在谈及文学翻译时,虽然没有特别谈到诗歌翻译,但对于翻译韵味的问题,态度是十分坚定的。他表示:"即使是最优秀的译文,其韵味较之原文仍不免过或不及。翻译时只能尽量缩短这个距离,过则求其勿太过,不及则求其勿过于不及。"④由此可见,诗歌翻译中,译者应通过自己的努力,尽量在

---

① 转引自:王丽耘. 中国文学交流语境中的汉学家大卫·霍克思研究. 福州:福建师范大学,2012:68-69.

② 许渊冲. 三谈"意美、音美、形美"//许渊冲. 文学翻译谈. 台北:书林出版有限公司,1998:54.

③ 许渊冲. 三谈"意美、音美、形美"//许渊冲. 文学翻译谈. 台北:书林出版有限公司,1998:65.

④ 傅雷.《高老头》重译本序//傅敏. 傅雷谈翻译. 北京:当代世界出版社,2006:3-4.

语言的表达和意义的传递上,让译文和原诗保持一致。

霍克思在自己的翻译实践中,对于诗歌的翻译,是十分谨慎的。为了尽可能达到翻译的忠实,霍克思采取了很多方法。《楚辞》翻译是霍克思早期的翻译实践,在这部作品的译介中,就已经体现出霍克思深厚的翻译功底了。虽然多年之后回忆起翻译《楚辞》,霍克思表现得十分谦虚,认为自己翻译的"(《楚辞》)不是非常文学性的翻译,只是为自己译出那些词。努力弄清它的含义,然后把它译出来"①,但无论是注音注释,还是在直译与意译方法中流畅转换,我们都能发现霍克思为追求忠实性所做的各种努力。在《杜诗初阶》中,霍克思为达到忠实翻译而采用的独特编排,也让读者感受到他的不懈努力。

翻译《红楼梦》时,霍克思在翻译技巧上显然已经到了炉火纯青的地步了,而他对翻译忠实的追求,也更加执着。不仅仅是诗歌,对整个小说文本,霍克思也尽可能做到忠实。霍克思自己就表示:"我恪守的一条原则是要把一切都译出来,甚至包括双关语在内。正如我曾指出过的,因为原书虽然是一部'未完成的小说',但却是由一位伟大的艺术家用心血精心创作并反复雕琢而成的。因此,我认为凡是书里存在的,都有它的意图,所以总要设法表达出来。我不敢妄称所有地方都处理得很成功,可是,如果能让读者体验到哪怕只是我读这本中国小说时所获乐趣的一小部分,我也就不虚此生了。"②所以,即便霍克思具体的翻译方法为学者们争论不休,但霍克思在翻译忠实上的努力,是非常值得肯定的。

在追求翻译的忠实时,霍克思并没有拘泥于某一种特定的翻译方法,相反,霍克思主张翻译策略与方法的多元化。他表示:"我不知道自己是否有什么原则。也许,还是有一些模糊的原则吧。但我在翻译时,要说真有什么规则的话,那也是因要解决所译小说中的问题,即因出现的问题而

---

① 转引自:王丽耘. 中国文学交流语境中的汉学家大卫·霍克思研究. 福州:福建师范大学,2012:159.
② Hawkes, D. Introduction. Fan S. Y. (trans.). In Cao, X. Q. & Gao, E. *The Story of the Stone 1*. Hawkes, D. (trans.). Shanghai: Shanghai Foreign Language Education Press, 2014:56.

定的规则。"①这种看似没有原则的译介方式,恰恰是最为真实、也最为实用的翻译策略。任何一个翻译家,在翻译过程中都不会为了使用某种特定的翻译方法或技巧去翻译,回过头来去看这些翻译家的译文,我们总结的所谓归化与异化、直译与意译,其实无非都是在译文中所体现出的一种"虚假"的倾向性,就像霍克思所说的那样,事实上,这些技巧方法与译者本人的关系也许没有那么大,反而和原文本身更有关系。综合来看,一个译者的译介特征,往往取决于他的翻译观、文化立场、翻译目的,以及所面对的作品。20 世纪 70 年代开始兴起的德国功能主义理论,正是强调文本类型对翻译策略的影响。无论是赖斯(Katharina Reiss)、弗米尔(Hans Vermeer),还是诺德(Christiane Nord),他们在谈及翻译策略时,都是从文本类型的视角去阐述的。虽然他们的理论也有一定的局限性,但不可否认的是,作品对译者译介方式的影响是存在的。当译者面对一部长篇小说时,虽然小说的主体特征鲜明、叙事方式也较为统一,但不同的情节、场景、描写,对译者而言产生的阅读体验亦会不同,所以,译者翻译方法的变化是可以理解的。不过,即便如此,由于译者翻译观、文化立场、翻译目的的综合作用,一位译者整体呈现出的译介特征是稳定的。

霍克思的翻译方法十分多元。在《楚辞》的翻译中,虽然由于翻译目的的影响,霍克思更多地采取了直译的翻译方法,但是我们发现,霍克思并没有一味地对所有诗句采取直译,而在某些因为直译而影响意义传达的句子中,采取了意译的策略。《楚辞》多意象,而意象的翻译是十分困难的。例如,面对《离骚》中"勉升降以上下兮,求矩矱之所同"的意象,霍克思并没有采用完全的直译,而是进行了解释性翻译,翻译为"To and fro in the earth you must everywhere wander, seeking one whose thoughts are of your own measure"②。"矩矱"本是规矩法度之意,但为了表达出原诗中屈原对当朝的不满,对人才的渴望,霍克思创造性地对"矩矱"进行了解

---

① 转引自:王丽耘. 中国文学交流语境中的汉学家大卫·霍克思研究. 福州:福建师范大学,2012:77.

② Hawkes,D. *The Songs of the South:An Ancient Chinese Anthology of Poems by Qu Yuan and Other Poets*. Harmondsworth:Penguin Books,1985:76.

释翻译,事实上,"one whose thoughts are of your own measure"给读者的意象感知恐怕更为有力。严晓江也评价霍克思此举"表达了诗人对那些志同道合、富有正义感的贤明之士的寻求与争取,这种解释性翻译使原文意象的引申意义更加清楚明白,使人感受到诗人渴望君臣和谐的心理状态"①。再比如《橘颂》中的"精色内白,类任道兮"一句,霍克思译为"Pure white beneath the rich-hued surface:a parable of virtuous living"②。译文简单精练,特别是"类任道兮"一句,介乎于直译和意译之间,颇有意境,堪称佳译。

在《红楼梦》的译介中,虽然霍克思的译文倾向于归化,但在具体的翻译方法上,仍然是并无定则,视具体情况而定,音译、直译、意译并存。以《红楼梦》中的人名翻译为例,霍克思在面对《红楼梦》数百个人物时,创造性地采取了分类翻译的策略,很有启发性。总体而言,霍克思在《红楼梦》人名的翻译中采取了音译和意译两种方式。音译主要用于社会地位较高的"主",意译则放在社会地位较低的"仆",以及一些戏子、僧道之人上。这种分类的翻译有两个优势,第一,通过不同的翻译方法区分社会地位,有助于西方读者将作品中的人物进行分类,尽可能快速地进入故事情节。第二,这样的翻译提高了西方读者对中国人物名字的敏感性,对了解中国文字、中国文化大有益处。在音译中,霍克思舍弃了容易混淆人物的威妥玛拼音,采取了更为直接简便的汉语拼音,而在意译中,霍克思进一步分类,将"主仆"之间的人物关系带入到"仆人"的名字中,进一步方便阅读。③在面对《红楼梦》中大量的诗歌,翻译时如何解决押韵的问题时,霍克思也并没有固定思路,而是根据情况进行区分,以据意寻韵为主要译介方式,

① 严晓江. 寄情于象,境生象外——论霍克思的《楚辞》意象英译. 西华大学学报(哲学社会科学版),2017(1):85.

② Hawkes, D. *The Songs of the South:An Ancient Chinese Anthology of Poems by Qu Yuan and Other Poets*. Harmondsworth:Penguin Books,1985:178.

③ 详见:夏廷德.《红楼梦》两个英译本人物姓名的翻译策略//刘士聪. 红楼译评:《红楼梦》翻译研究论文集. 天津:南开大学出版社,2004:135-154.

辅之以因韵设意、改情创韵等其他方式①，十分巧妙。冯全功评价此举"再现甚至强化原文的音韵美感，语义灵活变通而又不失整体忠实，可谓'看似寻常最奇崛，成如容易却艰辛'"②。这些具体的译介，不仅体现出霍克思在翻译中的多元与灵活，更能够看出与其翻译观、文化立场的吻合。

霍克思多元、灵活的译介方式，亦和他十分重视译作读者的阅读体验和文本接受有关。霍克思译介的《红楼梦》常被学界认为是归化翻译的代表，而归化的翻译又和读者接受紧密联系在了一起。霍译本《红楼梦》在西方获得了巨大的成功，《泰晤士报高等教育增刊》评价霍译本是"一部惊人之作。他再现了那个将被彻底遗忘的世界，是我们这个时代最好的译文译著之一"③，但学界对其归化的翻译方法褒贬不一。比如关于《红楼梦》书名的翻译，学者们就有不同的观点。霍克思在他的英译本中，并没有使用《红楼梦》的书名，而是在不同地方采取了不同的译法。比如其书名 The Story of the Stone 源于《石头记》，而著名的《红楼梦曲》，霍克思则译为"A Dream of Golden Days"。王丽耘认为，"这种处理方法除了有通常的避免单调、枯燥，增强可读性的功能外，最主要的还是它为读者设计了一个由浅入深接受中国红楼意象的过程"④。这明显是从读者接受视角进行的评价。但也有学者觉得"用《石头记》代替《红楼梦》强调了故事性，强调了作者无才补天的自怜，但却失去了'红楼'，失去了'梦'，削弱了由题目引起的社会意义的联想，总之给内容的涵盖面造成巨大损失"⑤。冯全功的观点表现出他的遗憾，在他看来，"霍译的处理体现出极大的创造性，若逐个评论上述含红短语的翻译，也不失为有效的选择。然而，一部

---

① 参阅：冯全功. 霍克思英译《红楼梦》中诗体押韵策略研究. 外语与翻译，2015(4)：17-24.

② 冯全功. 霍克思英译《红楼梦》中诗体押韵策略研究. 外语与翻译，2015(4)：24.

③ In Hawkes，D. *The Story of the Stone Vol. 1*，Harmondsworth：Penguin Books，1973：back cover.

④ 王丽耘. 中国文学交流语境中的汉学家大卫·霍克思研究. 福州：福建师范大学，2012：317.

⑤ 崔永禄. 霍克思译《红楼梦》中倾向性问题的思考//刘士聪. 红楼译评：《红楼梦》翻译研究论文集. 天津：南开大学出版社，2004：84.

小说毕竟是一个整体,整体看来,原文中的'红'之象征语义场便在霍译中流失了,不利于表现小说为(年轻)女子呐喊和平反的主旨"①。其实,霍克思在对书名的翻译上,是倾注了很多心血的,他在译本的前言中表示:"《石头记》的爱好者会发现我的翻译中丢失的一种意象是这部中文小说中经常出现的'红'。首先,小说的一种书名是以'红'字开头的;此外,红色作为一种象征——有时代表春天,有时代表青春,有时则代表好运或繁华——一而再,再而三地出现在小说中。遗憾的是,英语里红色除了用于形容年轻人玫瑰花般的面颊和鲜艳的嘴唇,并没有中文里的种种隐含意义,而我发现中文里的红色与英语里的金色或绿色倒是相近。我知道这样会失去某种东西,但却无力改变。"②霍克思这番话透露出的满是无奈与遗憾。霍克思此举并不是有意为之,而是客观现实所造成的遗憾。译者的遗憾往往充满在译介的过程之中。在当时的条件下,霍克思的译本留下了诸多遗憾,但这同样也是翻译的魅力所在,一个译本代表着一个时代,好的文本需要不断地被译介。霍克思并没有停下努力的脚步,为了让西方读者能有机会阅读到一个更好的译本,他在晚年时,利用上海外语教育出版社再次出版他的译本的机会,对自己的前八十回译文进行了再一次的修改③,足见老一辈翻译家对翻译的执着。霍克思在翻译《红楼梦》的过程中,无时无刻不在关注读者的阅读体验和文本接受,他在第二卷的序言中写道:"这部小说中年轻人的兴趣多半是文学上的,文中充满了与书籍、戏剧、诗相关的片段。那些在曹雪芹看来他同时代的中国人能够理解的文学背景,西方读者却不具备,因此常常会对这些片段感到困惑或无法理解。为了使这些片段明白易懂,我在翻译时偶尔会扩展一下原文,作进一步的解释。这种做法我认为读者是可以接受的。还有一种选择是用脚

---

① 冯全功.《红楼梦》英译思考. 小说评论,2016(4):96.

② Hawkes, D. Introduction. Fan S. Y. (trans.). In Cao, X. Q. & Gao, E. *The Story of the Stone 1*. Hawkes, D. (trans.). Shanghai: Shanghai Foreign Language Education Press, 2014:55.

③ 参阅:王丽耘. 不可忽视的"雕琢"——论大卫·霍克思生前对《红楼梦》译本的最后修改. 红楼梦学刊,2015(1):293-312.

注来解释。脚注好倒是好,但在我看来,阅读带有大量注释的小说无异于戴着锁链打网球。"①和第一卷序言中的遗憾与无奈相比,此卷序言中透露出的是霍克思的自信与坚定。正是霍克思坚定的翻译观与文化立场,给予了他翻译的无限动力。

霍克思希望西方读者能够通过他的译文了解中国文字、中国文学,以及中国文化。在他的另一部译作《杜诗初阶》中,我们看到了一个饱含学者探索与研究精神的霍克思。霍克思以《唐诗三百首》为底本,选取了其中所有 35 首杜甫的诗歌进行译介。考虑到这是一部类似教科书的译著,霍克思在编排体例上做了十分细致的考虑。他参考了中国典籍注本的编排体例,整体上对所有诗歌按照年份排序,便于读者寻找。在具体的译介中,霍克思做了五个步骤的细分。第一,将中文原诗列出,并辅以拼音。第二,对诗歌题目和主题进行解释。第三,对诗歌的形式进行探讨,包括诗歌的韵律、韵脚,以及诗节。第四,对诗歌进行注释,类似于直译,霍克思行对行、字对字地对原诗文进行注解。第五,也就是最后,才是诗歌的英译。不仅如此,霍克思还在书末添加了词汇表,并对诗中的人名和地名做了索引。这一整套翻译的流程和传统意义上的翻译有很大的不同,容克(D. R. Jonker)评价其"独一无二"②。许芥昱(Kai-Yu Hsu)更是认为"该书作为一本读本,对于没有教师的初学者来说是非常实用且有帮助的"③。霍克思在《杜诗初阶》中的做法,能够更加有效地帮助对中国诗歌感兴趣的西方读者,也有利于中国诗歌文化的对外传播。霍克思的这一译介特征,也和其学者的严谨与探索精神密不可分。

综合来看,忠实二字一直贯穿于霍克思的译介始终。霍克思通过多

---

① Hawkes, D. Preface. Fan S. Y. (trans.). In Cao, X. Q. & Gao, E. *The Story of the Stone 2*. Hawkes, D. (trans.). Shanghai: Shanghai Foreign Language Education Press, 2014: 10.

② Jonker, D. R. *A Little Primer of Tu Fu* by David Hawkes. *T'oung Pao*, 1970, 56(4/5): 303.

③ Hsu, K. Y. *A Little Primer of Tu Fu* by David Hawkes. *The Journal of Asian Studies*, 1968, 28(1): 155.

元灵活、独具特色的译介方式,结合西方读者的接受效果,将中国文学文化传播至海外,产生了深远的影响。特别是他和闵福德合译的《红楼梦》,"语言精确优美,几乎是逐句翻译,力图保持原本的风味,考订严密,有根有据,备受海内外红学界和翻译界褒奖"①。党争胜更是认为"霍克思的翻译体现出译者在'自由王国'里如鸟雀般自由飞翔"②。的确,霍克思对翻译、对中国文学和文化如痴如醉,他能够为了向西方读者展现《红楼梦》的全貌,不惜辞去牛津大学的教职,足可见一斑。可以说,霍克思从阅读林语堂的《生活的艺术》、韦利的《猴王》开始,一步步走向中国文学和文化的殿堂。他的一生为中外文化交流做出了巨大的贡献,影响深远。

---

① 《红楼梦学刊》编辑委员会. 沉痛哀悼霍克思先生. 红楼梦学刊,2009(5):58.
② 党争胜. 霍克思与杨宪益的翻译思想刍议. 外语教学,2013(6):103.

第三章 闵福德英译研究

　　1946 年,闵福德出生在英国伯明翰的一个外交官家庭。他的父亲莱斯利·麦基·明福德(Leslie Mackay Minford),是一名职业外交官。他的哥哥,帕特里克·明福德(Patrick Minford),是一位杰出的经济学家。由于父亲职业的关系,闵福德的童年辗转多地。委内瑞拉、阿根廷、埃及,都留下过他的身影。7 岁回到英国后,闵福德就读于汉普郡的哈里斯希尔预备小学(Horris Hill School)。1958 年,12 岁的闵福德完成了在哈里斯希尔预备小学的学习,顺利进入温彻斯特公学(Winchester College),学习拉丁语、希腊语、法语,以及古希腊和拉丁文学。

　　在温彻斯特公学学习期间,闵福德开始了自己的钢琴学习,师从克里斯托弗·考恩(Christopher Cowan)。闵福德十分喜爱钢琴,他自己也曾经表示他"最初的梦想是成为一名音乐家——具体来说是一名钢琴家,但这个愿望一直没有实现"[①]。1963 年,闵福德从温彻斯特公学顺利毕业。同年 4 月,他前往维也纳,拜师沃尔特·坎珀(Walter Kamper),继续学习钢琴。据闵福德说,老师十分严格,"先是要求他弹肖邦的曲了,但弹到一半却猛然收起乐谱,要求他顺着肖邦曲子的感觉来发挥,自己演奏一段,以进入忘我的陶醉境界为目标,到差不多的时候则放回琴谱,要求他顺畅

---

① 朱振武,闵福德. 拿出"最好的中国"——朱振武访谈闵福德. 东方翻译,2017(1):
　　54.

地衔接,驳回原曲,训练他对音乐的触觉和创造力"①。

1964 年秋天,闵福德考入世界著名的牛津大学,拿到奖学金,进入贝利奥尔学院(Balliol College)学习。在牛津期间,闵福德的最大兴趣仍然是钢琴。1964 年至 1966 年,闵福德师从伦敦的大卫·帕克豪斯(David Parkhouse),钢琴水平提升很快,皇家音乐学院(Royal College of Music)因此向他抛来了橄榄枝。虽然闵福德很想在皇家音乐学院继续钢琴的学习,但无论是他的父母,还是贝利奥尔学院,都反对他的选择。无奈之下,闵福德不得不在贝利奥尔学院转而学习哲学、政治学,以及经济学科目。

由于不喜欢所学科目,在牛津的前两年,闵福德甚至没有上过一堂专业课。思考再三,闵福德决定不再这样荒废人生,他选择了自己有兴趣的林学,但遗憾的是,与林学相关的课程,他没有一门达到优秀。这让他一度失去了方向。1966 年的一天,闵福德坐在牛津大学博德利图书馆(Bodleian Library)前,面对手中的牛津大学本科生课程手册,他做出了一个大胆的决定。他闭上眼睛,将书随手翻开一页,结果他的手指落在了东方研究所的荣誉中文项目上。闵福德认为这是命运的指引,于是第二天,他前往东方研究所,希望能够转入该所学习中文。在那里,他遇到了他生命中第一个贵人——霍克思。霍克思欢迎并录取了闵福德。闵福德的父亲也很高兴,他觉得儿子学习中文是为了继承他的外交事业,殊不知闵福德已经沉醉在中文诗歌的海洋里了。②

1968 年,闵福德以全优的成绩毕业,并获得了中文一级荣誉学位。在牛津学习期间,闵福德曾经去中国香港短期交流过。在那里,他遇到了《红楼梦》。虽然当时闵福德的中文水平还不足以支撑他完全读懂《红楼

① 灼见名家. 闵福德:翻译岁月弹指过,心怀达化迎妙思. (2018-06-01)[2021-10-13]. https://www. master-insight. com/% e9% 96% 94% e7% a6% 8f% e5% be% b7% ef% bc% 9a% e7% bf% bb% e8% ad% af% e6% ad% b2% e6% 9c% 88% e5% bd% 88% e6% 8c% 87% e9% 81% 8e% ef% bc% 8c% e5% bf% 83% e6% 87% b7% e9% 81% 94% e5% 8c% 96% e8% bf% 8e% e5% a6% 99% e6% 80% 9d/.

② Chatwin, J. John Minford and the *Dao De Jing*. (2019-03-12)[2021-10-13]. https://chinachannel. org/2019/03/12/john-minford. S

梦》,但他还是被这部小说的魅力所折服。毕业返校时,闵福德向老师霍克思透露自己想要翻译这部传世名著。霍克思很是高兴,并告诉闵福德自己已经和企鹅出版集团签署了翻译合同,并邀请闵福德与自己合译。闵福德的翻译之路由此开始。

1977 年,闵福德前往澳大利亚国立大学(Australian National University)攻读博士学位,师从李克曼(Pierre Ryckmans)和柳存仁(Liu Ts'un-yan)。1980 年毕业后,受中国国家外国专家局的邀请,前往当时的天津外国语学院教授翻译课程。在天津,闵福德翻译了缪越的《论词》("The Chinese Lyric"),并被收录进宋淇的《无乐之歌:词》(*Song Without Music:Chinese Tz'u Poetry*)中。

1982 年对闵福德来说是丰收的一年。他翻译的《红楼梦》第四卷《绛珠还泪》(*The Debt of Tears*)由企鹅出版集团出版。他本人也离开天津前往香港,先是担任《译丛》杂志的编辑,后担任香港中文大学翻译研究中心主任。在香港中文大学,闵福德和宋淇相遇,而"闵福德"这个中文名,也是宋淇取的。闵福德在香港生活了四年,其间与宋淇一同编著了《山有木兮:中国新文学选集》(*Trees on the Mountain:An Anthology of New Chinese Writing*)。

1986 年,闵福德离开香港,前往新西兰奥克兰大学任教。同年,他和白杰明(Geremie Barmé)编著了《火种:中国良知的声音》(*Seeds of Fire:Chinese Voices of Conscience*),而他翻译的《红楼梦》第五卷《万境归空》(*The Dreamer Wakes*)也终于完成并出版。在新西兰的数年间,闵福德与黄兆杰(Siu-kit Wong)一起编订了《大卫·霍克思文集》(*Classical,Modern and Humane:Collected Essays of David Hawkes*),并和庞秉钧、高尔登(Séan Golden)一起翻译编写了《中国现代诗一百首》(*One Hundred Modern Chinese Poems*)。

1994 年,闵福德重回香港,在香港理工大学任教。也正是在这个时候,他经由刘绍铭推荐,开始翻译金庸的《鹿鼎记》。由于这本书翻译起来十分困难,老师霍克思因此主动帮助闵福德一起翻译,并且主动放弃了署名权,这让闵福德感激不已①。事实上,直到 2002 年,这套三卷本的英文《鹿鼎记》(*The Deer and the Cauldron*:*A Martial Arts Novel*)才最终译毕。在 2002 年,闵福德的又一译作——《孙子兵法》(*Sunzi*,*The Art of War*)也由牛津大学出版社出版。这部译作带有明显的闵氏风格,也得到了读者的认可。

2006 年,闵福德前往澳大利亚国立大学任教,这一待就是十年,直到他退休。这一年,他所翻译的《聊斋志异》(*Strange Tales from a Chinese Studio*)由企鹅出版集团出版。这本书,闵福德翻了 15 年。而 2014 年出版的《易经》(*I Ching*:*The Book of Change*),他也用了 12 年时间。

2018 年,闵福德翻译的《道德经》(*Lao-Tzu*,*Tao Te Ching*)由企鹅出版集团出版,这也是迄今为止他翻译的最新一本译著。

从中文选择闵福德,到闵福德执着于翻译中国文学,弹指间数十年。对于翻译,闵福德表示:"若想将作品翻译好,我们必须要有长期规划,并在这期间不断修改译文。我们要将翻译文学作品作为整个人生规划中的一部分,并在翻译的过程中不断提升自身修养。"②

第一节　从实践出发:闵福德的多维翻译观

从 1977 年翻译缪越的《论词》开始,闵福德的翻译之路不知不觉已经走过了四十多个年头。在多年的翻译生涯中,闵福德留下了很多经典译作,而其中的大部分,都是文学经典。作为霍克思的学生,又与他一起合译过《红楼梦》和《鹿鼎记》,因此,闵福德的翻译观虽然呈现出多个维度,但多少受到了霍克思的一些影响,其中,最为重要的影响,就是翻译的忠实观。

受到霍克思翻译忠实观的影响,闵福德对翻译忠实的理解也摒弃了

---

① 参阅:朱振武,等. 汉学家的中国文学英译历程. 上海:华东理工大学出版社,2017:43.
② 朱振武,闵福德. 拿出"最好的中国"——朱振武访谈闵福德. 东方翻译,2017(1):56.

单纯的语言文字观,主张译介作品时要特别关注作品的文学和文化价值。闵福德翻译过《红楼梦》,也研究过《红楼梦》,在他眼中,"《红楼梦》作为一部卷帙浩繁的古典文学巨著,人物情节复杂,思想极其深刻,想要真正读懂这本书对任何人来说都并非易事"①。因此,翻译《红楼梦》不能仅仅考虑文字的对等,更要关注文学、文学信息与意象的传达。同样,在面对一些人对《聊斋志异》的理解和认识带有偏见时,闵福德强调,"像《红楼梦》一样,《聊斋志异》也是清代伟大的文学作品,不仅文字精练,而且意象深远,充分表现出作者对人性、生命、世间物事观察入微,堪称充满哲理、适宜再三咀嚼的巨著"②。无论是《红楼梦》还是《聊斋志异》,闵福德都认为是需要读者反复阅读、反复体味的作品。作品的深度提高了原作读者的阅读难度,那么对于译作读者而言,难度就更大了。在翻译《聊斋志异》时,闵福德说:"译者在面对这些故事时,有一个问题是西方读者同时会遇到两种陌生的感觉。一个是文化本身,另一个则是一个奇怪的世界。这些故事是发生在作者所写的那个奇怪世界中的。对蒲松龄来说当然不过的事情,对译作读者而言是很离奇的,比如科举考试,比如裹足。"③这对闵福德来说是一个巨大的挑战,如果仅仅忠实于文字,那么就很难让译作读者感受到作品本身的魅力。翻译的忠实需要让译作读者的阅读体验与原作读者的阅读体验一致。这也是闵福德希望做到的。阅读闵福德的译作,能够发现很多与他的老师霍克思的译作类似的地方。比如两人都非常喜欢加入注释,又都十分关注注释对读者阅读体验的影响。在翻译《易经》时,闵福德为了在忠实和阅读体验之间找寻一个平衡点,他创新性地

---

① 朱振武,等. 汉学家的中国文学英译历程. 上海:华东理工大学出版社,2017:40.

② 香港公开大学. 闵福德教授谈《聊斋志异》. [2021-10-13]. http://www.ouhk.edu. hk/wcsprd/Satellite? pagename = OUHK/tcGenericPage2010&c = C_ETPU&cid = 191155068000&lang = chi.

③ Minford,J. Note on the text,translation,and illustrations,In Pu,S. L. *Strange Tales from a Chinese Studio*. Minford,J. (trans.). London:Penguin Classics,2006:xxxiv.

在网上发布了一个 70 页的电子文档,题为"Online Notes for *I Ching*"①,在不影响读者阅读体验的同时,也完美解决了译文的忠实问题。

在闵福德看来,霍克思"是一个特殊的存在,亦师亦友"②。在与霍克思合译《红楼梦》时,为了保证译文风格的统一,闵福德做了很多努力,霍克思也帮助了他很多。这些都在无形之中形成并巩固了闵福德忠实的翻译观。多年之后,闵福德回忆起那段翻译经历,他表示:"那几年,我每周都会去一次霍克思家,在他书房里向他诚心求教。他会和我一起阅读、翻译一些文章,并就翻译进行讨论。他会给我看他的译文并给我一份译文的复印件,让我反复推敲学习他的翻译。我是他的学徒,一生都追随着他。他的要求很高,所以我必须努力使我的《红楼梦》译文和他的译作风格保持一致。"③随着学习和翻译的深入,霍克思忠实于原作、忠实于作者、忠实于译作读者的翻译忠实观也体现在闵福德的翻译中。在《红楼梦》的后两卷翻译中,面对中国传统文化器物,闵福德比霍克思更进一步,"没有局限在形式表面,而是深入器物的文化背景之中,解释它的地位与作用,发掘形成此种文化器物的意味深远的文化传统,以及在浸润于这种文化语境中的人的生命观与价值观"④。这一方面体现出霍克思对闵福德翻译观形成的影响,另一方面,也看出闵福德对翻译忠实观的践行。

除了秉持翻译的忠实观外,闵福德对翻译还有不少自己独特的理解。首先是他的翻译实践观。闵福德除了从事翻译实践外,还一直承担翻译教学的工作。在闵福德看来,在翻译教学中,翻译实践比翻译理论重要得多。他表示:"我反对任何翻译理论,因为学习太多翻译理论是在浪费时

---

① 参阅:Minford,J. Online Notes for *I Ching*.(2020-02-26)[2021-10-13]. https://a1974703-9efc-428d-945c-d2ab3a7d1c25. filesusr. com/ugd/3ce1a7_55ec4f64427244b487e09 a0ccc02cada. pdf.

② 朱振武,闵福德. 拿出"最好的中国"——朱振武访谈闵福德. 东方翻译,2017(1):51.

③ 朱振武,闵福德. 拿出"最好的中国"——朱振武访谈闵福德. 东方翻译,2017(1):51.

④ 杨柳. 文化摆渡者的中国认同——闵福德《石头记》后两卷译本的副文本研究. 曹雪芹研究,2018(4):132.

间。在 MTI 教学中,理论的唯一作用就是让这个专业看起来更加学术化,但实际上我们更需要做的是通过大量阅读和练习提高语言的表达能力。……我很反感翻译理论,非常反对。"①闵福德对翻译理论与翻译实践关系的这段表述,是一直以来学界对于翻译理论与翻译实践之关系思考的缩影。文学翻译到底需不需要理论?不同人有不同的观点。卞之琳的观点和闵福德十分相似,他曾经表示:"我说过自己习作文学翻译,并未遵循任何理论指引,进一步,认为根本没有什么翻译理论好讲的,要讲也是讲不尽的。谁要是能掌握两个语种及其文化背景到一定的深度,就可以把文学作品翻译到一定的高度,只是文学翻译,也系文学创作一样,还要靠执笔者自己的能耐与辛勤决定产品的水平。"②虽然闵福德谈论的是翻译教学,而卞之琳是在谈文学翻译,但其实两个人的观点是十分相似的。在他们看来,似乎翻译理论对翻译实践而言并没有什么帮助,想要做好翻译,还是老老实实地多翻、常翻。

其实,翻译理论与翻译实践的相互关系并不是二元对立的。无论是闵福德,还是卞之琳,都十分明确两者之间的复杂关系。他们不希望学习翻译、从事翻译的年轻译者,把理论与实践的关系看得过于简单,因为有相当一部分学习翻译的人,都希望能够找到一个所谓的方法、策略,或技巧,去一以贯之地指导自己的翻译实践。闵福德之所以那么反对翻译理论,并不是因为理论无用,而是翻译理论的作用往往被夸大了。闵福德之所以有这样的翻译观,和他自己学习翻译的经历有关,特别是与他和霍克思合译《红楼梦》的经历有关。闵福德学习翻译是从实践开始的。在向霍克思请教时,闵福德说:"(霍克思)会和我一起阅读、翻译 些文章,并就翻译进行讨论。他会给我看他的译文并给我一份译文的复印件,让我反复推敲学习他的翻译。"③因此,在闵福德看来,好的译文不是通过学习理

① 朱振武,闵福德. 拿出"最好的中国"——朱振武访谈闵福德. 东方翻译,2017(1):54.
② 卞之琳. 译者总序//卞之琳. 卞之琳译文集. 合肥:安徽教育出版社,2000:8.
③ 朱振武,闵福德. 拿出"最好的中国"——朱振武访谈闵福德. 东方翻译,2017(1):51.

论知识翻译出的,优秀的翻译家也绝对不是理论的空谈者。他根据自己的学习经历,坚持让学生在练习翻译的过程中去阅读优秀的译文,比如"若想学习《红楼梦》的翻译,可以去读霍克思的译本,并利用汉英对照版进行学习,因为霍克思翻译的语言非常优美"①。闵福德的翻译实践观源于他自身多年的翻译实践,但需要注意的是,他的翻译实践观并不是想要一味地抬高翻译实践而去贬低翻译理论。闵福德希望学生和初识翻译的人去阅读优秀的译文,其实正说明了他意识到通过学习和借鉴、总结并掌握规律在翻译中的重要作用。卞之琳所说的翻译理论"讲也是讲不尽的",也正是这个道理。

闵福德的翻译实践观给初入翻译之境的年轻人提供了很好的帮助,也为研究翻译的学者提供了新的视角。翻译理论与翻译实践的交融关系,对形成一部好的译作,是十分重要的。闵福德译作的成功,绝不仅仅依靠他个人语言的天赋,更是他在多年翻译中所形成的翻译观的体现。一个优秀的译者,即便对翻译理论并不关注,我们也能够在其译作中寻到规律,找到其对翻译的看法。这其实又何尝不是翻译的理论呢? 王佐良曾认为翻译研究前途无限,因为"它最为实际,……实践量大,有无穷尽的研究材料;它又最有理论发展前途:它天生是比较的,跨语言、跨学科的,它必须联系文化、社会、历史来进行,背后有历代翻译家的经验组成的深厚传统,前面有一个活跃而多彩的现实世界在不断变化"②。金圣华也认为,"学翻译、做翻译或研究翻译好比泛舟河上,不论从理论出发、或由实践入手,即不论从左岸登船,或由右岸乘槎,都不重要,重要的是必须从对岸相望的敌对立场,经浑然相忘的融会阶段,而进入中流相遇的和谐境界。惟其如此,方能携手同游,共享放舟译河的乐趣"③。所以,闵福德的

---

① 朱振武,闵福德. 拿出"最好的中国"——朱振武访谈闵福德. 东方翻译,2017(1): 54.

② 王佐良. 新时期的翻译观——一次专题翻译讨论会上的发言//王佐良. 翻译:思考与试笔. 北京:外语教学与研究出版社,1989:2-6.

③ 金圣华. 认识翻译真面目——有关翻译本质的一些反思//金圣华. 认识翻译真面目. 香港:天地图书有限公司,2002:2-39.

翻译实践观对学习翻译的人而言是十分重要的,他让我们明确了翻译的实践性和实践价值,也提供了一套行之有效的方法,至少这种方法在他的翻译中是很有成效的。当然,我们也要注意到,闵福德将自己最主要的时间放在了翻译上,对翻译研究涉及的不多,所以形成这种翻译实践观也很正常,这也许能够解释为什么很多的翻译大家都似乎不大关注翻译理论。关于这点,谢天振已经说得很清楚了:"长期以来,我们的翻译家更多地忙于翻译实践,却很少对自己丰富的翻译经验进行总结,更少把这些经验提炼,然后上升到理论层面。"①我们去关注、研究这些翻译家,就是希望能够从中得到一些启发,为未来的翻译提供参照。

除了翻译实践观,闵福德还秉承着翻译写作观。在接受朱振武的采访时,闵福德曾经表示:"要记住,翻译只是写作的一部分,我们首先要提高的是自己的写作能力。学习外语虽然是必不可少的,但更需谨记的是,最终你是要用母语来进行翻译。因此,翻译家首先要让自己成为一名作家。"②从本质上讲,翻译涉及两个问题,一是理解,二是表达。这两个问题所引申出来的,就是学界长期以来一直在探讨的"译入"与"译出"问题。闵福德认为要用母语来翻译,也就是我们常说的"译入"。在支持"译入"的学者看来,译者用母语表达会更加得准确、地道。不过,"译入"也存在理解上的困难,特别是文学翻译中涉及大量的跨文学、跨文化问题,因此,简单地把"译入"与"译出"二元对立是不严谨的。在闵福德看来,保证译作的忠实,不仅仅涉及译者对原作的理解,还涉及译者能否准确地把原作的意义表达出来。这和思果的观点非常相似。思果在他的《翻译研究》中几乎谈的都是英译中的问题,直到书末才用了很短的篇幅谈了谈中文英译。在思果看来,"有一点非常重要:要中译英,先要能写英文"③。因为中文和英文实在是太不一样了。思果进一步阐释说:"这不是一件容易的

---

① 谢天振,等.《文学翻译的理论与实践——翻译对话录》五人谈. 中国翻译,2001 (4):66.
② 朱振武,闵福德. 拿出"最好的中国"——朱振武访谈闵福德. 东方翻译,2017(1): 55.
③ 思果. 翻译研究. 桂林:广西师范大学出版社,2018:281.

事,绝非读了英文文法、修辞,看过小说、报纸就能做到。英文的种类繁多,有文学的英文(文学作品中有小说、散文、诗歌……),有应用文、学术论文等,全不是一样写法的。用字造句就不同,诗尤其难作。我们中国人有几个能写英文诗的?(当然,又有几个中国人能写中文小说、散文、诗歌、戏曲、应用文件、文言白话,能同等高明? 不过中国人学起这些文字来比较容易)。不在英文写作上下苦功,中文英译的工作是永远做不好的。不管写哪种英文,总要像那种英文;如果写不出那种英文,干脆不要译。"①在思果看来,先不论英文写作时多么困难,即便是中国人自己,也未必就能够说自己的中文写作水平了得,因此,对中国译者来说,进行中译英的前提,就是一定要有好的英文写作能力。

闵福德作为一名英国人,为何会有着和思果一样的中译英感悟? 这和他早年的《红楼梦》翻译经历有着密切的联系。由于闵福德是和霍克思合译,因此,出版社要求闵福德的译文能够和霍克思的前八十回保持风格的一致,不要有明显的差别。有一件事情对闵福德触动很大:"企鹅出版集团的编辑雷迪斯(Betty Radice)热爱《红楼梦》一书,爱惜书中人物面貌,曾不客气地写信痛骂闵福德,让他必须从对白中去掉时语俚语,说她无法忍受'在前三册的霍译里均显八面玲珑、识见超卓、教养深厚的女子,在后四十回顿时变得庸俗粗野',甚至叫闵福德重新学学怎么写英文。"②面对雷迪斯女士的质疑,闵福德虽然一度信心动摇、沮丧不已,但在老师霍克思的鼓舞下,真地开始钻研怎么写英文。应当说,闵福德是从自己亲身的翻译经历中,领悟到了写作对翻译的重要性。这也又应和了之前我们谈到的闵福德的翻译实践观。闵福德的这些翻译观,正是他在多年的翻译实践中悟出的。

---

① 思果. 翻译研究. 桂林:广西师范大学出版社,2018:281.

② 灼见名家. 闵福德:翻译岁月弹指过,心怀达化迎妙思. (2018-06-01)[2021-10-13]. https://www.master-insight.com/%e9%96%94%e7%a6%8f%e5%be%b7%ef%bc%9a%e7%bf%bb%e8%ad%af%e6%ad%b2%e6%9c%88%e5%bd%88%e6%8c%87%e9%81%8e%ef%bc%8c%e5%bf%83%e6%87%b7%e9%81%94%e5%8c%96%e8%bf%8e%e5%a6%99%e6%80%9d/.

闵福德除了有以上这些依由翻译实践而形成的翻译观之外，还因为其性格的原因，形成了一种特殊的翻译自然观。在闵福德翻译的作品中，有《易经》和《道德经》两部反映中华哲学思想的作品。这两部作品对闵福德的影响很大。闵福德的中国情愫始于牛津。虽然闵福德进入牛津大学汉学科学习已经是 1966 年，比霍克思学习时的情况好了很多，但那个时候，牛津大学汉学科仍然是以四书五经为主要阅读书目。据闵福德自己回忆："我和《道德经》的缘分从学生时期就开始了。我最早对道家思想的了解来自英国哲学家艾伦·沃茨（Alan Watts）的著作，从那时起我就成为老庄之道的追随者。20 世纪 60 年代牛津大学的中文课程还是以四书五经为基础的。我先跟随雷蒙德·道森（Raymond Dawson）教授读了《孟子》和《春秋左氏传》，然后就选择了《道德经》和《庄子》这两本书作为我的专修科目。《道德经》也就从此一直伴随在我身旁。"①早期的接触和多年的阅读，让闵福德的翻译观也受到了这两部作品中哲学思想的影响。在闵福德看来，好的译者，或者是一部好的译作，需要具备"靈"的特质。他说："（靈）这个字的意象很古老，'雨'字底下三个'口'，然后是一个'巫'字。这代表远古时代巫师与天地万物沟通的神秘力量。其实翻译与通灵十分相似，我妹妹就是一个灵媒，一旦她'出神'，便可以与灵魂沟通。同样，译者也需要聆听来自另一个世界的声音。翻译是一个很奇怪的过程，你往往在召唤一个死去已久的、来自异国他乡的灵魂。身为译者，我们要想尽办法与这个灵魂沟通，听到他的声音。'灵'在吴语和一些其他方言中依然属于日常用语，一个电灯泡如果能用，那么就'灵'了。到最后，一个翻译好不好，其实就看它灵不灵，有没有感情。这和翻译理论一点关系也没有。"②闵福德说的似乎有些玄，甚至用这种灵学观去证明翻译理论的无用论，这当然是有一些极端的，但同时也能说明一些问题。有时候，翻译似乎就是这样一个很玄学的东西，直译与意译、形与神、可译与不可译，

① 任璐蔓. 闵福德谈翻译与"奇趣汉学". （2019-09-08）［2021-10-13］. https://www.thepaper.cn/newsDetail_forward_4344039.

② 任璐蔓. 闵福德谈翻译与"奇趣汉学". （2019-09-08）［2021-10-13］. https://www.thepaper.cn/newsDetail_forward_4344039.

似乎永远也说不清楚,怎么翻译才是好的翻译,也始终难以找到唯一的标准。这正是翻译的魅力,正是翻译之美。钱锺书曾说过:"文学翻译的最高标准是'化'。把作品从一国文字转变成另一国文字,既能不因语文习惯的差异而露出生硬牵强的痕迹,又能完全保存原有的风味,那就算得入于'化境'。"①闵福德的翻译自然观,正是将文字、文学、文化交织在一起。这也解释了他为何一直对翻译理论提不起兴趣。因为在他的翻译观中,一直秉持着译者个体对翻译行为产生重要影响的观点。他认为"文学和生命本就无可割裂"②。闵福德的这种翻译自然观也一直体现在他的翻译实践中。在翻译《孙子兵法》时,他虽然提醒读者在阅读时的阅读立场,但也将这本书称之为"生活之书",甚至还因为书名的缘故(*The Art of War*),自己编写了一部《中国的爱情艺术》(*Chinese Art of Love*)③,颇为随性。

在闵福德看来,翻译的忠实是毋庸置疑的,这也是他在翻译中一直践行的。对于如何能够翻译得好,他提出了翻译实践观和翻译写作观,这不仅仅是他自己的翻译领悟,也是对未来翻译工作者的期望。至于闵福德的翻译自然观,和他自己对生活的态度有着很大的关系。优秀译者的翻译观总是带有很强的特质性,闵福德也是如此。

第二节 "最好的中国"

闵福德和霍克思一样,都是因偶然的机会与中国结缘。但和霍克思不同的是,闵福德的经历似乎更加戏剧化,而戏剧化经历的背后,总是有

---

① 钱锺书. 林纾的翻译//罗新璋,陈应年. 翻译论集(修订本). 北京:商务印书馆,2009:774.

② 灼见名家. 闵福德:翻译岁月弹指过,心怀达化迎妙思. (2018-06-01)[2021-10-13]. https://www.master-insight.com/%e9%96%94%e7%a6%8f%e5%be%b7%ef%bc%9a%e7%bf%bb%e8%ad%af%e6%ad%b2%e6%9c%88%e5%bd%88%e6%8c%87%e9%81%8e%ef%bc%8c%e5%bf%83%e6%87%b7%e9%81%94%e5%8c%96%e8%bf%8e%e5%a6%99%e6%80%9d/.

③ 参阅:朱振武,闵福德. 拿出"最好的中国"——朱振武访谈闵福德. 东方翻译,2017(1):53.

贵人相助。从霍克思到柳存仁再到宋淇,不仅对闵福德的翻译观形成,更对他的文化立场有着很大的影响。

闵福德有一句座右铭,叫"最好的中国"(the best China)。这个座右铭的来源很有意思,它的本意是"最好的瓷器",是闵福德的妈妈在家中放置的一套上好的瓷器,专门在家里来重要客人的时候拿出来,以表示对客人的尊重与重视。闵福德受到了妈妈的启发,在多年的翻译实践中,逐渐树立了"最好的中国"的文化立场。闵福德说:"'最好的中国'是我的座右铭,如今我想要做的事情就是将'最好的中国'展现给整个世界。……我喜欢用'最好的中国'这几个字来形容中国文化中最好的东西,比如文学、艺术、音乐、戏剧、美丽的山川河海和友善的中国人。除此以外,老百姓的善良本性、生活习俗以及中国美食都属于'最好的中国'范畴。"①这句座右铭清晰地表明了闵福德的文化立场,也在多年的翻译实践中指引着闵福德。在闵福德看来,中国文化中最好的东西实在是太多了,要去译,也许是永远译不完的。因此必须有所选择。比如闵福德选择了文学译介,又在文学译介中特别关注古典文学。但他也深知,相较于现代文学来说,古典文学的翻译更难,因为读者面对的文化差异会更大。在翻译《红楼梦》时,闵福德表示,"他与霍克思都知道《红楼梦》译本不会是为了普通大众消闲阅读而出版,深信虽然一些微妙的文字巧思不会老妪能解,正如《红楼梦》也有很多文化根底深厚、较文雅高深的部分,但用心加入文化元素以帮助读者理解原文高层次意趣和隐喻仍是译者身负的重任"②。在闵福德看来,不能因为作品难以阅读、难以理解就放弃译介,因为正是这些充满意趣和隐喻的作品,更加突显中国文学文化的璀璨。想要译介"最好的

---

① 朱振武,闵福德. 拿出"最好的中国"——朱振武访谈闵福德. 东方翻译,2017(1):55-56.

② 灼见名家. 闵福德:翻译岁月弹指过,心怀达化迎妙思. (2018-06-01)[2021-10-13]. https://www.master-insight.com/%e9%96%94%e7%a6%8f%e5%be%b7%ef%bc%9a%e7%bf%bb%e8%ad%af%e6%ad%b2%e6%9c%88%e5%bd%88%e6%8c%87%e9%81%8e%ef%bc%8c%e5%bf%83%e6%87%b7%e9%81%94%e5%8c%96%e8%bf%8e%e5%a6%99%e6%80%9d/.

中国"——这些文学经典是绕不过去的。从最初的《论词》到和霍克思合译《红楼梦》,从选译《聊斋志异》到完成翻译《易经》《道德经》的夙愿,闵福德对作品的选择,都完美诠释了他的这句"最好的中国"。

霍克思对闵福德"最好的中国"文化立场的形成起到了至关重要的作用。甚至可以说,如果没有霍克思,也许我们现在就很难欣赏到闵福德对中国文学的译介了。如果说 1996 年闵福德的随手一指(也有说是扔了一枚大头针)让中文进入了闵福德的视野,那么,让中文走入闵福德生活的,是当时牛津大学汉学科的主任霍克思。如果不是当闵福德第二天去汉学科询问转系之时碰到了霍克思,又被霍克思力荐学习中文,也许闵福德未来的成就就是在钢琴演奏或是植物栽培上了。闵福德曾经表示,"霍克思改变了他的生命,自己的翻译知识几乎全是霍克思传授的"①。受到年轻时阅读《道德经》的影响,闵福德把发生在自己身上的很多事情都归结为宿命。谈及与霍克思合译《红楼梦》时,他也表示:"我知道当时自己只是个初出茅庐的学生,(翻译《红楼梦》)实在是有些口出狂言,但霍克思却像有重大发现般看着我说:'那我们一起翻译如何? 我刚刚受邀为企鹅经典文库翻译《红楼梦》,不如你来翻译后四十回。'于是,宿命般地,我们开始合力翻译起这部作品。"②应当说,在与霍克思合译《红楼梦》时,即便两人是各自翻译各自的部分,但闵福德仍然一直思考着如何能够让自己的翻译风格和霍克思保持一致,也正是这段经历,让闵福德越来越喜爱《红楼梦》这部作品,甚至在闵福德来到中国教书时,还向中国学生推荐这本书,在他看来,"最好的中国"不应该仅仅展现给世界,更应该展现给中国的年青一代。翻译《红楼梦》,研究《红楼梦》,让"最好的中国"的文化立场也扎根在了闵福德的心底。

如果说霍克思为闵福德打开了中文的大门,那么,柳存仁便是那个在中文海洋中指引闵福德的灯塔。1977 年,闵福德前往澳大利亚国立大学

---

① 朱振武,等. 汉学家的中国文学英译历程. 上海:华东理工大学出版社,2017:39.
② 朱振武,闵福德. 拿出"最好的中国"——朱振武访谈闵福德. 东方翻译,2017(1):51.

攻读博士学位,正是在那里,他遇到了柳存仁。跟柳存仁学习的这段时间,更加坚定了闵福德"最好的中国"的文化立场。应当说,如果没有柳存仁的推荐,很多闵福德的译作我们都无法见到。从闵福德的翻译处女作《论词》,到金庸的名作《鹿鼎记》,都是源于柳存仁的鼎力推荐。据说,金庸一直对《鹿鼎记》的英译持保留态度,而柳存仁为了支持学生闵福德,亲自给金庸写信,最终促成了闵福德的英译本《鹿鼎记》。① 闵福德博士毕业时,在澳大利亚找工作并不顺利,也是柳存仁向中国驻澳大利亚大使馆推荐,接受中国外国专家局的邀请,使得闵福德有机会前往天津外国语学院任教。② 不过,要说柳存仁对闵福德影响最深的,应该是对中国文化的认识。2014 年和 2018 年,闵福德翻译的《易经》和《道德经》先后出版,成为闵福德的封笔之作。这两部作品一经问世,就广受好评。和之前翻译的《孙子兵法》不同,闵福德对这两部作品十分认同。他曾经表示,"《易经》是一本客观存在的书,不是一种宗教,不是一个有魔力的特殊伎俩。它不强迫你去相信某种教义,它谈论的是世界背后的规律,但用的是非常简单的结构,比如八卦、六十四卦等。它鼓励你往后站一步,看全局,而不是只关注生命中一些细小的环节"③。促成闵福德形成这种理解和认识的,正是他在澳大利亚学习时的导师柳存仁。学习期间,柳存仁经常告诉闵福德:"《易经》《道德经》等书的目的,都是引导人们更善良、更慈爱。"④可以说,闵福德对中国文化的热爱,对传播中国文学、中国文化的坚定,与柳存仁的指引有着很大的关系。

闵福德和宋淇合作过很多次,闵福德对宋淇的评价很高。在闵福德看来,宋淇"从未在大学里任教,不是狭义上的学者,相反,他是二十世纪

———————

① 朱振武,等.汉学家的中国文学英译历程.上海:华东理工大学出版社,2017:42.

② 范圣宇.《红楼梦》英译者闵福德先生与天津.天津日报,2019-04-23(12).

③ 崔莹.英国学者 12 年译完《易经》.(2015-07-15)[2021-10-13].https://cul.qq.com/a/20150714/025742.htm.

④ 崔莹.英国学者 12 年译完《易经》.(2015-07-15)[2021-10-13].https://cul.qq.com/a/20150714/025742.htm.

初文人的典范,不仅拥有扎实的国学基础,又精通西方语言和文化"①。在和宋淇的交往中,闵福德逐渐意识到,要想向世界介绍"最好的中国",翻译并不是唯一的方式。他十分不满很多西方人只对中国经济和中国市场感兴趣,希望能够尽自己所能,用更多的方式让世界了解中国文学、中国文化。在他自己的个人网站(https://www.johnminford.com/)上,我们可以看到他的努力。除此以外,闵福德"还曾计划与国外大学合办课程,希望国外人民重新审视传统中国文化对现代人的意义。闵福德甚至还准备筹钱创建《红楼梦》英汉双语网站,让国外人民更加了解这本世界文学宝库中的一流珍品,从而进一步了解中国文学"②。他还和白杰明一起创办了"白水书院",鼓励西方的年轻人学习中文、研究中国文学与文化。这些,都源自于闵福德"最好的中国"的文化立场。为了能够传播中国文学与中国文化,让世界正确地了解和认识中国,闵福德付出良多。

我们不需用过多的语言去描述闵福德对中国文学和中国文化的热爱,其实每一个汉学家,对中国文学和中国文化都会有一种特殊的爱。不同的是,他们自身的生活环境、成长背景,以及他们与中国文学和文化的相遇,使他们与中国文学和文化之间的联系不尽相同。在闵福德看来,他对中国文学和中国文化的热爱,并非源于他的民族性,也并不是因为中国的关系,而是因为文学和文化本身的魅力。这一点十分有意思。闵福德曾经说:"优秀的文学作品还能使我们成为更加有趣的人,让我们的生活更加多姿多彩,所以我很享受翻译这些作品的过程。我人生的大半时光都是与文学一起度过的,而它恰巧就是中国文学,因此并不是因为它属于中国我才喜欢。我不关心我喜欢的文化属于哪个国家,中国、日本或是非洲国家都一样。我只是想和全世界人民一起分享美好的东西而已。"③闵福德还进而用《红楼梦》举例进行阐释,强调人们不要过多关注作品的国

① 任璐蔓. 闵福德谈翻译与"奇趣汉学". (2019-09-08)[2021-10-13]. https://www.thepaper.cn/newsDetail_forward_4344039.
② 朱振武,等. 汉学家的中国文学英译历程. 上海:华东理工大学出版社,2017:48.
③ 朱振武,闵福德. 拿出"最好的中国"——朱振武访谈闵福德. 东方翻译,2017(1):56.

家属性,在他看来,文化是世界性的。

闵福德的文学世界性和文化世界性,看似和他"最好的中国"的文化立场稍有矛盾。他一方面强调"最好的中国"的人生座右铭,另一方面又不希望人们认为他在推崇中国文学和文化。他试图把自己和中文之间的联系说成一种偶然的神奇经历。这和他自身的生活、学习经历密切相关。在牛津大学学习中文期间,闵福德最早接触到的是中国的典籍。雷蒙德·道森当时在牛津教授《孟子》和《春秋左传》。在接触并学习了这两本经典著作之后,闵福德进而选择了《道德经》和《庄子》作为自己主修的两部作品。① 也正是在那个时候,闵福德被道教思想所吸引。有意思的是,闵福德知道道教和道家思想,最早并不是通过阅读《道德经》和《庄子》,而是因为阅读了艾伦·沃茨的作品。也许正是因为这个原因,闵福德的心底有了文学文化世界性的模糊认识。事实上,我们发现,虽然闵福德试图把他与中国文学和文化的关系看成一种神奇的偶遇,但真正吸引着他的,却正是中国文学和文化中的这些特有属性。他想与世界分享的,也正是那些最为"中国"的东西。就像他和朱振武对谈时提到的:"有了《红楼梦》英译本,英语世界的人们就能够通过这部书在一定程度上了解中国人的想法,了解贾宝玉和林黛玉之间的感情,了解一种全新的生活方式。"②虽然闵福德想要一再强调他的文学文化世界观,但无论是"了解中国人的想法",还是"了解贾宝玉和林黛玉之间的感情",抑或是"了解一种全新的生活方式",不都是因为这其中满满的中国元素吗?

花萌在采访白睿文(Michael Berry)时,白睿文曾总结了当代美国人的阅读倾向:"美国人一般不怎么爱看翻译作品,他们阅历也不是很丰富,视角相对狭窄。你打开美国有线电视新闻网(CNN)电视台,会发现每天充斥的都是总统大选,很难听到异域的声音。对待同源文化的欧洲尚且如此,更何况亚洲。这一现象令人感到可悲,甚至可怕。不少美国人还没

---

① Chatwin, J. John Minford and the *Dao De Jing*. (2019-03-12)[2021-10-13]. https://chinachannel.org/2019/03/12/john-minford.

② 朱振武,闵福德. 拿出"最好的中国"——朱振武访谈闵福德. 东方翻译,2017(1):56.

有一种全球意识,这种情况目前很难改变。出版公司认为,美国人不看翻译小说。没有受众,何来收益?因此他们喜欢宣传美国大牌作家的新作,而不愿意推出翻译文学。然而,究竟是美国人不爱看翻译作品,还是美国读者并不排斥,只是没有机会接触到?这是一个鸡生蛋和蛋生鸡的问题,受众和出版商都有责任。"①白睿文的这段表述,不仅让我们了解到不同国家的文学和文化之间的差异性,也能够从读者和出版者的视角正视这种差异。联合国前秘书长加利曾为许钧的《翻译论》题词:"翻译有助于发展文化多样性,而文化多样性则有助于加强世界和平文化的建设。"②区别于政治和经济,文化是需要多元发展的,多元文化会极大程度地丰富世界文学。闵福德的文学文化观,其实正是希望能让"最好的中国"走向世界,成为世界文学文化中的重要部分。在谈及中国文学与世界文学时,王宁曾认为,"越是具有民族特色的东西越是有可能成为世界的,但是没有翻译的中介,一部在民族的土壤里堪称优秀的作品完全有可能在异国他乡处于'死亡'的状态,只有优秀的翻译才使得这部作品具有'持续的'生命和'来世生命'"③。应当说,闵福德一生都在用他的翻译实践向世界介绍"最好的中国"——他的文化立场是根植于中国文学与文化,特别是中国古典文学与文化。在对中国文学和文化的热爱中,滋生了他极力想要让世界了解中国的想法,想要让西方读者,甚至一些忽略了中国古典文学文化的中国读者,去认识这些文学文化中的经典。对于"最好的中国"这几个字,他总是说:"很多时候人们并没有真正理解这几个字的含义"④,这也许是他不断翻译的原因吧。

---

① 花萌,白睿文. 多方努力,共促中国当代文学的世界性阅读——翻译家白睿文访谈录. 中国翻译,2017(1):83.
② 参阅:许钧. 翻译论(修订本). 南京:译林出版社,2014:扉页.
③ 王宁. 世界主义、世界文学以及中国文学的世界性. 中国比较文学,2014(1):26.
④ 朱振武,闵福德. 拿出"最好的中国"——朱振武访谈闵福德. 东方翻译,2017(1):56.

第三节　执着但逍遥的翻译动机

闵福德的中国文学、中国文化译介之路似乎怎么也绕不开当年在牛津大学博德利图书馆前的那个故事。和霍克思执着于走上中国文学翻译之路不同,闵福德的中国文学翻译之路,和他"逍遥译者"的称号很是吻合。闵福德秉持自己的翻译观和文化立场,他的翻译动机既执着,又逍遥。

闵福德对自己认定的东西是十分执着的。最突出的体现就是《红楼梦》的翻译。闵福德第一次接触《红楼梦》,是在香港。回忆起这段经历,闵福德感触良多。他说:"我 20 岁时在香港修学,寄宿在一个中国家庭。那家的一位老太太告诉我,如果你想把中文学精并了解中国人,就必须读一本书。言毕,她写下'红楼梦'三个字。当时我学习中文还不久,虽然会写'红'字,但'楼'和'梦'写起来还是很费劲。可我最终却被这本书的魅力给俘获了。回到牛津大学后,我和讲师们提出想要研究《红楼梦》。"[1]其实在那个时候,闵福德刚刚接触中文不久,并未对中国文学、中国文化有充分的了解和全面的认识,甚至连汉字都不十分精通。但即便如此,他仍然深深感受到《红楼梦》的巨大魅力。闵福德接触《红楼梦》看似是一个偶然,但这段经历本身又反映出其中一些必然的因素。一方面,它体现出《红楼梦》作品本身巨大的文学文化吸引力,这部作品无论是在中国的普通读者心中,还是在中国文学界,都拥有举足轻重的地位。另一方面,它也足见闵福德对中国文学文化的向往。不过,作为牛津大学汉学科中文专业的学生,竟然是在中国香港修学时,才接触到《红楼梦》这样的中国古典文学经典,也实在让人唏嘘不已。特别是在那个时候,霍克思已经是牛津大学的中文讲师了,可牛津大学汉学科仍然以四书五经为主要的阅读书目。因此,我们也完全可以理解闵福德初读《红楼梦》时的那种欣喜了。

---

① 朱振武,闵福德. 拿出"最好的中国"——朱振武访谈闵福德. 东方翻译,2017(1): 51.

在不断的阅读中,闵福德越发喜爱这部作品,进而产生了翻译和研究《红楼梦》的想法。不过在当时,想要翻译或研究《红楼梦》,难度也是不小的。最主要的困难是:当时汉学界对《红楼梦》的关注并不多,不仅研究《红楼梦》的学者不多,相关的研究资料也较少。对大部分西方学者而言,《红楼梦》实在是太难了。因此当闵福德冒出想要翻译《红楼梦》的想法时,牛津大学汉学科的中文讲师们就告诫他"不要蚍蜉撼树,一旦陷入其中就无法自拔",有可能还会改变他"正常的命运轨迹"。① 现在看来,闵福德的命运轨迹确实因《红楼梦》而改变了,但实难说是从"正常"变成"不正常",因为从闵福德对《红楼梦》的喜爱来看,他是命中注定要翻译、研究《红楼梦》,也要和中国文学文化共度一生的。

闵福德对翻译《红楼梦》的执着,还体现在他对《红楼梦》的研究和传播上。对闵福德来说,翻译《红楼梦》并不是为了翻译而翻译,而是真心地希望这块中国文学宝库中的瑰宝能够被越来越多的人所知晓并喜爱。闵福德一生译著丰厚,但没有哪一部译著像《红楼梦》一样,让闵福德倾注所有。从翻译到研究,再到教学、推广,无一不能看出闵福德对《红楼梦》的执着,也从侧面反映出闵福德翻译《红楼梦》动机的扎实。1977 年,闵福德前往澳大利亚国立大学攻读博士学位,师从柳存仁,研究的方向就是《红楼梦》。在研究的同时,他也开始了《红楼梦》后四十回的翻译工作。"他的译文分别由霍克思、柳存仁先生审校。"②最终,闵福德在 1980 年完成了题为《〈红楼梦〉后四十回探》("The Last Chapter of *The Story of The Stone*")的博士论文,而当时的答辩主副考官,是红学家吴世昌和翻译家杨宪益。③ 博士期间的研究,让闵福德对《红楼梦》的理解更加透彻,对他后四十回的《红楼梦》翻译,也帮助很大。1986 年,闵福德翻译的《红楼梦》第五卷终于出版,但闵福德与《红楼梦》之间的故事并没有完结。1987 年,他

① 朱振武,闵福德. 拿出"最好的中国"——朱振武访谈闵福德. 东方翻译,2017(1):51.

② 范圣宇.《红楼梦》英译者闵福德先生与天津. 天津日报,2019-04-23(12).

③ 任璐蔓. 闵福德谈翻译与"奇趣汉学". (2019-09-08)[2021-10-13]. https://www.thepaper.cn/newsDetail_forward_4344039.

和黄兆杰一起编写了《大卫·霍克思文集》。同时,在多年的教学生涯中,他不断地向学生推荐《红楼梦》,足见他对此书的执着。2002年,当他得知南开大学将召开《红楼梦》翻译研讨会时,还特意写信给刘士聪,转达自己的良好祝愿。在闵福德看来,"《红楼梦》就像是一条长河,从头流至尾。我每一次踏入的河流都是不同的,这太神奇了!书中塑造出如此多的精彩人物,有如此多对人类处境的深刻洞见,每次读来都令人称奇"①。闵福德的这种执着,在翻译《红楼梦》中体现得淋漓尽致。

但闵福德的翻译并非每次都是他自己主导。一方面,很多时候,他的翻译动机显得有些"被动",这倒也符合他"逍遥译者"的身份。从另一方面看,闵福德在翻译中,总是有"贵人相助",为他提供好的翻译机会。不过,这些看似"被动"的动机,是和闵福德自身"主动"的翻译动机相互作用,才促成了这些作品的译介,而这其中的"主动"动机,就是他坚持要让西方读者和中国读者一样,能够享受到作品的文学美与艺术美,同时,也通过这些作品让西方读者了解中国文学和文化。因此,与其说"贵人相助",不如说闵福德更希望有一个好的契机进行翻译。这也正和闵福德翻译动机的另一特征——从心所欲,完美地结合在一起。

闵福德翻译《鹿鼎记》,是最能反映他这种翻译动机的。20世纪90年代,闵福德任教于香港理工大学,期间,刘绍铭推荐闵福德翻译《鹿鼎记》。但一开始,此事并没有成行。倒不是因为闵福德没有太大的兴趣,而是因为金庸对《鹿鼎记》的翻译要求很高,一直不愿意让人翻译。最后还是因为柳存仁写信给金庸,极力推荐闵福德,才促成此事。事实上,翻译《鹿鼎记》确实十分困难,闵福德也曾经表示"翻译会比较辛苦,有时也会有无力感"②。最终,闵福德耗时十年,才在霍克思的帮助下将原本五卷本的《鹿鼎记》以三卷本的形式翻译成英文。在回忆这段翻译经历时,闵福德表示:"刚开始翻译这部书时,我非常兴奋。而在翻完整部书后,我心想,金

① 兰达. 汉学家闵福德的翻译人生.(2015-07-14)[2021-10-13]. https://cul.qq.com/a/20150714/049470.htm.
② 朱振武,等. 汉学家的中国文学英译历程. 上海:华东理工大学出版社,2017:42.

庸写《鹿鼎记》只花了几年时间,我为什么要花如此长时间去翻译它?"①在翻译《鹿鼎记》之前,闵福德原有意在译毕之后再翻译另外几本金庸的作品,但最终作罢。那么,究竟闵福德为何要去翻译这本难度如此之大的作品呢?归根结底,还是因为作品本身的魅力,以及他希望能和西方读者分享他的阅读。在《鹿鼎记》的译者序中,闵福德也说,他希望这部译作能让英语读者了解金庸的武侠世界和中国的武侠文化,能让西方读者和中国读者一样,在阅读中享受这部小说所带来的行云流水般的阅读体验。②

　　同样,闵福德翻译《孙子兵法》的动机也是主客观相结合的。只不过,在《孙子兵法》的翻译上,闵福德是从被动到主动,从抵触到逐渐接受的。1998 年,维京企鹅出版集团纽约部的高级编辑卡洛琳·怀特(Caroline White)女士突然联系闵福德,希望他能够重新翻译《孙子兵法》一书。这让闵福德十分惊讶。虽然闵福德也一直对《道德经》等中国哲学作品有所关注,但他从来没有想过去翻译一部军事学作品。事实上,在接到维京企鹅的邀约之前,他都没有关注过《孙子兵法》一书。在接受孙子研究网(Sonshi.com)采访时,闵福德就表示,"自己绝对不是《孙子兵法》的粉丝。我阅读这部书是十分客观的。事实上,完全是由于出版商的推荐,我才承担起了此书的翻译任务"③。闵福德的《孙子兵法》译本虽然在西方销量很高,但中国学界对这个译本一直都有不同的看法。邱靖娜在其博士论文《〈孙子兵法〉英译文功能语境重构研究》中认为,"译本从序言到注释都充斥着对原著的误读"④。黄海翔更是认为,闵福德"以语境之解构与重构为

① 朱振武,闵福德. 拿出"最好的中国"——朱振武访谈闵福德. 东方翻译,2017(1):53.

② 参阅:Jin, Y. *The Deer and the Cauldron : A Martial Arts Novel*, *The First Book*. Minford, J. (trans.). Hong Kong: Oxford University Press, 1997.

③ Sonshi.com. John Minford interview. [2021-10-13]. https://www.sonshi.com/john-minford-interview.html.

④ 邱靖娜.《孙子兵法》英译文功能语境重构研究. 北京:北京科技大学博士学位论文,2018:68.

手段,以人本主义者之立场,对孙子'诡道'思想进行了批判与贬抑"①。但也有学者认为闵福德的译本"字句精练、阐意完整,体现出深厚的中华文化功底"②。通过上面这些观点的阐释,我们已经能够隐约理解闵福德在面对《孙子兵法》时的矛盾心情。一方面,自己并不十分喜爱这部作品;另一方面,又有着本书的翻译的任务。因此,略显尴尬的翻译动机致使译本褒贬不一,十分可惜。译者的翻译动机往往是复杂而多元的。虽然译者的翻译动机往往是积极的,但也会被一些外在的客观因素左右和影响,并最终影响其翻译行为。例如萧乾就提到,"由于业务关系,我做过一些并不喜欢的翻译——如搞对外宣传时;但是我认为好的翻译,译者必须喜欢——甚至爱上了原作,再动笔,才能出好成品"③。客观地说,闵福德虽然对《孙子兵法》没有特别的感情,但从翻译的本质上说,他的译作还是值得称道的。对于无奈接受的《孙子兵法》,闵福德还是在不断地阅读中去寻找促使他完成翻译行为的动机,而这个动机,就是他对中国哲学的喜爱。在闵福德看来,《孙子兵法》"有着一种极为深刻的洞见,这来源于中国传统的智慧"④。这让闵福德把《孙子兵法》和《道德经》联系到了一起。闵福德对《道德经》的欣赏也影响了他对《孙子兵法》的看法。多年之后,当闵福德再度回忆起这段翻译经历时,他说:"有些书籍教你养生,有些书籍用于处理人际关系,还有些书籍用于解决环境问题。而《孙子兵法》是一部从宏观和微观两种角度揭示自然、人类以及人际关系的书籍。从这个方面来说,这部书于人们而言价值非凡。有时候,人们不懂得从宏观角度看待事物,而《孙子兵法》却始终强调这一点。它教我们在匆忙做出决

① 黄海翔. 论文化翻译视角下典籍英译的人本主义价值观——以《孙子兵法》Minford 译本中"诡道"的文化误读为例. 外语教学理论与实践,2009(1):62.
② 吴莎. 跨文化传播学视角下的《孙子兵法》英译研究. 长沙:中南大学博士学位论文,2012:28.
③ 萧乾,文洁若,许钧. 翻译这门学问或艺术创造是没有止境的//许钧,等. 文学翻译的理论与实践——翻译对话录(增订本). 南京:译林出版社,2010:63.
④ Sonshi. com. John Minford interview. [2021-10-13]. https://www. sonshi. com/john-minford-interview. html.

定或行动之前,学会纵观全局,不拘泥于事物的细节,专注其本质。"①如此看来,闵福德在面对出版社的翻译邀请时,看似被动应邀,但事实上,他仍然尊重自己的翻译观,在决定翻译之前,明确了自己的翻译动机,找到了支持自己翻译的理由。

在对待《聊斋志异》上,闵福德的态度和对待《孙子兵法》相比有了极大的转变。在闵福德看来,《聊斋志异》和《红楼梦》一样,是一部非常值得认真研读的作品。事实上,在闵福德翻译《聊斋志异》之前,已经有了多个英译本,特别是翟理斯的英译本,已经被西方普遍接受了。所以,闵福德能接受企鹅出版集团的邀请重译此书,足见其对《聊斋志异》的喜爱。在闵福德看来,"像《红楼梦》一样,《聊斋志异》也是清代伟大的文学作品,不仅文字精练,而且意象深远,充分表现出作者对人性、生命、世间物事观察入微,堪称充满哲理、适宜再三咀嚼的巨著"②。除了对此书的喜爱,闵福德还注意到,人们对于此书的理解,似乎违背了蒲松龄撰写的初衷。闵福德说:"《聊斋志异》的文字颇艰深,我花了十四年才完成译本。作者蒲松龄通过一个个诡异的故事,诉说他对世界的看法,很多观点非常激进前卫。这是一本富哲理的书,但人们总是专注于那些千奇百怪的故事,希望我的译本有助读者看到故事以下更深层的内容。"③正是因为如此,闵福德才希望能重译此书,并通过他的译本,让西方读者了解一个真实的蒲松龄,了解到这本书的真正含义。

闵福德对《易经》和《道德经》的喜爱毋庸多言。应当说,这两本书不仅仅对闵福德的翻译观产生了影响,甚至对闵福德的人生观和价值观产生了一定的影响。"逍遥译者""白水书院""奇趣汉学"等都和这两部书中

① 朱振武,闵福德. 拿出"最好的中国"——朱振武访谈闵福德. 东方翻译,2017(1):53.
② 香港公开大学. 闵福德教授谈《聊斋志异》. [2021-10-13]. http://www.ouhk.edu.hk/wcsprd/Satellite? pagename = OUHK/tcGenericPage2010&c = C_ETPU&cid = 191155068000&lang = chi.
③ 香港公开大学. 闵福德的中国文化情. [2021-10-13]. http://www.ouhk.edu.hk/wcsprd/Satellite? pagename = OUHK/tcGenericPage2010&lang = chi&c = C_ETPU&cid = 191155146600&pri = 0.

所暗含的哲学理念有关。不过有意思的是,闵福德却从来没有萌生过翻译这两部作品的想法。直到维京企鹅出版集团来找他,他才萌生了翻译这两部巨作的想法。在闵福德之前,理雅各和卫礼贤的《易经》版本在西方影响很大。但在闵福德看来,在对《易经》的理解上,之前译者存在一定的偏差。闵福德认为,"《易经》是一本客观存在的书,而不是宗教的经义。因为这本书没有强调任何人去相信什么宗教信仰,它所关注的只是世界的规律"①。《易经》的译文也无时无刻不反映出闵福德的这一翻译动机与目的。为了能够让读者了解《易经》,了解真实的中国文化,他特地在网上发布了一个 70 页的电子文档,题为"Online Notes for *I Ching*"②。在撰写这个注释文档时,闵福德的所有资料都是基于《易经》的中文研究材料,足见其为展现中国文化所付出的努力。

用闵福德自己的话来说,他的《道德经》译本,"就像是《易经》英译本的续本"③。但这个续本,却险些无法与世人见面。早在牛津大学学习中文时,闵福德就接触了《道德经》。闵福德很喜欢《道德经》,甚至把它作为了自己的专修科目。但他自己也承认,虽然"《道德经》也就从此一直伴随在我身旁,但我从未想要过翻译它"④。这也许是因为闵福德已经被《道德经》中的"靈"所影响,对该书产生了一种油然而生的敬畏之心,所以,即便维京企鹅出版集团找到他,希望他推荐译者翻译此书时,他也并没有自己翻译的想法,而是推荐了自己的老师霍克思。闵福德推荐了霍克思,而没有推荐其他人,既能够看出《道德经》在闵福德心中的重要位置,也足见闵福德对老师霍克思的敬仰。可惜的是,霍克思因为个人原因拒绝了闵福德。由于霍克思的拒绝,加之自己实在太过喜爱《道德经》,又刚刚翻译完

① 朱振武,等. 汉学家的中国文学英译历程. 上海:华东理工大学出版社,2017:45.

② 参阅:Minford,J. Online Notes for *I Ching*.(2020-02-26)[2021-10-13]. https://a1974703-9efc-428d-945c-d2ab3a7d1c25. filesusr. com/ugd/3ce1a7 _ 55ec4f64427244b487e09 a0ccc02cada.pdf.

③ 朱振武,闵福德. 拿出"最好的中国"——朱振武访谈闵福德. 东方翻译,2017(1): 52.

④ 任璐蔓. 闵福德谈翻译与"奇趣汉学".(2019-09-08)[2021-10-13]. https:// www.thepaper.cn/newsDetail_forward_4344039.

《易经》,闵福德考虑再三,终于决定自己尝试翻译《道德经》。多年之后,在谈到这部书的翻译时,闵福德说:"我希望人们每天清晨能够读一页我翻译的《道德经》,并从中感受到愉悦,也希望人们在阅读这部书之后,能善待自己和身边的朋友。"①

闵福德的翻译动机是复杂而综合的,既有他对中国文学和文化的执着,也有着"逍遥译者"的从心所欲,更有对霍克思、柳存仁、宋淇等人以及维京企鹅等出版社推荐与支持的感激。这些动机不仅是闵福德翻译观与文化立场的体现,也深深影响着他的翻译选择和译介方式。

第四节　从心所欲,译不逾矩

闵福德在翻译上是一个既随性又执着的人。他一方面执着于《红楼梦》《聊斋志异》在西方世界的译介与传播,另一方面又接受出版社发出的其他作品的译介邀请。在上文中,我们已经就其具有独特个性的翻译观、文化立场和翻译目的进行了阐释,接下来,我们将关注闵福德的翻译选择。在翻译选择上,闵福德呈现出一些变化,在翻译生涯的前期,闵福德对所译文本的要求很高,一定要选择翻译和自己价值观、翻译观大体相同的作品,但在后期,闵福德的翻译选择似乎被他逍遥的性格影响,在选择部分作品时开始关注翻译的难度。从心所欲,译不逾矩,彰显了闵福德翻译选择的核心。

提到闵福德的翻译选择,特别是所译文本的选择,就不得不提到《红楼梦》。虽然在《红楼梦》之后,闵福德还翻译了很多中国文学的作品,但也许是因为年龄的原因,在《红楼梦》之后,闵福德鲜有那种对某一部作品非译不可的执着了。1966 年,当闵福德在中国香港接触到《红楼梦》之后,他就无法自拔,萌生了一定要翻译这部奇书的念头。可惜回到牛津之后,他的这个想法被很多人认为是天方夜谭,不切实际。的确,当时的牛津大

---

① 朱振武,闵福德. 拿出"最好的中国"——朱振武访谈闵福德. 东方翻译,2017(1):52.

学汉学科,只有霍克思一个人对《红楼梦》有所研究。范圣宇曾经和闵福德共事过很长一段时间,据他说,闵福德"是当时唯一一个跟霍克思先生研读《红楼梦》的学生。闵福德说当时能教且愿意教《红楼梦》的学者只有霍先生一人,他去拜访霍先生的时候说想跟霍先生读《红楼梦》,霍先生'眼睛都亮起来了'。选课的只有闵先生一人……后来加入旁听的是当时牛津大学的助教刘陶陶"①。遇到霍克思是闵福德的幸运,但真正促使闵福德想要翻译《红楼梦》的,是《红楼梦》本身对闵福德的震撼。闵福德是真心喜欢《红楼梦》,才有了坚定翻译的念头。"《红楼梦》是一部巨著,每次阅读都有新的启发。"②跟随霍克思一起研读《红楼梦》,随后自己赴澳大利亚攻读博士学位并专门研究《红楼梦》后四十回,都更进一步加深了闵福德对《红楼梦》的喜爱。所以,当他向霍克思表示自己想翻译此书的意愿时,即便霍克思已经和企鹅出版集团签订了独译的合同,也很高兴与闵福德分享合译的快乐。

闵福德选择《红楼梦》,不仅仅是因为作品的语言魅力和文学魅力,更为重要的,是作品所展现的文化精髓。这也是闵福德最想通过翻译带给西方读者的。在闵福德看来,《红楼梦》"这部小说超越了其他任何传统中国文学作品,捕捉到了中国文化由古至今的精髓:何谓中国人,何谓中国生活,何谓中国感觉"③。闵福德在很多地方都任教过,在每一处,他都会向学生推荐《红楼梦》。不仅仅是外国学生,在天津、香港,即便是中国学生,他也十分希望他们能够阅读此书,享受这本书的文化魅力。闵福德在香港理工大学任教时,向学生极力推荐此书。更令他开心的是,真的有学

① 范圣宇《红楼梦》英译者闵福德先生与天津. 天津日报,2019-04-23(12).
② 香港公开大学. 闵福德的中国文化情. [2021-10-13]. http://www.ouhk.edu. hk/wcsprd/Satellite? pagename = OUHK/tcGenericPage2010&lang = chi&c = C_ETPU&cid = 191155146600&pri = 0.
③ 闵福德. 乔利英译《红楼梦》再版前言. 李晶,译. (2019-06-16)[2021-10-13]. https://new.qq.com/omn/20190616/20190616A08RF200.

生向他表示,是因为他的课,而喜欢上了《红楼梦》。① 可见,闵福德选择翻译《红楼梦》,既有自己喜爱此书的个人因素,也有向西方世界推介此书的传播因素。闵福德希望通过自己和老师霍克思的共同译介,让西方读者在感受曹雪芹优美文笔的同时,也揭开金陵文化、中国文化的面纱。他希望通过翻译《红楼梦》,能够让西方世界对中国文学有新的认识。"不要因为一部小说是中文写就,就认为它一定是怪异而笨拙的。"②也许,即使没有霍克思的邀请,闵福德也会独自译介《红楼梦》这部传世名著吧。

除《红楼梦》外,能让闵福德有如此翻译执念的,恐怕只有《聊斋志异》了。但事实上,还是因为企鹅出版集团的邀请,才使得闵福德译介《聊斋志异》最终成行。闵福德很喜欢《聊斋志异》,也对之前翟理斯的译本十分欣赏,他曾在自己译本的序言中表示该译本基于翟理斯的译本,在很多地方借鉴了翟理斯的译文③,足见其对译界前辈的肯定和尊重。《聊斋志异》是蒲松龄创作的短篇小说集,全书共有短篇小说 491 篇(一说 494 篇),翻译难度巨大,目前除了宋贤德的英文全译本外,海外接受度高的,多是几个重要的选译本。例如翟理斯 1880 年的译本收录 164 篇,"大中华文库"所选黄友义、张庆年、张慈云、杨毅等人的译本收录 193 篇。闵福德也不例外,他的译本共收录故事 104 篇,其中 59 篇出自《聊斋志异》前两卷,其余 45 篇则来自后十卷中。在这些故事的选择上,能够看出闵福德"逍遥"的翻译个性。在译者序中,闵福德表达了他在选择时的两个标准:一个是尽量能够反映该书故事类型的多样性;另一个,则是考虑到个人的精力和翻译的难度,选择那些自己喜欢,并且翻译难度不大的故事。④ 这是个很

---

① 香港公开大学. 闵福德的中国文化情. [2021-10-13]. http://www.ouhk.edu. hk/wcsprd/Satellite? pagename = OUHK/tcGenericPage2010&lang = chi&c = C_ ETPU&cid = 191155146600&pri = 0.

② 闵福德. 乔利英译《红楼梦》再版前言. 李晶,译. (2019-06-16)[2021-10-13]. https://new.qq.com/omn/20190616/20190616A08RF200.

③ 参阅:Minford, J. Introduction. In Pu, S. L. *Strange Tales from a Chinese Studio*. Minford, J. (trans.). London:Penguin Classics, 2006:xi-xxxi.

④ 参阅:Minford, J. Introduction. In Pu, S. L. *Strange Tales from a Chinese Studio*. Minford, J. (trans.). London:Penguin Classics, 2006:xi-xxxi.

有意思的翻译选择。一方面希望能把自己所喜爱的作品客观真实地带给西方读者,但另一方面,却又从实际出发,肯定作品翻译难度的同时,给自己留有余地,不使翻译成为负担。在翻译《聊斋志异》时,闵福德为何会有这样复杂的翻译选择? 笔者认为主要有以下两个原因。

第一,闵福德确实非常喜欢《聊斋志异》这部作品。虽然在他之前已经有了多个英译本,但在闵福德看来,这些译本都或多或少留有遗憾,即便是翟理斯的译本,也"受当时所处时代品味所限,很多地方的处理对于当代读者来说不免读来可笑"①。因此,翻译《聊斋志异》,一是要让当代的西方读者对此书有兴趣,二是要让他们在阅读之后,准确体会蒲松龄的写作初衷。闵福德认为,很多读者对《聊斋志异》都存在误读的情况,"如不少人把《聊斋》视为封建社会的控诉,也有很多人视其为怪诞故事集"②。闵福德希望他的译本能够给读者传达故事背后的深层次内容,因此,在所译故事的选择上,就要力争全面。可惜的是,虽然闵福德做了大量的努力,但在故事选择上,对于揭露和批判黑暗的封建吏治的故事,以及揭露和批判科举考试制度的腐败和种种弊端的故事,闵福德并没有选择。③ 也许,闵福德是刻意避免选择这两类故事,从而能够避免让读者对该书产生偏见。

第二,虽然闵福德为了尽可能客观地再现原作风貌,在所译故事的选择上做了很大努力,但他自己在翻译《聊斋志异》时的状态,还是或多或少影响了他的翻译选择。虽然闵福德 1991 年就接下了企鹅出版集团重译《聊斋志异》的邀请,但他直到 1999 年离开香港中文大学,携家人去法国南部的一个乡村中自己的山庄居住时,才潜下心来翻译此书。他一边翻译,一边打理葡萄园,颇符合他"逍遥译者"的名号。闵福德说:"我和我的

---

① 卢静. 历时与共时视阈下的译者风格研究. 上海:上海外国语人学,2013:70.
② 香港公开大学. 闵福德的中国文化情. [2021-10-13]. http://www.ouhk.edu. hk/wcsprd/Satellite? pagename = OUHK/tcGenericPage2010&lang = chi&c = C_ ETPU&cid = 191155146600&pri = 0.
③ 参阅:李海军. 从跨文化操纵到文化和合——《聊斋志异》英译研究. 上海:上海外国语大学博士学位论文,2010:73.

夫人雷切尔于1995年买下了这座房子,算起来也快二十五年了。里面很多的家具和装饰是我们在天津和香港居住的时候购得的,包括门口的石狮还有瓷墩,所以这里的装饰是自然形成的,并非刻意为之。同时我们也在房子里也加入了西方的元素,像门上挂着的罗马神像,等等。这片山谷的历史可以追溯到罗马时代,公元一世纪就有退役的罗马士兵在这里种葡萄、酿葡萄酒。这座房子也许可以代表我这一辈子的追求吧,那就是将中西文化打通,并且将中国文学以有趣的方式呈现给西方读者。"①闵福德显然受到了这种环境的影响,在翻译选择上也更加从心所欲。不过即便如此,闵福德仍然是有他自己的翻译坚持的,当有人批判他的译本是"西方消费主义"时,闵福德坚持认为文学应当"以人为本,提倡人的文学,反对将文学和艺术当作说教或是宣传的工具"②。可见,在闵福德的心中,"从心所欲"与"不逾矩"是有机的整体,在《聊斋志异》的翻译选择上,并不存在无所顾忌的天马行空。

由于翻译的原因,闵福德经常和出版社打交道。在他看来,译者的翻译选择往往和出版社的选择联系在一起,因此,出版社的翻译选择十分重要。和译者不同,出版社除了要关注作品的质量以外,还必须从现实出发,从市场的角度考虑译著的销售情况。在作品的选择上,往往能看出普通出版社和优秀出版社的差距。不过,在闵福德看来,优秀出版社也并不能保证每一次的选择都是正确的。他曾经透露,"企鹅出版集团在选择作品时就曾犯过非常严重的错误。当年,他们在我不知情的情况下,斥巨资(约50万英镑)购买了三流书的版权并对其进行翻译"③。这种错误的害处是显而易见的。它不仅仅会给出版社带来经济和声誉上的损失,更为重要的是,读者可能因为阅读这些作品,对原作国家的文学文化产生错误

---

① 任璐蔓. 闵福德谈翻译与"奇趣汉学". (2019-09-08)[2021-10-13]. https://www.thepaper.cn/newsDetail_forward_4344039.
② 任璐蔓. 闵福德谈翻译与"奇趣汉学". (2019-09-08)[2021-10-13]. https://www.thepaper.cn/newsDetail_forward_4344039.
③ 朱振武,闵福德. 拿出"最好的中国"——朱振武访谈闵福德. 东方翻译,2017(1):53.

的认知,这不利于文化的传播与交流。所以,如何平衡作品质量和经济利益,是出版社需要考虑的问题。闵福德认为:"任何人站在出版社的角度考虑都会想着多挣一些钱。如果能出版好书,那无可厚非;但如果出版的都是劣质作品,销量必然不高。读者们都很聪明,他们想要买的是优秀的文学作品,而不是一些粗制滥造的书籍。好的出版社会注重作品的质量……但三流出版社却不懂。"①闵福德的观点是站在文学和文化立场上的,他十分重视文学和文化的传播与交流,认为文学性和文化性是翻译选择的最重要标准。这是一个优秀译者的立场,会对出版社在作品选择时产生有益的影响,是我们所希望看到的。不过,即便是译者,选择优秀的作品,也并非信手拈来。

翻译《鹿鼎记》对闵福德影响很大。在翻译《鹿鼎记》之前,受到和霍克思合译《红楼梦》的影响,闵福德特别关注译介中国文学文化中的优秀作品。但在《鹿鼎记》的翻译过程中,他对翻译选择产生了新的思考。闵福德翻译《鹿鼎记》用了 10 年时间。正是由于翻译《鹿鼎记》时困难重重,才让闵福德认真思考自己的翻译选择,也让他后期的作品选择在态度上有了一些变化。闵福德说:"刚开始翻这部书时,我非常兴奋。"②可见,在《鹿鼎记》的翻译选择上,闵福德的确秉持了自己选择优秀作者、优秀作品的原则。他甚至还希望能够再翻译一些金庸的其他作品。但随着翻译的不断深入,困难的不断加大,他产生了疑问,甚至有些怀疑当初的选择。这种疑惑一直伴随着闵福德。他说:"其实一直到现在,我也不知道自己到底应该翻译什么、什么才是最好的作品。别人偶尔会向我推荐一些作品,有时我会接受他们的提议,但大多时候都会婉拒。有时候,我会突然对某部作品产生极大的兴趣,那么我与这部作品以及书的作者冥冥之中一定有着某种'缘分'。在这种情况下,我会选择翻译这部作品。但说实

---

① 朱振武,闵福德. 拿出"最好的中国"——朱振武访谈闵福德. 东方翻译,2017(1):53.

② 朱振武,闵福德. 拿出"最好的中国"——朱振武访谈闵福德. 东方翻译,2017(1):53.

话,要选出一部真正优秀的作品确实有一定困难。"①

不同的时期,闵福德的选择标准也不一样。在闵福德翻译的后期,即便像《易经》《道德经》这样他一直喜爱的作品,他也从未产生过翻译的念头。这和译介《红楼梦》形成了巨大的反差。转折点正是翻译《鹿鼎记》时所产生的这些思考。闵福德承认应当选择优秀的作品,但同样也表示出对优秀作品衡量标准的疑虑。如果我们将闵福德的主要译介作品做一个分类,我们不难发现,只有《红楼梦》的译介是他兴趣十足的。即便是他认为同样优秀的《聊斋志异》,他在选择时也避免翻译过长过难的故事。不仅如此,闵福德还有不少遗憾。例如之前所提到的他希望翻译金庸的其他一些作品,却因为《鹿鼎记》译介的不顺利而作罢。同样的遗憾还有《傅雷家书》的译介。闵福德十分敬重傅雷,他认为傅雷所扮演的角色"是传递光明的战士,他举起火炬,照亮新一代人的道路,指引他们迈向一个全新的世界"②。在"纪念傅雷逝世 50 周年"研讨会上,闵福德提到了《傅雷家书》的重要性。他认为,《傅雷家书》"提供了一个独特的视角。它处处体现着中国的传统价值,而这并不是中国私有的财产,它们属于全世界,属于全人类"③。所以,当闵福德得知同事李雅言在工作之余完成了《傅雷家书》的英译初稿时,十分高兴,希望能够完成译作的出版。于是,在金圣华的帮助下,形成了翻译团队:李雅言翻译初稿,闵福德的夫人雷切尔对译文加工润色,闵福德修订,金圣华审校。可惜的是,由于雷切尔因病去世,这项工作被搁置了。虽然后来闵福德的女儿劳拉愿意接替母亲完成加工润色译文的工作,但目前为止,英文版的《傅雷家书》还是未能与世人见面。由于年纪和身体的原因,闵福德不得不放弃《傅雷家书》的翻译工作,颇为遗憾。

从心所欲,译不逾矩。闵福德一直追求译介优秀作家的优秀作品,但

---

① 朱振武,闵福德. 拿出"最好的中国"——朱振武访谈闵福德. 东方翻译,2017(1):53.

② 《诗书画》编辑部. 赤子与道心——"纪念傅雷逝世 50 周年"研讨辑要. 诗书画,2017(3):44.

③ 《诗书画》编辑部. 赤子与道心——"纪念傅雷逝世 50 周年"研讨辑要. 诗书画,2017(3):44.

同时也希望其选择的作品能和他自己心灵相通,翻译起来也不至于太过困难。这些在翻译选择上的表现,都和闵福德的翻译观有着直接的关系。不过,虽然闵福德在翻译选择上十分"逍遥",但在具体的翻译过程之中,闵福德还是极为认真、踏实的。他的译文准确流畅,阅读体验好,很受读者的喜爱。我们从闵福德身上,看到了一位翻译家的执着,也看到了一位翻译家的真挚。

第五节　文化重铸的译介风格

因为师从霍克思,并需要在翻译《红楼梦》后四十回时保持全书译文风格上的一致,闵福德努力学习、揣摩霍克思的译介方式与风格,这使得闵福德的译介方式和霍克思有很多的相似之处。总体而言,作为一位深爱中国文学文化,一直做翻译、教翻译的汉学家,闵福德的翻译功底是颇为深厚的,具体翻译方法、策略的运用也十分娴熟。从他多部译作的风格上看,他重视文化的有效传播,强调"重铸"。例如他反对异化与归化二元对立,主张语言要亲和读者;在翻译中大量使用副文本(内文本),以及通过译者自身的情感引导翻译过程。

和霍克思一样,闵福德也反对把异化和归化进行二元对立。他认为:"翻译理论中简单的'异化翻译''归化翻译'等二元概念无法清楚说明译者在一部小说中运用的策略究竟是怎样。"[①]的确,译者在具体的翻译过程中,虽然受到自身翻译观、文化立场、翻译动机等因素的影响,但通常不会特意且固定地使用某一种具体翻译方法,而是要根据具体的义本、语境等采取合适的方法。所以,虽然译本整体上会呈现出某一种风格,但从译者的角度来说,很少有译者会割裂地去使用某一种翻译策略与方法。客观

---

① 灼见名家. 闵福德:翻译岁月弹指过,心怀达化迎妙思.(2018-06-01)[2021-10-13]. https://www.master-insight.com/%e9%96%94%e7%a6%8f%e5%be%b7%ef%bc%9a%e7%bf%bb%e8%ad%af%e6%ad%b2%e6%9c%88%e5%bd%88%e6%8c%87%e9%81%8e%ef%bc%8c%e5%bf%83%e6%87%b7%e9%81%94%e5%8c%96%e8%bf%8e%e5%a6%99%e6%80%9d/.

地说,闵福德在《红楼梦》后四十回的译介中,并没有太多的发挥空间,他必须保持与霍克思一致的翻译风格,因此,从某种层面上看,这一定程度上限制了闵福德的翻译。但换个角度,可以说,这次合译,是闵福德的一次学习,这为他之后的翻译提供了很多帮助。

应当说,从《聊斋志异》的翻译,可以看出闵福德在具体的译介方式上已经形成了自己比较完整的风格。在这部作品上,很明显看出闵福德不刻意使用归化或是异化的翻译策略,而是将两者有机地结合在一起,方便西方读者阅读和理解。在处理故事名时,由于《聊斋志异》中很多故事是以主人公的名字作为故事名,考虑到直接翻译既难以吸引读者阅读,也让读者在阅读时难以进入故事情节,所以,闵福德总结故事内容,重新拟定故事名。例如他把"聂小倩"翻译成"The Magic Sword and the Magic Bag",把"叶生"翻译成"Friendship Beyond the Grave",把"婴宁"翻译成"The Laughing Girl",把"董生"翻译成"Fox Enchantment",等等。不仅如此,在一些涉及人称和泛称的故事名翻译上,闵福德也采取了同样的方法,比如把"灵官"译为"Ritual Cleansing",把"丐僧"译为"This Transformation"。很明显,闵福德此举是受到霍克思翻译《红楼梦》人名的影响,因为在和霍克思合译《红楼梦》时,就有过"按人物的尊卑、职业生涯、名字性质等情况,分别采用译音法和译意法"①的处理方式。当然,这样的处理方式还是有其弊端的。译意虽然方便读者快速掌握故事内容,领会作者的写作意图,但此举一方面淡化了人物的塑造,特别是人物名的指称作用,另一方面,也容易透露故事情节的发展,降低阅读性。不过,从传播中国文学文化的角度而言,这种翻译方法整体上还是颇为成功的。同样,在部分典故的翻译中,闵福德为了不影响读者的阅读体验,也牺牲了其中的中文内涵,例如将"得陇望蜀"翻译为"make a new conquest"②,就是一个很明显的例子。

① 夏廷德.《红楼梦》两个英译本人物姓名的翻译策略//刘士聪. 红楼译评:《红楼梦》翻译研究论文集. 天津:南开大学出版社,2004:138.
② Pu,S. L. *Strange Tales from a Chinese Studio*. Minford,J.(trans.). London:Penguin Classics,2006:419.

　　闵福德当然知道归化翻译所带来的问题,因此,为了让小说整体传递正确的作者意图,闵福德在归化与异化之间寻求平衡。同样是人名的翻译,对于故事中出现的真实历史人物,闵福德并没有译意,而是采取了译音加注的方式,既照顾了读者的阅读体验,也真实传递了历史信息。在《聊斋志异》的翻译中,闵福德大量使用了这种在正文中加注的方式,对中国的历史人物、历史事件、神话传说、地理、封建迷信、文化艺术、宗教、刑罚制度等很多方面,都做了解释。① 这种文中加注的方式,正是异化和归化两种翻译方式的有机结合,是一种不错的译介方法。闵福德曾评价霍克思为"一位极有创造性的译者,喜爱在翻译中'化境'"②。其实,这种"化境"正是调节原语文化与目的语文化之间碰撞的最好途径。闵福德的翻译显然也在追求这种"化境",他认为,"游弋于两种语言、两套文化、两个状态、两个世界之间,从这一边过渡到另一边而无损原文的题旨与点滴意趣,就需要'化',需要一种重铸"③。在毕生的翻译实践中,闵福德一直在试图寻找"重铸"的最佳方式。其中,在翻译中使用大量的副文本(内文本),是闵福德最常采取的一种方式。

　　副文本的概念最初由热拉尔·热奈特(Gérard Genette)在其《界限》(Seuils)一书中提出。热奈特说:"文学作品除了文本以外,还通常呈现一些诸如作者姓名、题目、序、说明等内容的文本。……这些伴随文本、程度或形式不一的东西,我称之为作品的副文本。"④进一步,热奈特又将副文本分成内文本(peritext)和外文本(epitext),其中内文本包含作者名、题

---

① 参阅:李海军. 从跨文化操纵到文化和合——《聊斋志异》英译研究. 上海:上海外国语大学,2010:77-81.

② 朱振武,闵福德. 拿出"最好的中国"——朱振武访谈闵福德. 东方翻译,2017(1):51.

③ 灼见名家. 闵福德:翻译岁月弹指过,心怀达化迎妙思. (2018-06-01)[2021-10-13]. https://www.master-insight.com/%e9%96%94%e7%a6%8f%e5%be%b7%ef%bc%9a%e7%bf%bb%e8%ad%af%e6%ad%b2%e6%9c%88%e5%bd%88%e6%8c%87%e9%81%8e%ef%bc%8c%e5%bf%83%e6%87%b7e9%81%94%e5%8c%96%e8%bf%8e%e5%a6%99%e6%80%9d/.

④ Genette, G. Paratexts: Thresholds of Interpretation. Lewin, J. E. (trans.). Cambridge: Cambridge University Press, 1997:1.

目、致谢、序、跋、插图、注释等,外文本包含采访、回忆录、信件等。① 事实上,由于文学作品的译介往往涉及原语文学和文化在目的语国家的传播与接受,因此,不同译者往往会带着归化或者异化的译介倾向,去处理这些文化差异。如果译者希望能在译作中保留原作的文学文化,那么为了保证读者能够理解译作,往往就会采取注释的方式,或加释义,或文中加注,或加脚注,或加尾注,甚至撰写专门的序、跋、附录进行注解。闵福德在翻译的过程中,为了能够让西方读者理解原著,往往不惜笔墨,对涉及中国文化的词句或援引,或自己考证进行注解。

在《红楼梦》的后两卷中有大量的副文本,这些副文本信息量大、覆盖面广,对读者了解红楼文化很有帮助。和一般译者通常对文化信息进行解释不同,闵福德《红楼梦》译本中的副文本更具特色,所包含的内容更多,明显不仅满足于解释词句,更像是对《红楼梦》后四十回的续写进行考证,也更体现出闵福德对《红楼梦》的喜爱。在后两卷的序言中,闵福德一反常态,将自己探访北京恭王府的经历写入序言,颇有意味。更有意思的是,闵福德探访恭王府,并不是为了考证大观园的真实位置,而是将自己置身于恭王府中,通过这种身临其境,去细细品味红楼。杨柳曾评价闵福德"这次寻梦之旅的深情记述完全溢出了正统序文的文体标准。……(它)如'风月宝鉴'一般,让读者既看到虚妄,也看到真实,既看到幻灭,也看到清醒。虚构的时空与真实的时空时而重叠、时而交错,虚虚实实,真真假假。但是,与'只留下白茫茫一片大地真干净'的《红楼梦》不同,闵福德透过'蛛丝儿结满雕梁,绿纱今又糊在蓬窗上'看到的不是幻灭与虚无,却是不会随时代变迁而改变、不会被意识形态所毁坏的中国文化基因的恒久存续"②。闵福德的序言让读者跟随他的脚步,一起进入到《红楼梦》的世界中,并通过真实与虚幻的时空交错,引发读者更深层次的思考。这也是他一贯的译介主张,"用心加入文化元素以帮助读者理解原文高层次

① 参阅:Genette, G. *Paratexts*: *Thresholds of Interpretation*. Lewin, J. E. (trans.). Cambridge: Cambridge University Press, 1997: 4-5.

② 杨柳. 文化摆渡者的中国认同——闵福德《石头记》后两卷译本的副文本研究. 曹雪芹研究, 2018(4): 137-138.

意趣和隐喻仍是译者身负的重任"①。

在帮助读者理解《红楼梦》中丰富的中国元素时,闵福德并没有因为部分元素在理解上较为容易,就简单注解,而是善于挖掘这些元素的深层次内涵。例如在翻译一些中国特有的事物时,闵福德通常由浅入深,从物理特征、使用方法等入手,进而解释其在中国文化中的象征与喻义。这一方面说明闵福德所下功夫之深;另一方面,也看出他自己对中国文化的理解颇有心得。

除了在序言中进行文化阐释外,闵福德还为《红楼梦》后两卷提供了丰富的附录资源。在附录中,闵福德对文中涉及的或相关的中国文化元素进行了介绍,并对翻译中的一些改动、调整进行了解释。同时,考虑到《红楼梦》中人物众多、关系复杂,闵福德还在正文后附上了文中人物和家谱,便于读者了解人物之间的家族、血缘,以及社会关系。在第四卷的附录中,闵福德谈到了古琴这一中国传统乐器。为了能够使读者了解,他从外形介绍入手,扩展到古琴名曲《高山流水》,并对伯牙子期的故事和"知音"的内涵进行了透彻的介绍与阐释。②"这种介绍从文化的器物层面深入到了价值观层面,挖掘了特定形式背后的深层文化内涵,以及涵养出此特定形式的文化氛围和文化传统,搭建了现代西方读者对中国传统文化建立'理解之同情'的桥梁。"③在谈到八股文时,为了便于西方读者客观把握八股文,闵福德援引了拉丁散文和西方古典诗歌进行比较,希望读者不

---

① 灼见名家. 闵福德:翻译岁月弹指过,心怀达化迎妙思. (2018-06-01)[2021-10-13]. https://www. master-insight. com/% e9% 96% 94% e7% a6% 8f% e5% be% b7% ef% bc% 9a% e7% bf% bb% e8% ad% af% e6% ad% b2% e6% 9c% 88% e5% bd% 88% e6% 8c% 87% e9% 81% 8e% ef% bc% 8c% e5% bf% 83% e6% 87% 7e9% 81% 94% e5% 8c% 96% e8% bf% 8e% e5% a6% 99% e6% 80% 9d/.

② 参阅:Minford, J. Appendix. Fan, S. Y. (trans.). In Cao, X. Q. & Gao, E. *The Story of the Stone 4*. Minford, J. (trans.). Shanghai:Shanghai Foreign Language Education Press, 2014:445-446.

③ 杨柳. 文化摆渡者的中国认同——闵福德《石头记》后两卷译本的副文本研究. 曹雪芹研究,2018(4):132.

要一味贬低八股文。① 闵福德的深入解析,一方面有助于西方读者对中国文化有客观的了解;另一方面,也能够方便读者阅读,加深读者对红楼文化的理解。

提及附录,就不得不提闵福德的《易经》英译本。闵福德的《易经》译本独创性地采用了单独电子版附录的做法。闵福德解释这样做是为了让"已经是大块头的《易经》能够稍微轻薄一点"②。在长达 70 页的附录中,闵福德对正文中的易理进行了充分的注解。这些注解体现出的一个重要特征,就是集众家之长,并不独取某一家的观点进行解释,这一方面是因为他自身对《易经》的理解就源自众家;另一方面,是考虑到西方读者的接受度问题,哪一家的解释更容易理解和被接受,就援引哪家。其中既有高亨、王夫之、闻一多、朱熹、程颐、王弼、董仲舒、黄宗羲、孔颖达、谢灵运等中国学者的观点,也有理雅各、卫礼贤、贝恩斯、李约瑟、葛瑞汉、于连、翟理斯、韦利等西方学者的论说。这不仅方便那些对《易经》充满兴趣的西方普通读者阅读,也让研究易理的西方学者有据可循。闵福德之所以这么做,是因为在他看来,人们"不能像对待一本普通的书那样对待《易经》。你得去参与,得做大量的工作。这个过程是互动的,就像是一个游戏,你和这本书做游戏。最后,《易经》帮助你看到你自己"③。加入大量的注释,并解释正文中的删减和改动,正是闵福德自己和《易经》的亲密互动。在李伟荣看来,"闵福德对于古今中外的易学著作和《易经》译本非常熟悉,并且有精深的理解"④。如果没有对《易经》的深入研究,恐怕其译本也难以在西方引起如此之大的轰动。更重要的是,"从索隐派翻译开始经过兼

① 参阅:Minford, J. Appendix. Fan, S. Y. (trans.). In Cao, X. Q. & Gao, E. *The Story of the Stone* 4 . Minford, J. (trans.). Shanghai: Shanghai Foreign Language Education Press, 2014: 444-445.

② Minford, J. Online Notes for *I Ching*. (2020-02-26) [2021-10-13]. https://a1974703-9efc-428d-945c-d2ab3a7d1c25. filesusr. com/ugd/3ce1a7_55ec4f644272 44b487e09a0 ccc02cada. pdf.

③ 崔莹. 英国学者 12 年译完《易经》. (2015-07-15) [2021-10-13]. https://cul. qq. com/a/20150714/025742. htm.

④ 李伟荣. 汉学家闵福德与《易经》研究. 中国文化研究,2016(2): 162.

收并蓄、吸收致用到追根溯源以求本真三个阶段,闵译作为后一阶段的代表性成果,为中国传统文化走向世界做出了贡献"①。

闵福德译介风格的另一个重要特征,是他经常性地借助自身情感引导翻译。在回忆翻译《易经》的经历时,他就曾表示,"他发现自己置身于一段非凡的反思之旅中……这改变了他的生活,他也希望在翻译中传达一些类似的东西"②。在谈《道德经》的译介时,闵福德更是明确了这种译介的方式。他说:"我总是强调'情'的重要性,我觉得作为一名译者如果你不热爱你翻译的东西,读者很快能感受出来的。当我在翻译的时候,我总是将自我放下,用心去感受书中一切情感,再想办法将我感受到的用另一种语言表达出来。我想,这是我和很多译者最大的不同,我总是让我的情感来引导我的翻译。"③在翻译《道德经》时,闵福德有很多创造性的思维,这都和他"以情感引导翻译"的译介方式十分吻合。比如,他在每个章节的后面都附了一首中国诗歌。这显然是个很有意思的做法,因为我们从来不会考虑在译本中间加入其他看似和文本无关的内容,而且通常只有作者会在作品中加入插图、诗歌等。对于这一看似和翻译无关的举动,闵福德说:"这只是我当时的一个想法,《道德经》是一本只有五千字的书,而道家思想却与中华文化密不可分,所以我想用一种方式让西方读者更进一步地了解这个博大而悠久的传统,不管是通过音乐、美术还是诗词。再说,中国最好的诗人几乎都受到了道家思想的影响,好像这是成为诗人必备的条件一样。……我花了很多时间来思考《道德经》的排版。我请台湾的朋友廖新田教授帮我写了很多漂亮的篆书,放在每个章节的前面。……接下来才是我的翻译及一些注语。可是到最后,我总觉得还少

---

① 卢玉卿,张凤华. 闵福德《易经》英译述评. 中国翻译,2017(2): 85.

② 转引自:Singh, A. Book Review:*I Ching* – Wisdom Found in Translation of Chinese Oracle. (2015-01-03)[2021-10-13]. https://www.scmp.com/lifestyle/books/article/1672928/book-review-i-ching-wisdom-found-translation-chinese-oracle.

③ 转引自:任璐蔓. 闵福德谈翻译与"奇趣汉学". (2019-09-08)[2021-10-13]. https://www.thepaper.cn/newsDetail_forward_4344039.

了些什么。那些批注《道德经》的人个个都能长篇大论,说得神乎玄乎,我觉得结尾还是需要一个简短的、实在的东西。所以我选了一些我喜欢的诗,不管是李白还是寒山,可以说这本书也是一本充满道家思想的诗歌选集。"①闵福德早在牛津大学读书时就接触了《道德经》,并一直十分喜欢作品所传递出的思想与文化。从章节前面的书法,到正文的翻译及注解,再到文末所附诗歌,闵福德显然希望能够尽量让译本更加丰富起来。闵福德的"以情感引导翻译"并非是对原文的不尊重,恰恰相反,他希望通过副文本的添加,让读者能够更加容易地走进作品,领悟《道德经》中的生命哲学。换言之,闵福德的"情感"是和他的翻译观、文化立场紧密结合的,这种"情感"如果是积极、迎合的,那么就对原文本的异域传播帮助很大,但反之,则可能会带来一定的争议。

《孙子兵法》的争议来源于闵福德对作品所传达思想的理解。由于书中的人文价值观与闵福德所秉持的道家观念有一定的偏差,所以,闵福德对《孙子兵法》是持保留意见的。在接受采访时,他曾表示,"书中展现出一种工于心计的人际关系,这和他的人文价值观大相径庭。书中总是在讲如何利用、操纵别人使自己占得上风"②。在其译本的译者序中,闵福德也表示"孙子的战略主张是基于诡诈"③。相较于其他译本,闵福德译本似乎争议较大。邱靖娜认为,闵福德译本属于"强势文化下的'蓄意'抵制。……将'诡道'理解为'诡诈',将其归于伦理道德范畴;……将《孙子兵法》与儒家思想对立;……贬低法家思想,攻击孙子思想;……扭曲道家思想,丑化中国文化;……断章取义,恶意攻击中国文化"④。我们认为,虽然闵福德并不赞同《孙子兵法》中的部分价值观,但客观地说,闵福德《孙

---

① 转引自:任璐蔓. 闵福德谈翻译与"奇趣汉学". (2019-09-08)[2021-10-13]. https://www.thepaper.cn/newsDetail_forward_4344039.

② Sonshi.com. John Minford interview. [2021-10-13]. https://www.sonshi.com/john-minford-interview.html.

③ Minford, J. Introduction. In Sun, T. *The Art of War*. Minford, J. (trans.). London: Penguin Classics, 2003: xxix.

④ 邱靖娜.《孙子兵法》英译文功能语境重构研究. 北京:北京科技大学博士学位论文,2018: 68-71.

子兵法》的译介并不存在所谓恶意攻击、丑化中国文化的情况,对于闵福德的译本,还是应当客观地评价。在和朱振武对谈时,闵福德认为,"《孙子兵法》就像是一部生活指南手册。……它教我们在匆忙做出决定或行动之前,学会纵观全局,不拘泥于事务的细节,专注其本质。当然这部书着重讲述的是战争以及对战争的评点。但书中的许多内容都可在人们日常交流或产生冲突时得到应用。因此,这部书在某种程度上还是具有一定价值的"①。可见,闵福德对《孙子兵法》的认识还是客观的,他希望能够通过自己的译本,让西方读者感受到作品的现世价值。

在《孙子兵法》的具体译介中,闵福德也正是带着这种情感进行译介的。"庙算"是中国古代最早的战略概念,因此,虽然在《孙子兵法》中仅出现一次,却具有十分重要的历史意义。在翻译时,闵福德十分重视这一军事战略术语的指称意义,在译为"temple calculation"的基础上,还援引《商君书》《史记》等重要文献,以及张预、王皙等人的注解,并表达自己的观点,突出孙武对战略的重视。② 可见,《孙子兵法》虽然不是闵福德喜爱的作品,但在翻译上,闵福德还是严守译者的译德,"以情感引导翻译"也是建立在忠实翻译、准确传达的基础之上的。

总体来说,闵福德的译介大都是站在读者立场。他重视中国文学文化元素的传播。闵福德通过大量的副文本,力求将作品深层次的意义与内涵传达给西方读者,他追求的"以情感引导翻译",也是基于他对中国文化的热爱。从闵福德的翻译观、文化立场,到他的翻译动机、翻译选择和译介方式,都体现出他对翻译的执着,对译介和传播中国文学文化的执着。"文学和生命本就无可割裂"③,这或许是闵福德一生翻译经历的最大感悟吧。

---

① 朱振武,闵福德. 拿出"最好的中国"——朱振武访谈闵福德. 东方翻译,2017(1):53.
② 参阅:Sun, T. *The Art of War*. Minford, J. (trans.). London:Penguin Classics,2003. 117 118.
③ 灼见名家. 闵福德:翻译岁月弹指过,心怀达化迎妙思. (2018-06-01)[2021-10-13]. https://www.master-insight.com/%e9%96%94%e7%a6%8f%e5%be%b7%ef%bc%9a%e7%bf%bb%e8%ad%af%e6%ad%b2%e6%9c%88%e5%bd%88%e6%8c%87%e9%81%8e%ef%bc%8c%e5%bf%83%e6%87%b7%e9%81%94%e5%8c%96%e8%bf%8e%e5%a6%99%e6%80%9d/.

第四章 罗慕士英译研究

　　1937 年 7 月,罗慕士(Moss Roberts)在美国纽约出生。他和中文的不解之缘发生在哥伦比亚大学。1958 年 5 月,罗慕士拿到了哥伦比亚大学的学士学位。在本科学习期间,罗慕士修读了"人文亚洲"课程。这门课程让罗慕士对中文产生了兴趣。虽然本科毕业后,他未能如愿在攻读硕士期间主修中文,但罗慕士已经决定要学习中文,因此,他开始在哥伦比亚大学东亚语言及文化系学习中文。正是在那里,罗慕士遇到了他迈入中文大门的领路人,即当时在哥伦比亚大学教书的狄百瑞(William Theodore de Bary)。狄百瑞对中国儒学研究颇深,因此在他的课上,罗慕士也能接触到一些儒家思想。这对他后来博士论文的撰写也产生了一定的影响。1960 年,罗慕士在哥伦比亚大学顺利拿到硕士学位。罗慕士说:"那时候,我的梦想是当一名大学中文教师,我认为学习汉语、中国历史、中国文学,未来在美国会很有发展前途,可以在美国找到就业机会。我的另外一种选择就是教英语,但是与中文相比,我并不是很感兴趣。"[1]不仅如此,罗慕士还认为,"美国人对中国有误解,对中国的革命也不了解,对当时二战中的中国历史背景也缺乏认识"[2]。为了让美国人能够了解真正的中国,硕士毕业的罗慕士旋即进入东亚语言及文化系,攻读中文博士学位。1966 年,他完成了题为 "The Metaphysical Context of Confucius'

---

[1]　刘瑾,罗慕士. 钻研中国文化　倾情翻译中国——《三国演义》英译者罗慕士访谈录. 东方翻译,2018(4):78.

[2]　刘瑾,罗慕士. 钻研中国文化　倾情翻译中国——《三国演义》英译者罗慕士访谈录. 东方翻译,2018(4):78.

Analects"(《孔子〈论语〉中形而上学的语境》)的博士论文,顺利拿到博士学位。

博士毕业后的罗慕士未能找到一份合适的中文教职,因此不得不前往迈阿密大学外语系担任助理教授。这一待就是两年。1968 年,他回到纽约,在纽约大学近东语言和文学系(Department of Near Eastern Languages and Literature)担任助理教授。同年,他在 *Journal of the American Oriental Society*(《美国东方学会会刊》)上发表题为 "Three Philosophical Definitions"(《〈论语〉中的礼、义、仁:三大哲学定义》)的学术论文,开启了自己的学术生涯。1975 年,罗慕士在《美国东方学会会刊》发表了题为 "Metaphysical Polemics of the *Tao Te Ching*"(《〈道德经〉的形而上论争》)的学术论文,为日后翻译《道德经》奠定了基础。

在纽约大学任教期间,罗慕士所授课程很多,其中很大一部分都和中国有关,包括"古汉语和现代汉语""汉字入门""中华文明入门""中国哲学""中国古典诗歌""中国哲学与文化""中国古典戏剧"等等。这些课程的教授,不仅对罗慕士的中国文学文化研究颇有帮助,事实上还开启了他翻译的大门。罗慕士的翻译处女作 *Three Kingdoms*:*China's Epic Drama*(《三国:中国的壮丽史诗》),就和他的教学密不可分。罗慕士自己就曾表示:"1976 年万神殿出版社(Pantheon Books)出版的选译本是为了用于他自己的大学课堂教学。"①当然,罗慕士的翻译之路还需要感谢狄百瑞,正是他带领罗慕士进入中国文学文化的殿堂。

在《三国演义》的选译本出版之后,罗慕士为了能够让美国人了解一个真实的中国,他开始翻译毛泽东关于《政治经济学》和《苏联社会主义的经济问题》的读书笔记。1977 年,纽约每月评论出版社(Monthly Review Press)出版了罗慕士的翻译,题为 *Critique of Soviet Economics*(《批评苏联经济学》)。虽然罗慕士的主要研究领域还是在中国古典文学、哲学上,但他对近现代史也颇有兴趣。

---

① Roberts,M. Acknowledgements. In Luo,G. Z. *Three Kingdoms*. Roberts, M.(trans.). Beijing:Foreign Language Press,1991.

1979 年，罗慕士为西方读者带来了一部重要的译作——*Chinese Fairy Tales and Fantasies*（《中国童话和神话故事》）。该书由万神殿出版社出版，是该社"万神殿童话和民间故事丛书"中的一部精品。自 1979 年出版以来，目前已经再版了 14 次，堪称经典。罗慕士从《聊斋志异》《庄子》《列子》《韩非子》等古籍中精选了 94 篇作品，分成"魔法故事""愚人故事""动物王国""女性与妻子""鬼怪与灵魂""法官与外交""儒家学院非官方史"等七个系列。该书是罗慕士在译介《三国演义》全译本之前的最后一本重要译著，之后，他就全身心投入《三国演义》的研究和译介工作中去了。

1982 年，时任外文出版社副总编的罗良邀请罗慕士翻译《三国演义》全书。因为之前已经有了选译本的翻译经验，且罗慕士自己对这个选译本也有不满意的地方，因此他表示愿意承担英文全译本的翻译工作。正好，罗慕士当时拿到了美国国家艺术基金会 1983—1984 年度的研究基金资助，所以，当罗良和伊斯雷尔·爱泼斯坦（Israel Epstein）邀请罗慕士访华时，他欣然答应。1991 年，罗慕士终于完成了《三国演义》英文全译本的翻译工作。1992 年，该译本由美国加州大学出版社和外文出版社联合出版，一经面世，就引起了轰动。2000 年，该译本被收录进"大中华文库"。罗慕士的全译本是继邓罗（C. H. Brewitt-Taylor）1925 年译本之后的第二个全译本，也是目前为止在英语世界中传播最为广泛、受认可程度最高的英文全译本。该译本上千条的注释，体现了罗慕士作为一名学者的严谨，也真实反映了译介的艰辛。

1993 年，白牧之（E. Bruce Brooks）和妻子白妙子（A. Taeko Brooks）一起，在马萨诸塞大学阿默斯特分校成立了"战国项目"（Warring States Project），从事战国史料研究。罗慕士参加了该项目所组织的研讨会，因此开始考虑翻译《道德经》。2001 年，罗慕士翻译的《道德经》由美国加州大学出版社出版。罗慕士自己表示希望该译本能够有助于西方读者对《道德经》

有更加合理和完整的解读。① 史蒂芬·杜兰特（Stephen Durant）、安德鲁·谢林（Andrew Cherlin）、方平等人都高度评价了罗慕士的译本，认为该译本不仅语言优美，而且对《道德经》的理解和研究有很大帮助。

从选译《三国演义》，到《道德经》全译本的面世，罗慕士为西方读者呈现了一幅壮丽的中国画卷。罗慕士的努力不仅有助于原作生命的不断延续，更为西方读者提供了一个全面、客观了解中国文学和文化的机会。身为汉学家和教师的罗慕士，有着译介中华文化典籍的强烈动机，有着对中国文化的独特理解，也因此形成了自己独特的翻译风格与译介方式。

第一节 忠实性、艺术性与修辞性：罗慕士的翻译观

通常而言，译者都十分重视译文的忠实。不过，不同译者对于忠实的理解各不相同，因此他们的翻译行为有所差别。在罗慕士眼中，翻译的忠实包含了两个层面的忠实，第一是文本的忠实，第二是历史的忠实。在文学作品的翻译中，文本忠实涉及符号与意义的关系，这两者的关系十分微妙，它们既是保证译作忠实的两个重要元素，又时常面临相互取舍的困境。译界长期探讨的忠实与叛逆、形与神、异与同等一对对翻译的矛盾，在文学翻译中，往往就是译者如何协调符号与意义之间的关系。特别是当原语文化与目的语文化之间、原语文字与目的语文字之间都存在较大的差别时，这种困难会更为显著。对罗慕士而言，无论是符号还是意义，翻译都是基于原作的。他希望能够在保证译作语言通顺流畅的同时，又达到向西方世界客观展现中国文化的目的。因此，罗慕士的翻译忠实观，既要满足符号的忠实，也希望达到意义的忠实，更要做到历史的忠实，表里如一，内外兼修。

在汉译英中，要做到译作文本的忠实，对字和词的理解都十分重要。和英文不同，汉字在构词上经常通过字形来确定其意义。在罗慕士看来，

---

① 参阅：Roberts，M. Introduction. In Lao，Z. *Dao De Jing*：*The Book of the Way*. Roberts，M.（trans.）. Oakland：University of California Press，2001：2.

"读懂文字背后的文化,才能准确地翻译文化与意义"①。在接受刘瑾访谈时,罗慕士谈到了自己对汉字的理解。他说:"我在翻译中会注重汉字的构词方法和汉字的历史与寓意,会特别注重汉字的音与意之间的联系,比如'禮'字,此汉字的字形可分为'示'和右边的器皿。这是一种对先祖尊敬的象征,寓意上是期望先祖能够显灵。在仪式或典礼中,用具有神圣意义的器皿作为'礼'的象征。……另外一个例子,如'孝',从字形上看,'子'上面是'老'的一部分,表示'孩子赡养老人(父母)'。从汉字的音上看,与'蓄'读音接近,类似于'为父母或祖先提供食物'。在翻译过程中,要将汉字的结构与本意联系起来思考,将汉字的发音与隐含意义联系起来思考,解读汉字的结构与发音对翻译的选词与理解也很重要。"②罗慕士的这段表述,体现出他对汉字理解的透彻与深刻。首先,罗慕士注意到了汉字字形与字意之间的有机联系。我们发现,在分析"禮"字时,罗慕士并没有提及该字在英文中的翻译,而是去分析该字本身在中文语言环境中的意义。罗慕士此举是为了提醒我们在关注语言文字时,需要关注其意义在不同时期、不同语境中所存在的变化与延伸的可能。这在翻译中是极其重要的。刘宓庆曾经就提醒过:"几乎所有的辞典、字典都只能记载每个词明确、限定的一面。这样就显示了一种假象,似乎意义都是明确的、限定的。"③时间、空间、语境等很多因素都会影响译者对原作文字的理解,因此,对译者而言,译作文字的忠实,需要译者对原语文字有十分深刻的认识和理解。其次,罗慕士还注意到了汉字字音的重要性。在汉译英时,汉字的字音通常不会在译文中得以保留。这是中英两种语言文字的客观差异所导致的。但是,罗慕士注意到,汉字的字音同样是语意的一个重要部分。就如同他所举的"孝"的例子一样,译者需要考虑到汉字字音的语意因素。这不仅仅涉及人名、地名等可以音译的字,很多非音译的

---

① 刘瑾,罗慕士. 钻研中国文化　倾情翻译中国——《三国演义》英译者罗慕士访谈录. 东方翻译,2018(4):79.

② 刘瑾,罗慕士. 钻研中国文化　倾情翻译中国——《三国演义》英译者罗慕士访谈录. 东方翻译,2018(4):79.

③ 刘宓庆. 翻译与语言哲学. 北京:中国对外翻译出版公司,2001:353.

字,罗慕士认为也同样需要把发音和语意联系起来。罗慕士的文本忠实观,可谓做到了极致。

罗慕士在注重忠实原作时,除了关注构字外,也十分重视字、词翻译的忠实。特别是文化负载词。在对待文化负载词上,罗慕士再次否定了意义的客观和唯一论。在他看来,同一词语在不同语境下所传递的意义是不同的。"'仪''德'和'仁'需要根据不同的语境进行不同的翻译,'仪'可以译为 honor、obligation、duty、service、reciprocity。比如,当关公决定放走落败的曹操时,他就是在以报恩的方式回报曹操,将报恩当作一种仪式来完成,因为曹操当年虽然俘虏了他,但也将他释放还给了刘备。'德'在英语里可以用 virtue、potency、favor、generosity 来表达。'仁'可以benevolent、humane 和 kind 来表达。"①罗慕士非常重视语境,我们可以看到,在他所举的例子中,每个词所对应的英文译文都是有一定区别的,是需要根据不同语境、人物关系等因素灵活处理的。这些看似不同的处理方法,其实恰恰体现出罗慕士在翻译时所追求的忠实观。他希望达到的不是字对字、词对词的符号和形式忠实,而是要让译文读者体会到原作传递出的真实意义。在最终的译文文本上达到符号与意义的有机统一,正是罗慕士文本忠实观的体现。

罗慕士的翻译忠实观不仅仅要达到文本中符号与意义的忠实,还强调历史忠实观。他的翻译忠实观不是单纯地在译文文本中体现客观、正确的中国文化,而是在更大的层面上探讨原文本的历史忠实。这和他所译作品的特殊性是分不开的。《三国演义》的一大特征,就是文学与历史的高度结合。由于《三国演义》在中国民间流传甚广、影响甚大,甚至出现了人们将演义形象和事件当成历史形象和事件的情况,例如空城计、华容道、草船借箭等。一方面,这是文学作品成功的象征,但另一方面,也让人们忽略了历史所追求的严谨和客观。罗慕士意识到,译作读者往往由普通读者和汉学研究者组成。对普通的西方读者而言,他们希望看到的是

---

① 刘瑾,罗慕士. 钻研中国文化　倾情翻译中国——《三国演义》英译者罗慕士访谈录. 东方翻译,2018(4):79.

人物形象突出、情节跌宕起伏的文学故事,而汉学研究者则更关注作品本身的语言、文学价值、作品的创作背景、作者的信息、创作的动机等与作品相关的各类因素。因此,从译者的角度来说,他和作者是有区别的。罗贯中在创作《三国演义》小说时,在历史的基础上吸收了民间戏剧、评书、评话等不同的艺术形式,因此作品更具文学性。他不是撰写史书,无需考虑历史的真实性。但对罗慕士而言,他不仅仅希望读者能够感受到原文的文学魅力,还希望通过此译本让读者了解真实的三国史,了解《三国演义》小说及其中人物、故事的发展变化。在 1991 年版的《三国演义》全译本中,罗慕士写下了长达 80 页的后记"关于三国"。在后记中,罗慕士分别梳理探究了"历史起源""德、血统、正统""小说涉及的文献来源""元代的故事和小说""元明转型时期的罗贯中和汉民族主义""明清转型时期的三国""文学的三国:毛批""毛本中的孔明"等八个问题①,其中不仅涉及了三国故事的历史演变,还对特定人物、版本、道德观念等重要问题进行了深入的分析。这对西方读者了解真实的三国十分有益。

罗慕士还秉持翻译即艺术的翻译艺术观。罗慕士认为:"翻译即艺术。翻译与音乐很像。音乐有谱曲人,弹奏者将音乐的谱子变成美妙的音乐给观众听,将文本转换成了声音,这就像翻译的过程。与音乐一样,翻译可以将文本变成观众能接受和理解的文本或声音。音乐和翻译之间有直接的联系,我爱拉小提琴,我们和外语打交道就像在拉小提琴,要根据谱子、声调,借助乐器创造出美妙和谐的声音。音乐有声音,你需要调整你自己,大声地将谱子读出来或唱出来以感受其声音。你需要倾听音乐的声音,要看谱子也要听音乐,你要翻译出来的是悦耳的音乐。此外,翻译的时候要有和谐感、画面感,要注意语言的声音,大脑要想到音乐的节奏和语言的画面图像,这也是一个美术问题,这是美术和音乐的结合。

---

① 参阅:Roberts,M. Afterword:About Three Kingdoms. In Luo,G. Z. *Three Kingdoms*. Roberts,M.(trans.). Beijing:Foreign Language Press,1991:1459-1538.

翻译的内容就是美术的展现,音乐就是翻译形式的表现。"①罗慕士的翻译艺术观是十分具有层次性的。整体上看,译者的任务如同弹奏者,将文本的曲谱转化成音乐。在转换的过程中,要注意声音的美妙与和谐。这其实就是指翻译的美感,和林语堂的翻译美学观有些类似。林语堂认为,"翻译于用之外,还有美一方面须兼顾的,理想的翻译家应当将其工作做一种艺术。以爱艺术之心爱它,以对艺术谨慎不苟之心对它,使翻译成为美术之一种"②。林语堂的翻译美学观是融合在其翻译忠实观之中的。罗慕士的翻译艺术观则是把翻译的艺术性提升到更高的位置,涉及翻译的忠实和读者的接受问题。在具体的层面上,罗慕士则认为翻译的艺术应当理解为音乐和美术两个部分,分别对应翻译的形式与内容。音乐是形式,形式上的美感需要译者去把握原作的节奏。美术则是内容,翻译应当在恰当、和谐的节奏中传递具有画面感、艺术感的内容。罗慕士的翻译艺术观,事实上仍然在讨论形式与内容的和谐统一问题。在罗慕士看来,音乐如形,形式美对于翻译当然是重要的,但如果译者单单关注译作的形式,就会失去翻译的价值。在关注形式美的同时,还需要结合美术的内容之美,两者统一,才能够达到翻译的忠实。巴赫金曾经说过:"形式倘若离开与内容的关联,即离开与世界及其要素的关联(这个世界是以认识和伦理行为为对象的),它就不可能获得审美的意义,也就不能实现自己的基本功能。"③因此,形与神是相互依存的。不过,翻译显然更加困难,特别是文学翻译,因为它是在不同文化之间的相互传递,同时还有着空间与时间的差别。

　　罗慕士的翻译艺术观,可以从他的诗歌翻译中略窥一二。虽然罗慕士并没有专门从事过诗歌翻译,但《三国演义》中包含了大量的诗歌,因此,我们大可通过他的诗歌翻译实践,去看他的翻译艺术观。《三国演义》

---

① 刘瑾,罗慕士. 钻研中国文化　倾情翻译中国——《三国演义》英译者罗慕士访谈录. 东方翻译,2018(4):80.

② 林语堂. 论翻译//罗新璋,陈应年. 翻译论集(修订本). 北京:商务印书馆,2009:504.

③ 巴赫金. 巴赫金全集(第一卷). 晓河,等译. 石家庄:河北教育出版社,1998:331.

的开篇词是明代文学家杨慎所做的《临江仙·滚滚长江东逝水》。该词从格律上看为平韵格,六十二字,分两阕,上下阕各五句,三平韵。罗慕士的译文也分为上下两阕,每阕各五句,尽量保证了形式上的对应和一致。平韵格无法在英文中再现,只得作罢。在对待该词的语意和意境时,罗慕士考虑了很多。比如第一句"滚滚长江东逝水",罗慕士译为"On and on the Great River rolls, racing east"。此译文看似波澜不惊,甚至把"长江"译为"the Great River",但实际上,罗慕士考虑了很多。在此诗的注释中,罗慕士谈道:"'the Great River'指的是长江,有时也会被称为'the Jiang'或者'the Yangzi'。江河通常是历史的传统比喻。"①这说明,罗慕士将"长江"译为"the Great River"是故意为之。罗慕士说:"'滚滚长江东逝水','滚'有三个部分,左边有个水,右边上下有个衣服的'衣',中间有个'公'。我是个'公'(有地位的人),有'子孙'后代,'公'穿上衣服代表'官'。这个'官'太可怜了,因为长江把他掏尽了,把他算尽了。'滚滚长江东逝水'既包含声音的问题,又有 image(形象)的问题。'东逝水'中'逝'是什么意思呢,'逝'里面是个'折','折'就是'破',有'水'就有转弯,转弯了就只能看见小部分,这是'折'的意思。'逝'指的是'水转弯了,所以看不见了,而不是消失了',正如我们只能看见距离未来发展的一小段。水如历史,一个人能很好地了解历史,了解到历史其中的一段,却难预见下一段。"②短短一句词,罗慕士从构词、到声音、再到隐喻,全部都考虑清楚了。这说明在罗慕士的观念中,诗歌翻译是复杂且困难的。如果形式和内容之间存在矛盾,内容的层级是要优先于形式的,但也不能完全地抛弃形式,因此在翻译中,对于内容,可以采用注释的方式进行补足,从而达到形式与内容的和谐共生。

除翻译忠实观和翻译艺术观外,罗慕士还秉持翻译修辞观,认为译者在翻译中需要关注文本的话语结构和文本类型。罗慕士表示:"学习翻

① Roberts, M. Notes to Three Kingdoms. In Luo, G. Z. *Three Kingdoms*. Roberts, M. (trans.). Beijing: Foreign Language Press, 1991: 1557.
② 刘瑾,罗慕士. 钻研中国文化 倾情翻译中国——《三国演义》英译者罗慕士访谈录. 东方翻译,2018(4): 79.

译,一定要学习修辞的种类,每个文本里包含不同的话语结构,如孔子话
语、道家话语、佛家话语等,所有这些都需要在翻译中仔细区分。不同的
文本类型,如记叙文、政治文本、诗歌、对话等,需要不同的英语表达方
式。"①这很容易让我们联想起德国功能翻译理论,特别是卡特琳娜·赖斯
(Katharina Reiss)的文本类型理论和克里斯蒂安·诺德(Christiane
Nord)的功能加忠诚理论。在赖斯看来,"文本类型决定翻译方法。对文
本功能进行划分有助于分析原文,进而有助于评估译文"②。诺德则是"根
据功能主义的目的论理论,以及文本在目的语文化中所起的作用,通过综
合豪斯的显性翻译与隐性翻译以及赖斯的类型学观点,提出了纪实型翻
译和工具型翻译两种翻译策略"③。不过,和目的论过于关注翻译目的乃
至可以对原作进行改写不同,罗慕士所秉持的翻译修辞观,强调的是在原
语和目的语文化差异较大的文学作品翻译中,译者应该注意区分不同话
语结构,将修辞中的文化元素准确翻译出来。例如,《三国演义》中著名的
煮酒论英雄段落,曹操以"龙"喻"人"。但是,东方的"龙"的形象并不完全
等同于西方"dragon"的形象。为了让西方读者能够准确把握这一意象,
同时不影响读者的阅读体验,罗慕士在正文中使用"dragon"表示"龙",而
在注释里进行了进一步的解释。他写道:"在这里,龙代表了雨。更宽泛
的说,代表了凝结和降水。它还是帝王的象征,更像是自然界的协调
者。"④罗慕士的解释并没有局限于向西方读者展示东方的"龙"在形象上
和西方"dragon"的差异与区别,而是站在文化的视角上,基于此处的语境
和情节进行解释,便于读者理解。这样的例子在文中还有很多,比如罗慕
士在解释"鸿门"时表示这是"暗指谋划杀人的情形"⑤,并辅之以此说法的

① 刘瑾,罗慕士. 钻研中国文化　倾情翻译中国——《三国演义》英译者罗慕士访谈录. 东方翻译,2018(4):80.
② 刘军平. 西方翻译理论通史. 武汉:武汉人学出版社,2009:374.
③ 刘军平. 西方翻译理论通史. 武汉:武汉大学出版社,2009:387.
④ Roberts, M. Notes to Three Kingdoms. In Luo, G. Z. *Three Kingdoms*. Roberts, M. (trans.). Beijing:Foreign Language Press,1991:1585.
⑤ Roberts, M. Notes to Three Kingdoms. In Luo, G. Z. *Three Kingdoms*. Roberts, M. (trans.). Beijing:Foreign Language Press,1991:1585.

来源。这些具体的例子,都反映出罗慕士对翻译修辞的重视。

和第一位《三国演义》全译本的译者邓罗相比,罗慕士的翻译观深受其个人成长经历、工作性质的影响。他不仅非常重视翻译的忠实,还强调译文应具有艺术上的美感。罗慕士的翻译观既从宏观出发,也落脚于微观,体现出作为学者的严谨治学态度。罗慕士的翻译忠实观、艺术观和修辞观,对他的译介产生了很大的影响,客观上也有助于其文化立场的形成、翻译目的和翻译选择的求索。

第二节 "对于中国文化应该追根溯源"

"在翻译中,我会注重中国文化的传播。"[①]罗慕士的文化立场十分鲜明。无论是《三国演义》的选译和全译本,还是后期的《道德经》译本,罗慕士的文化立场都未曾改变,那就是要把最真实全面的中国文化传播到西方。特别是在《三国演义》的译介中,罗慕士对中国文化的追根溯源体现地十分彻底。

在罗慕士看来,罗贯中的《三国演义》是最为适合传达中国文化的作品,因为在这部作品中,包含了中国千百年来的各种文化精髓。读者可以通过阅读《三国演义》,对中国的传统文化有一个较为全面的认识。正因为作品中包含了大量的中国传统文化元素,因此对译者也提出了很高的要求。罗慕士认为,翻译《三国演义》需要译者"熟读'过去'的文学。只有了解了中国的历史与经典文学的背景,才能更好地解读《三国演义》"[②]。罗慕士说:"我已经学过中国的古典文学,并且大量阅读了中国文学作品。如《孟子》,读懂了这本书,才可以真正了解刘备的性格。读透《道德经》,才能明白孔明的性格,学习'道家'与'儒家'知识为了解孔明的性格奠定了基础,因为孔明在《三国演义》中开始是以一名道士的身份出现,然后才

---

① 刘瑾,罗慕士. 钻研中国文化 倾情翻译中国——《三国演义》英译者罗慕士访谈录. 东方翻译,2018(4):79.

② 刘瑾,罗慕士. 钻研中国文化 倾情翻译中国——《三国演义》英译者罗慕士访谈录. 东方翻译,2018(4):78.

是忠诚于刘备的儒家军师形象。还要熟读各种相关的历史书籍,我专门学习了史书《三国志》,因为《三国演义》是在《三国志》基础上改编的文学,《三国志》是一千多年后《三国演义》的'底本'。只有这样,才能打好翻译基础,保证翻译质量,做到严谨。当然,熟读《元曲》等相关戏剧性文学也很必要,明朝罗贯中在写《三国演义》的故事素材时,引用了大量的元曲故事。"① 从罗慕士的这段话中我们可以发现,罗慕士的文化立场并不仅仅停留在客观展现一个个静止的文化事物,而是兼顾了动态的历史文化发展进程。应当说,罗慕士的文化立场是立体的。这种立体、动态地传播中国文化的立场,在 1976 年版的《三国演义》选译本中就已见端倪。

　　1976 年版的《三国演义》选译本,事实上是罗慕士为了满足课程教学需要而进行的译介行为。从静态的个体层面上看,罗慕士对《三国演义》中大部分含有文化异质性的事物进行了解释。1976 年版的《三国演义》选译本是罗慕士的课程教材,鉴于此,罗慕士本人并没有在文本中大量做注,因为他会在课堂上对学生进行面对面的解释。同时,他也表示,"《三国演义》一书不仅情节复杂,而且篇幅很长。对于不了解中国文化的读者,这个选译本尽力呈现出最核心、最富戏剧性的故事,而减少复杂的历史细节。该译本对原作的删节是希望能够让读者的视线更加聚焦,集中展现来自高等文明的佳作,展现故事中如艺术般的生动生活"②。不过,由于出版的原因,该译本还是会涉及非教学使用,因此,罗慕士还是在序言中,对译本中的重要人物进行了介绍和分析,其中包括了人物关系、立场等等。③ 这个选译本是罗慕士的翻译初试,即便更多的是从故事的戏剧角度进行的译介,译本也还是体现出了罗慕士对客观、正确传播中国文化所做出的努力。

---

① 刘瑾,罗慕士. 钻研中国文化　倾情翻译中国——《三国演义》英译者罗慕士访谈录. 东方翻译,2018(4):78.

② Roberts, M. Introduction. In Lo, K. C. *Three Kingdoms*:*China's Epic Drama*. Roberts, M. (trans.). New York:Pantheon Books,1976:xx.

③ 参阅:Roberts, M. Introduction. In Lo, K. C. *Three Kingdoms*:*China's Epic Drama*. Roberts, M. (trans.). New York:Pantheon Books,1976:xix-xxv.

　　相较于静态层面的阐释,罗慕士的选译本也十分关注选译本中整体、动态历史文化观的传递。葛浩文曾高度评价罗慕士1976年版的选译本:"罗慕士赋予了《三国演义》新的生命,对意欲了解中国过去的读者来说值得一读。"①但事实上,这个译本本身从历史呈现的角度来看,还是有一定局限的。罗慕士自己也表示1976年版的选译本"存在很多局限和错误,希望有朝一日能有机会进行全本的翻译工作"②。罗慕士所指的局限,很大程度上就是指选译本在整个三国历史进程的呈现上的局限。从教学的角度出发,罗慕士在译介时一共选择了46个三国故事。虽然故事按照历史顺序进行排列,但和《三国演义》原本相比,剧情的连贯性显然要差了一些。同时,由于教学的需要,每个故事也并非全部展现,而是仅仅译介重要的情节和内容,每个故事的篇幅都不长,方便课程教学。应当说,罗慕士希望学生能够从文学的视角去看待这个译本,而并非全面展现三国史。这是由此译本的翻译目的所决定的,与罗慕士的文化立场并无冲突。他选择三国,本身就是对三国文化的认可。虽然1976年版的选译本更多是向学生和西方读者介绍中国传统文化,但罗慕士还是有意识地加强其中的历史元素,以帮助读者了解历史脉络。首先,在译作书名的选择上,罗慕士就十分强调历史性。和邓罗不同,罗慕士并没有使用"romance"这个词,因为他觉得这个词"暗示了一个远离现实的世界"③。罗慕士选择了"epic"一词,因为他认为三国"拥有一种史诗的气概和神话氛围"④,也更

---

① Goldblatt,H. *Three Kingdoms*:*China's Epic Drama* by Lo Kuan-chung and Moss Roberts. *World Literature Today*,1977,51(4):679.

② Roberts,M. Acknowledgements. In Luo,G. Z. *Three Kingdoms*. Roberts,M.(trans.). Beijing:Foreign Language Press,1991.

③ Roberts,M. Afterword:About Three Kingdoms. In Luo,G. Z. *Three Kingdoms*. Roberts,M.(trans.). Beijing:Foreign Language Press,1991:1463.

④ Roberts,M. Afterword:About Three Kingdoms. In Luo,G. Z. *Three Kingdoms*. Roberts,M.(trans.). Beijing:Foreign Language Press,1991:1462.

加符合章学诚所说的"三国七分史三分虚"①。其次,在 1976 年版的选译本的序言中,罗慕士详细介绍了整个三国时期的历史背景、发展演变,并通过主要人物的历程介绍,使读者在阅读译作前,对整个三国史有了一个基本的了解和认知。再次,在大部分故事中,罗贯中都会插入旁白。这些旁白或在故事开头,或在故事中间,或在故事结尾,为读者提供了故事的背景,便于读者理解。这些,都是罗慕士的有益尝试。

15 年后,当罗慕士的《三国演义》全译本呈现在世人面前时,我们发现,他越发重视中国文化的传播。他的文化立场更加立体化,从历时、共识、静态、动态的不同角度,借由译作向西方读者全面介绍中国传统文化。在译作中,我们甚至会忽略罗慕士的汉学家身份,因为在很多情况下,他甚至比很多中国读者更加了解三国,更加了解中国传统文化。罗慕士的文化立场不仅坚定,且更加得厚重。具体而言,罗慕士的文化立场贯穿于《三国演义》全译本的整个正文本和副文本中。

美国加州大学出版社和外文出版社联合出版的《三国演义》全译本共三卷,正文除注释外长达 1457 页。和之前的选译本相比,全译本的正文有三个显著的文化传播特征,即使用汉语拼音、中国元素形象化,以及加强文化增译。在 1976 年版的选译本中,所有的人名、地名英译,使用的都是威妥玛拼音。② 虽然中国大陆在 1958 年就已经开始推广汉语拼音,除了一些专有名词外,已经逐渐废止了威妥玛拼音,但罗慕士在美国学习中文,早年很少有和中国的直接交往,因此,他个人更加熟悉威妥玛拼音,在译文中使用威妥玛拼音十分正常。在翻译全译本时,罗慕士做了很大的改变:一方面,由于这个译本有着外文出版社的大力推动;另一方面,汉语拼音也越来越被国际社会所接受。因此,从文化传播和文化交流的角度,罗慕士将之前译本的威妥玛拼音改为汉语拼音。此举不仅对全译本在西

---

① Roberts, M. Afterword: About Three Kingdoms. In Luo, G. Z. *Three Kingdoms*. Roberts, M. (trans.). Beijing: Foreign Language Press, 1991: 1529.

② 参阅:Roberts, M. Index. In Lo, K. C. *Three Kingdoms*: *China's Epic Drama*. Roberts, M. (trans.). New York: Pantheon Books, 1976: 309-318.

方的接受有很大帮助,更为重要的是,他还助推中外文化交流,为中外《三国演义》的讨论和研究消除了一个障碍。这看似简单的改动,其实正是基于罗慕士传播中国文化的文化立场之上的。在罗慕士的全译本之前,虽然有不少《三国演义》的英译本,但接受度并不高,一个很大的原因,就是缺乏文化交流,西方读者对三国文化并没有什么太大的兴趣。实际上,三国文化包容性很强,很能体现中国的传统文化,罗慕士全译本这一看似很简单的改变,降低了西方读者阅读人名、地名上的难度,也消除了中西方学界交流的语言障碍。

罗慕士为传播中国传统文化所做的努力并不仅仅是使用汉语拼音那么简单。在全译本中,对很多具有文化意象的中国元素的译介,都能看出罗慕士是明显立于中国传统文化立场上的。以极具中国文化特色的兵器为例,在处理兵器的翻译时,罗慕士并没有简单地采用音译加注释的方式,而是直接在正文中将这些兵器名称形象化,在不影响读者阅读流畅性的同时,还能在脑中形成兵器的画面。例如,关羽的"青龙偃月刀",罗慕士译为"Green Dragon crescent-moon blade"①。"青龙"对"Green Dragon","偃月"对"crescent-moon","刀"对"blade",既工整又富有画面感。单看此处的译文,其实难以完全展现罗慕士尽力传播中国文化的文化立场。当我们把《三国演义》中的另一件著名兵器"青釭剑"和"青龙偃月刀"放在一起比较时,我们方能看到罗慕士的苦心。在全译本中,罗慕士将"青釭剑"译为"Black Pommel",可以看到,同样是一个"青"字,罗慕士分别选择了"Green"和"Black"进行翻译。在汉语中,"青"做形容词形容颜色时有蓝色、绿色、黑色的释义。其中,蓝色一般指天,例如《荀子》中的"青取之于蓝,而青于蓝"。绿色多用于植物,比如李白《望天门山》中的"两岸青山相对出"。黑色一般指的是动物和物件,例如李白《将进酒》中的"朝如青丝暮成雪",又比如古汉语中经常出现的青牛、青布、青线等。形容兵器颜色为"青",应当为黑色。所以,按照惯例,罗慕士对"青釭剑"

---

① Luo, G. Z. *Three Kingdoms*. Roberts, M. (trans.). Beijing: Foreign Language Press, 1991: 13.

的翻译是最为准确的。但同时,他又将"青龙偃月刀"中的"青"翻译为"Green",这又是为何呢?在中国古代哲学的五行中,青龙、朱雀、黄麟、白虎、玄武分别对应着地理位置上的东、南、中、西、北和颜色上的青、红、黄、白、黑。简单从颜色上看,在玄武已经是黑色的情况下,青龙的青色肯定不是黑色。根据《淮南子·卷三·天文训》中刘安对五星的解释,青龙"东方木也,其帝太皞,其佐句芒,执规而治春"。也就是说,青龙代表着东方,四季中的春季。因此,青龙的颜色应当代表春天花草树木生长的绿色。可见,罗慕士的翻译不仅仅形象生动,还非常准确。罗慕士并没有因为文化立场就忽视译文对原文的忠实再现,这体现出他作为学者的严谨态度。

在罗慕士《三国演义》全译本的正文本中,我们还能够看到很多文化增译的情况。这些,也反映出罗慕士坚定传播中国文化、促进中外文化交流的文化立场。张浩然、张锡九曾撰文对罗译本中的增译情况进行过分析,认为"在罗译本中,译者针对不同的情况,增译的内容和形式也不尽相同"[1],并举了"鹪鹩尚存一枝,狡兔犹藏三窟"的例子。鹪鹩一枝、狡兔三窟的成语在原作中是刘备为了表达自己欲夺同宗刘璋的益州时的纠结心境[2],罗慕士在译介时充分考虑到了中外文化语境的差异,将其翻译为"the little wren that keeps a cozy spot for itself and the cunning hare that maintains three holes in case of escape"[3]。从译文上看,罗慕士的译介在原语内容的基础上,增加了"cozy""for itself""in case of escape"等文字进行解释,同时又没有直接将隐喻点破,既有效传递了中国传统文化,又保留了原文中隐喻的作用。相比之下,邓罗译成"the wren for even that tiny bird has a twig to rest on; and of the cunning hare, that

① 张浩然,张锡九. 论《三国演义》罗译本中关于文化内容的翻译手法. 上海大学学报(社会科学版),2002(5):57.
② 参阅:罗贯中. 三国演义. 北京:人民文学出版社,1973:514.
③ Luo, G. Z. *Three Kingdoms*. Roberts, M. (trans.). Beijing:Foreign Language Press, 1991:712.

secures safety with three openings to its burrow"①,虽然也将原文的语意翻译了出来,也传达了原文中的中国文化,但正是缺少点睛的解释,加大了读者的理解难度,从而降低了文化传播的有效性。罗慕士看似轻描淡写添加的几个词,实是基于他多年对中国传统文化的钻研,并非一般人可以轻松达到的。罗慕士对中国文化的极力传播,可见一斑。

除正文本外,1991 年版的全译本中丰富的副文本(内文本)也体现出罗慕士注重中国文化传播的文化立场。罗慕士对中国文化的传播,是不遗余力的。在该译本的副文本中,我们可以发现,罗慕士时刻保持自身的文化立场,在译介中特别重视文化传播的客观与中立,这对西方读者了解真实的中国传统文化帮助甚大。具体来看,从题目到后记、附录,从文末注释到插画,罗慕士的文化立场贯穿始终。

在标题上,相较于 1976 年版的选译本,罗慕士做了一个比较大的改动。之前选译本的副标题使用的是"epic drama",而在 1991 年版的全译本中,副标题改为了"a historical novel"。这个变化是巨大的。在罗慕士看来,"《三国演义》包含史诗、戏剧、小说三种文学体裁:它有着史诗的气概和神话氛围;也有着戏剧的动作和对话;还包含着小说的结构和构思"②。对 1976 年版的选译本的副标题,祁寿康认为,"罗慕士的这种措辞可能意在突出《三国演义》叙事的宏阔和情节的戏剧性效果,同时不乏营销的噱头"③。贺显斌也认为,"罗慕士副标题的这种搭配显然不严谨,因为很容易和作为戏剧术语的'epic drama'混淆起来"④。笔者认为,罗慕士 1976 年版的选译本开始只是作为学生的课程教材,并没有出版计划。

---

① Lo. K. C. *Romance of the Three Kingdoms Volume I*. Brewitt-Taylor,C. H. (trans.). North Clarendon:Tuttle Publishing,2002:685.

② Roberts,M. Afterword:About Three Kingdoms. In Luo,G. Z. *Three Kingdoms*. Roberts,M. (trans.). Beijing:Foreign Language Press,1991: 1462.

③ 转引自:贺显斌. 从《三国演义》英译本看副文本对作品形象的建构. 上海翻译, 2017(6):45.

④ 贺显斌. 从《三国演义》英译本看副文本对作品形象的建构. 上海翻译, 2017(6):45.

客观地说,后来虽然将其出版,但并没有对译文做改动。因此,它更多地不是去全面客观展现三国的历史、文化全貌,而是期望读者关注其所体现出的文学价值。当然,如果能够因此吸引西方读者去关注三国,那则是更好。事实上,正是因为这个译本,才有了之后外文出版社的全本英译邀请。因此,虽然1976年选译本的标题值得商榷,但也客观起到了一定的宣传效果。当然,从客观的历史和文化视角看,1991年版的全译本的标题显然更加客观。罗慕士自己也认为"'historical novel'用于描述作品中那些明朝与汉朝的相互结合更加贴切"①。罗慕士所说的明朝与汉朝的结合,指的正是将汉朝的历史和明朝的小说文学结合,因此,"historical novel"太合适不过了。可见,从1991年版的全译本的标题开始,罗慕士就严格遵循其客观展现中国传统文化的文化立场。

如果说罗慕士试图在1991年版的全译本的正文部分更多展现中国小说的文学性和中国传统文化,那么,后记和附录则为那些对中国历史文化有兴趣的读者和学者提供了客观详尽的材料。前文中我们已经对后记进行过梳理,罗慕士先后谈及了"历史起源""德、血统、正统""小说涉及的文献来源""元代的故事和小说""元明转型时期的罗贯中和汉民族主义""明清转型时期的三国""文学的三国:毛批""毛本中的孔明"等八个问题②,对三国的方方面面进行了系统而又详细的阐释,不仅有助于读者理解小说的内容,也能使读者通过阅读对中国传统历史文化有一个客观而正确的认识。不仅如此,罗慕士还向读者呈现了丰富的附录资源。其中,主要人物的简介有助于读者快速熟悉小说人物,按时间顺序所列的三国主要事件有助于读者形成一条三国的时间轴。同时,官职的对照表和缩略语表则为研究三国的学者提供了便利。

---

① Roberts, M. Afterword: About Three Kingdoms. In Luo, G. Z. *Three Kingdoms*. Roberts, M. (trans.). Beijing: Foreign Language Press, 1991: 1463.

② 参阅:Roberts, M. Afterword: About Three Kingdoms. In Luo, G. Z. *Three Kingdoms*. Roberts, M. (trans.). Beijing: Foreign Language Press, 1991: 1459-1538.

详尽、细致、客观的文末注释是罗慕士 1991 年版的全译本的最大亮点。在长达 142 页文末注释中,罗慕士先后援引了陈寿的《三国志》、裴松之的《三国志注》、习凿齿的《汉晋春秋》、司马光的《资治通鉴》、范晔的《后汉书》、司马迁的《史记》、朱熹的《资治通鉴纲目》、罗贯中的《三国志通俗演义》、毛宗岗的《读三国志法》以及民间流传的《三国志平话》等众多史学、文学著作,足见他在翻译时,除了十分重视作品本身的文学性,还考虑到了演义本身与史实的差别,并尽可能地通过注释,为译本读者提供史实的参照。作为一名学者,罗慕士十分严谨,他说:"在翻译中不可望文生义,对于中国文化应该追根溯源,并在翻译中解释清楚。如果脚注还是不能解决翻译的问题,我会选择解释的方式来翻译。"①罗慕士在文末注释中很少主观阐释,而是通过相关史料、文献进行注解,大大提高了注释的客观性和可靠性。

文化传播的途径不单单只有文字符号,图画也是一个有效的方式。罗慕士充分意识到这一点,在译本中插入了不少图画。这些图画分为三类,一是核心人物的画像,二是三国中重要战役的军事图,三是重要历史事件的插画。为了能够客观展现历史和传统文化,罗慕士无一例外地都选择了中国作者的图画。特别是人物画像和事件插图,对西方准确且客观地了解三国、了解中国传统文化帮助颇多。罗慕士的文化立场突显无疑。

第三节　服务教学与文化传播:罗慕士的翻译动机

在上一节阐述罗慕士的文化立场时,我们已经或多或少涉及罗慕士的翻译动机。事实上,无论是译者的翻译观、文化立场,还是翻译动机、翻译选择,包括他的译介方式,其实都是相互联系的,他们之间的关系也是和谐一致、因果联系的。通常情况下,一个译者的翻译动机不会违背其自

---

① 刘瑾,罗慕士. 钻研中国文化　倾情翻译中国——《三国演义》英译者罗慕士访谈录. 东方翻译,2018(4):78.

己的翻译观和文化立场。当然,我们也不应忽略外部因素对译者产生的外在影响,譬如之前我们分析过的闵福德翻译《孙子兵法》的情况。译者的翻译动机,往往是会同时有内在和外在两方面因素的,只是在不同的情况下,起着决定因素的动机不同而已。对罗慕士而言,他的翻译动机,既有内因,也有外因,两者往往相互作用,驱使他进行译介活动。总体来说,罗慕士的翻译动机,集中在服务他的教学,以及传播中国文化上,这和他的翻译观与文化立场高度统一。

罗慕士的翻译处女作是 1976 年的《三国演义》选译本。事实上,在这之前,罗慕士的研究都是围绕《论语》《道德经》等儒家、道家典籍展开的。罗慕士翻译《三国演义》,确实有些出人意料。与霍克思为了理解原作并展开汉学研究而翻译的翻译动机有所区别,由于罗慕士一直进行着系统的汉语学习,他早期的汉学研究并没有受语言不同的影响。因此,他并不存在像霍克思那样为了理解而翻译的翻译动机。从罗慕士的译介历程来看,他的第一部译著是在他将近 40 岁时才面世的,可见,罗慕士一开始并没有强烈的翻译动机和翻译意愿。事实上,1976 年版的《三国演义》选译本的翻译,最初也是因为外在因素的驱动。在纽约大学从事教学研究的罗慕士,教授的课程大多围绕东亚文学、文化、哲学、史学展开。其中,诸如"中国古典诗歌""中国哲学与文化""中国古典戏剧"等课程的教学,需要学生阅读大量的相关文本。教学上的需要,促使罗慕士开始考虑自己翻译中国古典文学作品。罗慕士自己也表示,"1976 年万神殿出版社出版的选译本是为了用于自己的大学课堂教学"[①]。《三国演义》中包含了小说、戏剧、诗歌等多种文学体裁,也蕴含了儒家、道家等多种中国传统哲学思想,因此,翻译《三国演义》对罗慕士的教学非常有益,因此也坚定了罗慕士翻译《三国演义》的决心。外因和内因的共同作用,最终促成了罗慕士的翻译处女作。正是因为他的翻译动机是为了教学,因此一开始,罗慕士并没有将这个译本出版的想法。不过,当万神殿出版社找到罗慕士,希

---

① Roberts, M. Acknowledgements. In Luo, G. Z. *Three Kingdoms*. Roberts, M.(trans.). Beijing: Foreign Language Press, 1991.

望能够将这些故事结集出版时,罗慕士还是表示了赞同。虽然在这个译本的副文本中我们没有找寻到罗慕士同意出版的原因,但是,如果我们结合罗慕士的翻译观和文化立场,就不难发现,结集出版必然有助于《三国演义》在西方的传播,"满足普通读者涉猎异域文化的好奇心"①。罗慕士自己也表示,1976 年《三国演义》选译本"出版后,吸引了很多三国爱好者"②。罗慕士的这段表述透露出两层含义。除了侧面证实了我们所分析的传播三国文化的翻译动机之外,还可以看出,在美国,还是有相当数量的三国爱好者的。在 1976 年选译本的致谢中,罗慕士还特别感谢了纽约大学汉学研究项目的学生。③ 虽然明清小说在当时美国大学的汉学学习中并不是最核心的科目,但对普通读者来说,通俗小说的吸引力绝不低于传统哲史典籍。

在 1976 年《三国演义》选译本出版后,罗慕士并没有即刻产生翻译《三国演义》全译本的想法,一是因为选译本的内容已经足够教学使用,二是由于当时的社会背景,罗慕士暂时将研究的重心放在了研究毛泽东对社会主义政治经济学的研读上了。罗慕士曾经谈到过:"1959 年的时候,外界一直认为中国是个'野蛮'的国家,同时美国到处都充斥着'反中国'的声音,但是我认为美国人对中国有误解,对中国的革命也不了解,对当时二战中的中国历史背景也缺乏认识。我们在美国读到的中国故事好像也不可信,没有说服力。"④为了改变美国人的这种错误认识,罗慕士一直致力于关注现当代中国社会、文化的传播。为了能够让西方了解当时中国的想法,了解中国领导人对中国发展的客观认识,罗慕士开始翻译毛泽东对《政治经济学》和《苏联社会主义的经济问题》的读书笔记。在罗慕士

---

① 郭昱,罗选民. 学术性翻译的典范——《三国演义》罗慕士译本的诞生与接受. 外语学刊,2015(1):102.
② 刘瑾,罗慕士. 钻研中国文化 倾情翻译中国——《三国演义》英译者罗慕士访谈录. 东方翻译,2018(4):78.
③ 参阅:Roberts, M. Acknowledgements. In Lo, K. C. *Three Kingdoms*: *China's Epic Drama*. Roberts, M. (trans.). New York: Pantheon Books, 1976.
④ 刘瑾,罗慕士. 钻研中国文化 倾情翻译中国——《三国演义》英译者罗慕士访谈录. 东方翻译,2018(4):78.

看来,这项工作是极其重要且有意义的。在读书笔记中,毛泽东认为,"20世纪 50 年代,苏联模式在中国的运用取得了一定的成功;但与此同时,苏联模式所包含的一些特征和中国共产党所宣扬的理论与实际是对立的。既要借鉴苏联 40 年的发展经验,也不能脱离中国 30 年的发展历史,努力为中国寻求一条正确的发展道路"①。将这些第一手的材料翻译成英语,有助于让西方了解一个客观真实的当代中国,特别是毛泽东对苏联经济模式、对斯大林最后的政治声明的正确理解和认识。此书出版后,西方学界赞誉不断。琳·特金(Lynn Turgeon)认为"学习中苏关系的学生应该对罗慕士表示感谢"②。亚历山大·布林齐(Alexander Balinky)表示"此书翻译准确且易于阅读,对那些研究学习马克思主义哲学观、中苏社会或制度比较的学者来说值得一读"③。弗雷德·赫歇尔(Fred Herschede)则认为此书"为那些希望涉猎此领域的人提供了一个良好的起点"④。这些学界的评论无一例外的都对罗慕士译本在内容上的客观、准确表示了赞赏。应当说,该译本达到了罗慕士最初的翻译目的。

1979 年出版的《中国童话和神话故事》,是万神殿出版社"万神殿童话和民间故事丛书"中的一部。此前罗慕士所译介的《三国演义》选译本正是在万神殿出版社的邀请下出版的,这次的合作,万神殿出版社也是充满了期待。在该书的序言中,罗慕士介绍说,"该书中的童话、神话和寓言包含了凡人的普通生活、难以置信的鸟兽王国,以及鬼神的超自然世界。和西方神话故事一样,他们也是来源于中华文明的历史与形象"⑤。虽然罗

① 朱振武,等. 汉学家的中国文学英译历程. 上海:华东理工大学出版社,2017:159.

② Turgeon,L. *A Critique of Soviet Economics* by Mao Tsetung,Moss Roberts,Richard Levy and James Peck. *Journal of Economic Literature*,1978,4(4):1445.

③ Balinky,A. *A Critique of Soviet Economics* by Mao Tsetung and Moss Roberts. *Southern Economic Journal*,1978,45(2):637.

④ Herschede,H. *A Critique of Soviet Economics* by Mao Tsetung,Moss Roberts,Richard Levy and James Peck. *Slavic Review*,1980,39(1):132.

⑤ Roberts,M. Introduction. In Roberts,M. *Chinese Fairy Tales and Fantasies*. New York:Pantheon Books,1980:xv.

慕士并没有明确表示自己的翻译动机,但从序言中的表述,我们不难发现他希望借由此译著,让西方读者了解中国的志异文学与志异文化。《书目杂志》(*Booklist*)给予了此书非常高的评价,认为"这部译作中既有神仙也有凡人,这些让人着迷的神话和传说勾起了读者记忆中相似的神话故事,但却充满了中国气息……既能给读者以启发,又能让人获得阅读的快感"①。

真正全面、彻底反映罗慕士翻译观和文化立场的译作,当属 1991 年版《三国演义》全译本。如果说之前 1976 年版的选译本的翻译动机更加偏向于教学,那么,1991 年版的《三国演义》全译本,罗慕士的翻译动机就更加全面而立体。翻译出版《三国演义》全译本的最初计划来源于外文出版社。"20 世纪 80 年代初,正值中国改革开放伊始。在逐步打开大门,欢迎新事物的同时,中国也希望融入国际社会,让世界能够了解中国。……外文出版社希望向西方的读者传递中国的文化,让更多人了解中国的四大古典名著之一《三国演义》,并通过《三国演义》来了解中国。"②考虑到罗慕士 1976 年出版选译本后的积极反响,时任外文出版社副总编的罗良就发出邀请,希望罗慕士能够完成《三国演义》英文全译本的翻译工作。事实上,罗慕士本人也早有翻译全译本的动机,只是一直缺少一个契机。在 1991 年版的全译本的序言中,罗慕士就表示由于之前选译本"存在很多局限和错误,希望有朝一日能有机会进行全本的翻译工作"③。可见,弥补之前译本的遗憾,是罗慕士翻译全译本的第一个重要动机。

罗慕士翻译出版 1991 年全译本的第二个动机,是来源于学术研究上的需要。纵观罗慕士的教学、科研,以及翻译历程,我们可以发现,罗慕士

---

① 朱振武,等. 汉学家的中国文学英译历程. 上海:华东理工大学出版社,2017:160.

② 朱玉屏.《三国演义》两个翻译版本的比较(节选一). [2021-10-14]. http:// english. mofcom. gov. cn/sys/print. shtml? /translatorsgarden/xindetihui/ 200805/20080505518171.

③ Roberts, M. Acknowledgements. In Luo, G. Z. *Three Kingdoms*. Roberts, M. (trans.). Beijing: Foreign Language Press, 1991.

是非常重视学术研究的。他一直积极投身于各类学术组织及活动中。除了在纽约大学的正常教学工作之外,罗慕士还积极参加各类学术活动,加强学术交流。他是 Columbia University Seminars:Traditional China (哥伦比亚大学传统中国研讨会)、Early China Seminar(早期中国研讨会)、American Oriental Society(美国东方学会)、Association for Asian Studies(亚洲研究协会)等研讨会、协会的积极参与者,也是 *Bulletin of Concerned Asian Scholars*(《亚洲问题学者通报》),*Critical Asian Studies*(《亚洲研究批评》)等杂志的编委会成员。特别值得注意的是,罗慕士在很早就加入了 Columbia University Translation Center(哥伦比亚大学翻译中心),Northeast Group on Early Chinese Philosophy(早期中国哲学东北研究组),Northeast Group on Chinese Poetry(中国诗歌东北研究组),Warring States Working Group(战国工作组)等学术团体,虽然罗慕士并没有在 1991 年版的全译本中交代他译介全译本在学术研究上的动机,但不可否认的是,罗慕士在学术上的孜孜追求和他 1991 年版的《三国演义》全译本的译介联系紧密。朱玉屏就认为,"罗慕士希望利用在中国做交流学者研究《三国演义》的机会进一步加深学术上的造诣,翻译《三国演义》是学术研究的重要一步"①。贺显斌也认为,"全译本和节译本一样,在美国主要是为了满足汉学教学和研究需求"②。事实上,从 1991 年版的全译本的副文本中,我们也不难看出罗慕士在译介中的学术探索。后记、文末注释、主要人物介绍、重要事件年表、官职对照表等等,都对西方汉学的《三国演义》研究提供了重要的参照。特别是文末注释,足见罗慕士在学术研究上的翻译动机。以罗慕士翻译曹操临终前对女眷嘱咐时的文末注释为例。罗慕士对这一段描写进行了大量的考证。根据其文末注释的表述,罗慕士发现,无论是在《三国志·武帝纪》还是《魏书》中,都没有这段描写。在《三国志·武帝纪》中,有关曹操遗命的描述十分简单:"天下

---

① 朱玉屏.《三国演义》两个翻译版本的比较(节选一).[2021-10-14]. http://english. mofcom. gov. cn/sys/print. shtml? /translatorsgarden/xindetihui/200805/20080505518171.

② 贺显斌. 从《三国演义》英译本看副文本对作品形象的建构. 上海翻译,2017(6):46.

尚未安定,未得遵古也。葬毕,皆除服。其将兵屯戍者,皆不得离屯部。有司各率乃职。敛以时服,无藏金玉珍宝。"①在《三国志·武帝纪》所引《魏书》中,也仅称"预自制终亡衣服,四箧而已"②。可见,曹操在临终前,似乎并未对女眷有特殊的嘱咐与安排。罗慕士认为,这段对女眷的嘱咐描写事实上是"毛宗岗在《三国演义》毛本中添加的少量引人注目的事件之一"③。罗慕士在译后注中援引毛宗岗父子的话:"曹操对其女眷的嘱咐事无巨细,却只字未提汉朝王位,无非是希望后人相信其志不在篡汉,也好符合其周文王的自比。"④从文学译介的角度来看,罗慕士没有必要对这段文字做任何的历史考证和注解。他之所以如此详细的考证,正说明了他的译介包含着助力学术研究的目的。

毫无疑问,罗慕士译介《三国演义》全本的第三个重要动机,是客观传播中国文化。事实上,任何一个译者在译介中国作品时,都是带有传播中国文化的翻译动机的。不同的是,不同译者的文化立场不同,对中国文化的理解不同,因此所达到的译介和传播效果也不尽相同。罗慕士在译介时,希望让读者接触到最为客观、真实的中国文化。罗慕士认为,"在翻译中不可望文生义,对于中国文化应该追根溯源,并在翻译中解释清楚"⑤。《三国演义》的特点在于历史的跨度很长。故事发生在东汉末年,但小说的主要素材来源于元朝,最终成书修订又在明清。因此,中间会涉及很多不同的文化元素。罗慕士对这种中国文化内的差异十分敏感。在翻译"桃园结义"时,罗慕士就对祭天的"黑牛、白马"进行过解释。在文末注释中,罗慕士详细考证了"黑牛、白马"的文化属性,认为其可能并非源于汉

① 陈寿. 三国志. 北京:中华书局,1982:53.
② 陈寿. 三国志. 北京:中华书局,1982:54.
③ Roberts, M. Notes to Three Kingdoms. In Luo, G. Z. *Three Kingdoms*. Roberts, M. (trans.). Beijing:Foreign Language Press, 1991:1659.
④ Roberts, M. Notes to Three Kingdoms. In Luo, G. Z. *Three Kingdoms*. Roberts, M. (trans.). Beijing:Foreign Language Press, 1991:1660.
⑤ 刘瑾,罗慕士. 钻研中国文化 倾情翻译中国——《三国演义》英译者罗慕士访谈录. 东方翻译,2018(4):78.

民族,而是源于匈奴、戎、狄的蒙古文化。① 在接受刘瑾的采访时,罗慕士自己也提到了汉元文化差异在小说中的冲突:"《三国演义》中'操欲乱君臣之礼,使关公与二嫂共处一室',曹操要关公进入刘备夫人的卧室,因为古代风俗中哥哥去世的话,弟弟可以和他的妻子结婚。这是蒙古的风俗,是蒙古人对婚姻的文化解释,作者的意思是说,曹操的思想有一点蒙古人的文化,曹操代表'夷',是外来文化,而刘备代表'华',这是'华夷之分'。这些是罗贯中的思想,并不是当时的实际情况。"②应当说,这些对小说的文学性不存在太大的影响,西方读者在阅读时也未必关注这些,但罗慕士依旧对中国文化进行了细致分析和客观考证,有助于西方客观了解中国文化,其文化传播的翻译动机十分明显。

第四节　重视文本与底本的选择

罗慕士治学严谨,因此在翻译选择上,对所译作品的译前考察也十分缜密。从文本的选择,到底本的选择,罗慕士都十分认真。在《三国演义》的译介上,罗慕士既有过选译本译介的经历,也有过全译本译介的实践。对于这两本译作,罗慕士翻译选择的焦点各不相同,十分具有代表性。而从宏观层面考察罗慕士译介历程中的作品选择,我们也能够发现罗慕士翻译选择上的特质。分析考察罗慕士的翻译选择,对未来中国文化的对外译介大有裨益。

第一,在译介作品的选择上,罗慕士并不局限于传统文学作品,而是根据文化传播的需要,选择最为值得译介的作品。罗慕士一贯主张向西方呈现一个客观、真实的中国,特别是传递在某一时期西方最应当看到听到的中国。为了达到这一翻译目的,罗慕士在译介作品的选择上非常重视作品的现实价值,并关注中国文化传播的延续性。在《三国演义》的翻

① Roberts, M. Notes to Three Kingdoms. In Luo, G. Z. *Three Kingdoms*. Roberts, M. (trans.). Beijing: Foreign Language Press, 1991: 1560.

② 刘瑾,罗慕士. 钻研中国文化　倾情翻译中国——《三国演义》英译者罗慕士访谈录. 东方翻译,2018(4): 79.

译选择上,罗慕士表示他之所以选择《三国演义》,是因为"《红楼梦》《西游记》和《水浒传》都已经被翻译了好几次了"①。事实上也确实如此。从《三国演义》的译介情况来看,在罗慕士 1976 年版的选译本问世之前,影响最大的是邓罗的 1925 年版全译本。这个译本由于年代久远,且因为邓罗的公司职员身份,他的译介更像是一本普通的小说读物,虽然曾对三国文化起到过重要的传播作用,但随着时间的推移,已经逐渐被西方汉学界所淡忘。反观中国文学四大名著中的其他三部作品,《红楼梦》《水浒传》的海外接受程度高,影响广,《西游记》英文全译本虽然直到 1983 年才面世,但之前韦利的节译本《猴王》深入人心,影响深远。唯独《三国演义》,其影响更多覆盖东亚和东南亚,在西方读者和汉学界中的地位和影响似乎较小。虽然有些人认为《三国演义》在中国文学四大名著中的文学价值相对较弱,但在罗慕士看来,《三国演义》最重要的价值在于它文史结合,对任何一个时期的社会文化都有所映射,它"是一部关于帝国崩溃的小说,这部小说贯穿古今"②。可见,罗慕士在作品的选择上,非常重视作品的历史意义和现实价值。

罗慕士在翻译选择上关注文化传播的连续性,除了在《三国演义》的译介选择上体现得十分明显之外,在《道德经》译介中也有类似的考量。作为中国传统哲学典籍中的精品,《道德经》是被译介最多的中国典籍。根据辛红娟、高圣兵的研究梳理,从 1868 年到 2004 年,共有《道德经》英译本 117 个,其中不乏理雅各、韦利、刘殿爵等人所译的影响力很大的译本。③ 从《道德经》在西方的传播和接受来看,其已经远超其他中国典籍。但即使在这种情况下,罗慕士依然选择译介《道德经》,就是考虑到文化理解、文化传播、文化交流的延续性。在《道德经》译本的序言中,罗慕士表

---

① 刘瑾,罗慕士. 钻研中国文化　倾情翻译中国——《三国演义》英译者罗慕士访谈录. 东方翻译,2018(4):78.

② 刘瑾,罗慕士. 钻研中国文化　倾情翻译中国——《三国演义》英译者罗慕士访谈录. 东方翻译,2018(4):78.

③ 参阅:辛红娟,高圣兵. 追寻老子的踪迹——《道德经》英语译本的历时描述. 南京农业大学学报(社会科学版),2008(1):79-84.

示:"绝大多数(《道德经》)英译本都价值重大,但每部译本的价值有限。……即使在中国,不少解读《道德经》的文本也只是管中窥豹。所以每个译者在翻译《道德经》时都尽力完善作品中的意象并用新的语言来阐释老子精辟言论中的'道'家思想。到头来,我的译本也是在前人基础上的一种新的尝试,并且将成为未来他人译本的基础。不断涌现的《道德经》英译本更有助于我们理解这部作品。"①罗慕士的观点恰恰表达了复译的重要性。"从历史发展的角度看,不同时代的读者的接受意识是有所不同的,且随着地点、时间乃至文化、经济、政治环境的变化而变化,特别是对翻译作品的语言更有着时代的要求。"②《道德经》涉及文化意象、哲学思想,不仅增大了读者的理解难度,更对译者提出了更高的要求。显然,罗慕士的复译选择并不是为了简单的语言转化、文字修订,而是希望能够通过译介,对道家文化、道家思想进行自己新的阐释和解读,即扩大《道德经》在西方的传播和接受,又推进道家哲学思想乃至中国传统哲学思想在西方的研究。因此,罗慕士选择译介《道德经》,正是其学术视野、翻译观念的体现。

第二,在译介选译本或者文集时,罗慕士对录入文本的选择有着极其明确的挑选原则。在罗慕士的译介作品中,1976 年版的《三国演义》选译本和 1979 年版的 *Chinese Fairy Tales and Fantasies*(《中国童话和神话故事》),是罗慕士两部涉及具体作品选择的译作。在选择具体的译介文本时,罗慕士的标准十分明确。1976 年版的《三国演义》选译本,罗慕士一共选择了 45 个三国故事,除极个别故事(4 个故事)外,绝大部分的故事选取自一百二十回《三国演义》的第二十回至第八十五回。根据罗慕士自己的表述:"选译本囊括了大约超过一半的《三国演义》原著内容。但是,这些内容是部分选译,包括了很多总结、凝练和拼接。因此,文字总量大约占原著的四分之一。具体的回目包括:第一回、第二十回至第二十九回、第

---

① Roberts,M. Introduction. In Lao,Z. *Dao De Jing:The Book of the Way*. Roberts,M.(trans.). Oakland:University of California Press,2001:2.

② 许钧. 翻译论(修订本). 南京:译林出版社,2014:89.

三十四回至第四十四回、第四十六回至第五十二回、第六十回、第六十三回、第六十五回、第七十三回至第七十八回、第八十回至第八十一回、第八十三回至第八十五回、第九十五回、第一百零三回至第一百零四回。"①结合译本,我们发现,罗慕士所选择的《三国演义》第二十回至第八十五回,正是从刘备受衣带诏匡扶汉室开始,到刘备白帝城托孤为止,选译本是围绕刘备的主线展开的。罗慕士解释他之所以这样选择,是为了"将小说最为核心的史诗部分尽可能更有效率地介绍给读者"②。我们认为,罗慕士的这种选择,既考虑到了选译本字数、容量上的限制,又考虑到了所选内容对教学、文化传播的应有作用。在文本选择的立场上,罗慕士特别提到了该选译本的底本是"人民文学出版社 1972 年版的《三国演义》"③。这不仅仅反映了译者严肃严谨的学术素养,更重要的是,他提及底本,是因为人民文学出版社 1972 年版《三国演义》是以毛纶、毛宗岗父子批注的《毛宗岗评三国志演义》(以下简称毛本)为底本的。毛本的一个最大特征,就是完全地尊刘抑曹。虽然毛本的这种改动与历史事实并不完全相符,但考虑到毛本在中国读者中的广泛接受程度,罗慕士还是选译了这一底本,并特地在故事的选择上也以刘备为主线,足见其翻译选择上的谨慎。同时,罗慕士并没有完全摒弃曹操这一三国前期最为重要的人物,在选译本中重点译介了许田打围、煮酒论英雄、袁曹起兵、衣带诏事件、义释关羽、赤壁之战、曹操之死等故事,又恰恰印证了罗慕士在选译本中的选择依据——"既希望为不了解中国文化的西方读者呈现最为精华的戏剧叙事,也希望将小说中的生动生活作为一件艺术品展现出来"④。这样的文本选择依据既符合其汉学家的身份,也是他翻译动机的延续。

① Roberts, M. Introduction. In Lo, K. C. *Three Kingdoms*: *China's Epic Drama*. Roberts, M. (trans.). New York: Pantheon Books, 1976: xxiv-xxv.
② Roberts, M. Introduction. In Lo, K. C. *Three Kingdoms*: *China's Epic Drama*. Roberts, M. (trans.). New York: Pantheon Books, 1976: xxiv.
③ Roberts, M. Introduction. In Lo, K. C. *Three Kingdoms*: *China's Epic Drama*. Roberts, M. (trans.). New York: Pantheon Books, 1976: xxv.
④ Roberts, M. Introduction. In Lo, K. C. *Three Kingdoms*: *China's Epic Drama*. Roberts, M. (trans.). New York: Pantheon Books, 1976: xx.

与 1976 年版《三国演义》选译本不同,在《中国童话和神话故事》的故事选择上,罗慕士有更多的自由性和灵活性。在这部作品中,罗慕士从《聊斋志异》《庄子》《列子》《韩非子》等古籍中精选了 94 篇作品,分成"魔法故事""愚人故事""动物王国""女性与妻子""鬼怪与灵魂""法官与外交""儒家学院非官方史"等七个系列。在译作的序言中,罗慕士提到了译本中作品的选择标准,认为"选取的每一则故事都为自己发声,将人类的普通情感娓娓道来"①。在序言中,罗慕士谈及了译本中所涉及的儒家、道家哲学,孔子、老子、庄子、列子、蒲松龄等人的创作目的,以及故事所反映的社会主题与思想。② 通过序言的介绍和故事集中的作品选择,我们不难发现,罗慕士在对中国童话、神话故事的译介选择上,首先关注作品的历时性,其选择的故事从公元前 5 世纪一直到公元 18 世纪,向西方读者展现了比较全面的中国传统哲学思想与文学演变。其次,罗慕士关注社会主题,他所选择的作品,具有极强的哲学代表性。《洛杉矶时报》特别提到,该作品"反映了道家对儒家等级秩序的挑战,故事极具特色,极具收藏价值"③。可以说,同 1976 年版《三国演义》选译本一样,罗慕士对《中国童话和神话故事》的具体文本选择,是和他的文化立场、翻译动机高度一致的。

第三,罗慕士还十分关注作品底本的选择。他对底本的关注,一方面和他自身的学者身份相关,另一方面,也和他所面对的作品特质有很大关系。和早前很多汉学家不同,罗慕士除了从事翻译实践外,还潜心研究中国传统文化。他的译介和研究是相互交融,相互影响的。他不仅仅是一个译者,更是一个研究者。罗慕士对待翻译的态度,是饱含着学者的严谨和执着的。罗慕士积极参与各种学术活动、发表学术文章。他的研究涵

---

① Roberts, M. Introduction. In Roberts, M. *Chinese Fairy Tales and Fantasies*. New York: Pantheon Books, 1980: xx.

② 参阅:Roberts,M. Introduction. In Roberts,M. *Chinese Fairy Tales and Fantasies*. New York:Pantheon Books,1980:xv-xx.

③ Los Angeles Times. These tales. In Roberts, M. *Chinese Fairy Tales and Fantasies*. New York:Pantheon Books,1980:back cover.

盖中国哲学、中国文化,由于翻译《三国演义》的关系,罗慕士特别关注儒家、道家等传统哲学思想,因为这些思想在《三国演义》中有着非常重要的作用。1986 年,罗慕士就在《成都大学学报》上发表了《〈三国演义〉中的诸葛亮及孝道观念》一文,详细分析阐述了诸葛亮的孝道观念及其对刘备阵营的影响。① 1991 年 11 月,罗慕士还参加了在四川成都举办的"中国四川国际三国文化研讨会"。在该会议上,罗慕士带去了《孔明诵〈铜雀台赋〉为什么使周瑜那么激动》一文,"从四个方面阐释了《三国演义》中'诸葛亮智激周瑜'这一脍炙人口的情节,见解别具一格"②。这些研究,都和罗慕士的《三国演义》译介相辅相成。

如果说罗慕士的学者身份对《三国演义》全译本译介的成功功不可没,那么反过来,《三国演义》这部作品本身,则给了罗慕士一个充分展示其学术魅力的空间。通过 1991 年版的全译本,我们看到了罗慕士身上散发出的浓浓学者气息。和很多中国古典文学作品一样,《三国演义》的底本十分丰富。但区别于其他作品,《三国演义》不同底本之间的区别较为显著,这些区别不仅仅体现在叙事与情节上,更体现在价值观的传达、史学与文学侧重等更为深刻的层面上。例如,当代三国小说主要有两个版本,即人民文学出版社的 1972 年版《三国演义》和上海古籍出版社的 1980 年版《三国志通俗演义》。追本溯源,这两个版本的最大区别在于,前者是以毛本为底本,后者是以罗贯中的《二十四卷嘉靖壬午本:三国演义》(以下简称嘉靖本)为底本。这两个版本从人物到情节,差别非常大,因此,罗慕士英译本的底本选择就至关重要。在底本的选择上,无论是 1976 年版的选译本,还是 1991 年版的全译本,罗慕士都选择了人民文学出版社1972 年版的《三国演义》。关于这个底本,人民文学出版社编辑部认为"底本虽采用同行的毛本,但仍须进行必要的校订工作"③。而在整理校订底

---

① 参阅:罗慕士.《三国演义》中的诸葛亮及孝道观念. 成都大学学报(社会科学版).
 1986(3):68-69.
② 孟彦. 国际三国文化研讨会综述. 社会科学研究,1992(1):114.
③ 人民文学出版社编辑部. 关于本书的整理情况//罗贯中. 三国演义. 北京:人民
 文学出版社,1973:1.

本时,"主要参照明嘉靖壬午(一五二二)序刊本",目的是"希望整理过的毛本能成为错误较少、更利于阅读的一个通行本"①。毛本《三国演义》的优点在于语言优美,文学价值高,但缺点是和正史差别较大。罗慕士从读者接受的角度出发,选择以毛本为底本的 1972 年人民文学出版社《三国演义》为英文全译本的翻译底本,主要因为他"想把这部作品在中国一直以来最为读者所熟知的形态呈现给读者"②。罗慕士对《三国演义》全译本底本的选择,充分考虑到了中西三国读者的相互交流。对中国读者来说,毛本三国的故事和人物形象是他们最为熟悉的,虽然和正史有一定的差距,但对大部分中国读者来说,这正是演义的魅力。因此,考虑到读者的相互交流,罗慕士选择让西方读者也感受到"演义"的魅力。这是他底本选择的最重要考量。与此同时,罗慕士的学者身份以及他希望呈现最完美、客观译本的初衷,驱使他为译文做了大量的解释和补充工作,参考及注释了如嘉靖本《三国志通俗演义》,以及《三国志》《资治通鉴》《后汉书》《三国志平话》等大量的相关史料。这种翻译选择,将七分事实三分虚构的三国文化展现得淋漓尽致,极大促进了三国文化在西方世界的传播与接受。

　　罗慕士的翻译选择,充分展现了他的学者风采。从译介作品的选择、到选译、编译本中素材的选择,再到作品底本的选择,无一不体现出罗慕士的"学术性"特质,也和他的翻译忠实观、文化立场高度统一。无论是《三国演义》的两个译本,还是《批判苏联经济学》《中国童话和神话故事》的编译,抑或是《道德经》,罗慕士的每一个译作一经面世,都会引起巨大的反响,特别是会引起学界的高度关注。这都和罗慕士的翻译选择密不可分。客观地说,罗慕士的翻译选择深受他翻译观、文化立场和译者身份的影响,而这种翻译选择,也影响着他的译介方式。

---

① 人民文学出版社编辑部. 关于本书的整理情况//罗贯中. 三国演义. 北京:人民文学出版社,1973:1.

② Roberts, M. Afterword:About Three Kingdoms. In Luo, G. Z. *Three Kingdoms*. Roberts, M. (trans.). Beijing:Foreign Language Press, 1991:1463.

第五节　学术译介的典范

在罗慕士的译介作品中,《三国演义》无疑是最为成功也最具代表性的。罗慕士的译介特征在《三国演义》的两个译本中体现得淋漓尽致。特别是 1991 年版的全译本,在安德鲁·韦斯特(Andrew C. West)看来,这部作品是"一丝不苟的学术译介典范"①。郭昱、罗选民也称赞"1991 年版的全译本的各个细节尤其体现出学术研究的痕迹"②。从整体来看,罗慕士的译介呈现出学术性的特征。从译介的过程来看,其学术性特征贯穿于译前、译中、译后三个阶段。

在译前阶段,罗慕士十分重视对原作的研读。在罗慕士看来,译者不仅要了解、熟悉即将译介的作品,还应当深入作品背后,对作者及其写作背景、写作目的、语言风格等各个方面都有深刻的理解,方能将作品译得忠实、译得传神。《三国演义》不仅仅语言优美,其内涵还极为丰富,涉及历史、军事、社会、政治、哲学等方方面面,因此,对译者的要求非常高。在罗慕士看来,译者必须"在翻译之前熟读'过去'的文学。只有了解了中国的历史与经典文学的背景,才能更好地解读《三国演义》"③。对一部作品的译介,不能单从静态的视角去看文字,而要将其置于历史的语境中,才会对作品有更丰富、更深层次的理解。了解中国传统哲学,才会真正理解《三国演义》中的人物形象、人物性格,翻译时才能融会贯通。罗慕士说:"我已经学过中国的古典文学,并且大量阅读了中国文学作品。如《孟子》,读懂了这本书,才可以真正了解刘备的性格。读透《道德经》,才能明

① West,A. C. *Three Kingdoms*:*A Historical Novel* by Luo Guanzhong 羅貫中 and Moss Roberts. *Chinese Literature*:*Essays*,*Articles*,*Reviews*(CLEAR),1995,17:158.
② 郭昱,罗选民. 学术性翻译的典范——《三国演义》罗慕士译本的诞生与接受. 外语学刊,2015(1):102.
③ 刘瑾,罗慕士. 钻研中国文化　倾情翻译中国——《三国演义》英译者罗慕士访谈录. 东方翻译,2018(4):78.

白孔明的性格,学习'道家'与'儒家'知识为了解孔明的性格奠定了基础,因为孔明在《三国演义》中开始是以一名道士的身份出现,然后才是忠诚于刘备的儒家军师形象。还要熟读各种相关的历史书籍,我专门学习了史书《三国志》,因为《三国演义》是在《三国志》基础上改编的文学,《三国志》是一千多年后《三国演义》的'底本'。只有这样,才能打好翻译基础,保证翻译质量,做到严谨。"①在罗慕士看来,《三国演义》并不是一部独立于中国文学史的作品,反之,它和中国历史上很多其他的著作关系紧密。要想翻译好《三国演义》,就必须对它有透彻的理解。而理解的一个重要方面,就是要把与之相关的《孟子》《道德经》《三国志》甚至《元曲》都去阅读了解一番。翻译行为始于理解。如果译者对作品理解得不透彻,就难以翻译好。草婴曾说过:"翻译家在翻译之前首先要认真阅读原著,同时考虑两点:第一,这部作品是不是值得翻译;第二,这部作品是不是适合我翻译。在决定翻译之后,就应反复阅读原著,使作品里的形象渐渐在译者头脑里浮现出来,同时培养对其中人物的感情。"②罗慕士对《三国演义》是充满着感情的,他的学术研究大多围绕《三国演义》、围绕中国传统文化与哲学展开。因此,罗慕士也许是最为适合翻译《三国演义》的当代汉学家了。除了与《三国演义》相关的中国传统文学与哲学外,罗慕士认为,"熟读《元曲》等相关戏剧性文学也很必要,明朝罗贯中在写《三国演义》的故事素材时,引用了大量的元曲故事"③。江枫曾说过:"翻译作为一个过程,第一步当然是对原作的理解,而且必须力求甚解。但不是每首诗都能一读便解和甚解的,即便是读中国诗也有一个逐步理解和由浅入深的过程,因此译者译诗首先应该尽可能全面地了解诗人,了解他的思想,了解他的

① 刘瑾,罗慕士. 钻研中国文化 倾情翻译中国——《三国演义》英译者罗慕士访谈录. 东方翻译,2018(4):78.
② 草婴,许钧. "老老实实做人,认认真真翻译"//许钧,等. 文学翻译的理论与实践——翻译对话录(增订本).南京:译林出版社,2010:143.
③ 刘瑾,罗慕士. 钻研中国文化 倾情翻译中国——《三国演义》英译者罗慕士访谈录. 东方翻译,2018(4):78.

审美价值观。"①罗慕士多年的戏剧教学对他翻译《三国演义》起到了很大的帮助,而1976年版的选译本,也为1991年版的全译本的问世奠定了基础。应当说,罗慕士译介的学术性特征,与他的学者身份密不可分,而他的学者身份,也一定程度上成就了他的成功译介。吕同六先生说过:"翻译的过程,实际上也是研究的过程。在翻译中,你整个身心和全部情感都融合到作家笔下的艺术世界里,融合到人物的内心世界里去了,体验着主人公们最隐秘的、最微妙的思想、情感的脉动,你就能真切地、深层次地领悟到一般阅读难以领悟到的东西,就能充实与深化你对作家、作品的认识与研究。"②罗慕士译介《三国演义》,正印证了吕同六的阐释。翻译实践与翻译研究是密不可分的。

在译中阶段,罗慕士更是将其学术性的译介特征发挥得淋漓尽致。罗慕士自己认为他"用的是归化策略,翻译应该用自然流畅的英语"③,从《三国演义》的全译本来看,罗慕士的归化风格是较为明显的。虽然罗慕士十分关注中国传统文化的传播与接受,但在译介语言上,他还是从英语读者的角度出发,增强文本的阅读性。归化的翻译策略和罗慕士的文化立场与翻译目的并不冲突,从本质上看,异化的翻译策略虽然有助于原语语言文化在目的语国家的传播,但往往会由于文化的差异,加大了目的语读者的阅读困难。所以,往往在译作的读者接受上,异化的作品逊于归化的作品。在罗慕士看来,《三国演义》的传播意义并不在于向读者展现罗贯中的语言风格,而是要传递《三国演义》中丰富的中国传统文化和厚重的历史底蕴。因此,罗慕士不希望在语言上给读者制造阅读的障碍。不过,虽然罗慕士在语言风格上倾向于归化,但是在文本意义上,罗慕士是极度忠实于原文的。罗慕士说:"对于不熟悉的汉字,我会用《现代大辞

---

① 江枫,许钧. 形神兼备:诗歌翻译的一种追求//许钧,等. 文学翻译的理论与实践——翻译对话录(增订本).南京:译林出版社,2010:98-99.

② 吕同六,许钧."尽可能多地保持原作的艺术风貌"//许钧,等. 文学翻译的理论与实践——翻译对话录(增订本).南京:译林出版社,2010:75.

③ 刘瑾,罗慕士. 钻研中国文化 倾情翻译中国——《三国演义》英译者罗慕士访谈录. 东方翻译,2018(4):78.

典》查阅。翻译主要在于根据语境看一个词语的意思,判断意思要看上下文。没有上下文,无法读懂这个字的意思,有时需要查阅多种词典。"①罗慕士希望用西方读者更容易接受的英语表达方式,去展现《三国演义》的异域文化。

度量衡是跨文化翻译中的一个难点。因地域、国情的不同,每个国家的度量衡会有差异。在《三国演义》的译介中,关于长度的翻译就涉及度量衡的转换。《三国演义》成书年代为明清,故事所发生的年代又为东汉,因此,长度单位非常复杂。为了使西方读者既能够对演义中的人物身高、物体长度、距离远近有一个直观的认识,又能了解到东西方的度量衡差异,罗慕士是下了一番功夫的。《三国演义》第一次出现长度单位,是在第一回描述东汉末年的各种异象。"六月朔,黑气十余丈,飞入温德殿中。"②在1991年版的全译本中,罗慕士将此句译为"And on the first day for the sixth month a murky cloud more than one hundred spans in length floated into the Great Hall of Benign Virtue"③。虽然此处"朔""温德殿"的翻译也很有特点,但我们暂时先将焦点放在长度单位"丈"的翻译上。首先,罗慕士在此处并没有直接翻译"丈",而是进行了单位转换。一丈为十尺,所以"十余丈"就是"百余尺"。其次,罗慕士使用"span"来表示"尺"的概念,"span"虽然没有"一尺"的含义,但尺本身也是一个长度的概念,对美国人来说,重要的不在于单位是什么,而是能否有一个具体的长度认知。为了避免概念上的复杂化,罗慕士在正文中尽量统一单位,这样既有助于读者有一个直观的认识,也不会影响读者的阅读体验。最后,在文末的注释中,罗慕士对汉代的长度单位、转换标准进行了解释:"一尺略

① 刘瑾,罗慕士. 钻研中国文化 倾情翻译中国——《三国演义》英译者罗慕士访谈录. 东方翻译,2018(4):78.
② 罗贯中. 三国演义. 北京:人民文学出版社,1973:2.
③ Luo,G. Z. *Three Kingdoms*. Roberts,M.(trans.). Beijing:Foreign Language Press,1991:6.

短于 10 英寸。六尺为一步,三百步为一里。一里大约三分之一英里。"①
罗慕士的这个注释直观清晰,不仅让西方普通读者有了直观的概念,也为
有意研究的学者提供了帮助。再回到句子中极具中国文化特色的"朔"和
"温德殿","the first day"和"the Great Hall of Benign Virtue"的翻译从
方法来看,前者是意译,后者是直译,虽然翻译方法不同,但罗慕士的目的
很明显都是为了减少文化差异所带来的阅读困难,虽然"朔"和"温德殿"
有更加深刻的文化属性,但在其所在文本的现有语境中,并没有深挖其文
化特征的必要。因此,罗慕士看似轻描淡写的译文,实际是经过细致考量
的最佳译介方式。

　　罗慕士学术性译介特征在译中阶段的另一个重要体现就是丰富的译
者注。罗慕士认为:"在翻译中不可望文生义,对于中国文化应该追根溯
源,并在翻译中解释清楚。如果脚注还是不能解决翻译的问题,我会选择
解释的方式来翻译。"②事实上,在 1976 年版的《三国演义》选译本中,罗慕
士并没有使用大量的译者注,仅在每个故事中间穿插了一些介绍,用于衔
接情节。但在 1991 年版的全译本中,这个情况发生了根本性的变化。罗
慕士详细标注了 142 页的文末注释,对整部书进行了充分的文化阐释。
人民文学出版社 1972 年版的《三国演义》,也采取了脚注的方式,但绝大
部分的脚注都是对语意的解释。罗慕士的全译本更多是对故事情节、历
史事实等进行文化性的阐释,语言问题基本上都在文内解决了。罗慕士
的文末注释极具特色,他不吝惜篇幅,对于他认为非常重要,但正文中并
没有说清楚的问题,他都会在文末注释中进行详细的解释。例如,在第四
十回中,孔融因为反对曹操南征刘备刘表而被杀。对于这一事件,罗慕士
在文末注释中用了一页多的篇幅,详细阐释了事件的来龙去脉、各家说

①　Roberts, M. Notes to Three Kingdoms. In Luo, G. Z. *Three Kingdoms*.
　　Roberts, M. (trans.). Beijing: Foreign Language Press, 1991: 1558.

②　刘瑾,罗慕士. 钻研中国文化　倾情翻译中国——《三国演义》英译者罗慕士访谈
　　录. 东方翻译,2018(4): 78.

法,以及孔融与曹操之间的关系。① 从情节的发展来看,这一事件似乎并不十分重要,所占篇幅也不多,但罗慕士却花了大量篇幅进行考证阐释,我们认为,这和孔融的独特身份或有关系。孔融作为孔子的二十世孙、建安七子之一,具有较高的文学地位。诸如"小时了了""孔融让梨""忘年之交""覆巢之下安有完卵"等典故广为人知。特别是《后汉书》中所记载的"覆巢之下安有完卵",更是被各版本的《三国演义》所收录。因此,对于这样一个具有重要文学地位的孔子后代,罗慕士还是很希望多用些笔墨的。虽然正文中对此事件的描述篇幅不多,但在字里行间隐含着孔融的性格特征,孔融与曹操的关系,孔融、荀彧等人的政治倾向等各种信息。在注释中进一步阐释,不仅有助于读者形成对孔融的正确认识,也可为汉学研究者的研究提供史料上的帮助。

　　1991 年版的全译本的文末注释不仅数量多,而且类型丰富。如果将罗慕士的文末注释进行分类,大概可以看出有六种类型。第一,对中国特殊文化符号的解析。除了上文我们曾经分析过的长度单位,罗慕士在第一回的注释中还解释了"斤""两"的概念及换算方式。② 第二,对中国地理信息的解释。例如第二十八回中对荆州地理信息的注解③,以及第二十九回中对庐江的地理位置进行的考证和解析。④ 第三,对相关历史事件的回顾和综述。例如第二十一回中对"鸿门"的历史回顾⑤,以及第二十六回对羊角哀与左伯桃典故的介绍。⑥ 第四,对故事情节发展的交代。例如第十

---

① 参阅:Roberts,M. Notes to Three Kingdoms. In Luo,G. Z. *Three Kingdoms*. Roberts,M. (trans.). Beijing:Foreign Language Press,1991:1613-1614.

② 参阅:Roberts,M. Notes to Three Kingdoms. In Luo,G. Z. *Three Kingdoms*. Roberts,M. (trans.). Beijing:Foreign Language Press,1991:1561.

③ 参阅:Roberts,M. Notes to Three Kingdoms. In Luo,G. Z. *Three Kingdoms*. Roberts,M. (trans.). Beijing:Foreign Language Press,1991:1596.

④ 参阅:Roberts,M. Notes to Three Kingdoms. In Luo,G. Z. *Three Kingdoms*. Roberts,M. (trans.). Beijing:Foreign Language Press,1991:1598.

⑤ 参阅:Roberts,M. Notes to Three Kingdoms. In Luo,G. Z. *Three Kingdoms*. Roberts,M. (trans.). Beijing:Foreign Language Press,1991:1585.

⑥ 参阅:Roberts,M. Notes to Three Kingdoms. In Luo,G. Z. *Three Kingdoms*. Roberts,M. (trans.). Beijing:Foreign Language Press,1991:1594-1595.

三回,董承第一次出场时,罗慕士就解释其将在第二十回中成为非常重要的角色。① 同样,当张辽的名字在第十八回第一次出现时,罗慕士就加注"张辽将是一个非常重要的角色"②。第五,罗慕士会引用毛纶、毛宗岗父子的批注,进一步对故事情节进行阐释。由于罗慕士所译1991年版全译本的底本是毛本,所以这类情况在文末注释中十分常见。第六,也是1991年版全译本中最为重要的注释类型,就是在注释中呈现不同的三国故事版本、历史情况对此情节的呈现。在这类注释中,罗贯中主要参考《三国志》《后汉书》《三国志通俗演义》《三国志平话》《资治通鉴》等历史、文学文献,给读者展现正文所述情节在不同文本中的情况。特别是《三国志》和《三国志通俗演义》,是罗慕士参考最多的两个文本,前者是正史记载,而后者则是除毛本外最重要的三国文本。以上六种注释类型角度各不相同,但目的都是希望能够帮助读者了解故事情节、历史真相,以及传统中国哲学与中国文化。对罗慕士而言,这样的注释和考证工作量巨大,但却意义非凡,既为三国研究留下了宝贵的资料文献,也彰显了罗慕士译介的学术性特征。

罗慕士学术性的译介特征,还体现在他主观性的改写与阐释上。这种改写与阐释并不源自于罗慕士自己的凭空创造,而是基于他对三国历史的研究,对毛本"尊刘抑曹"极端化的一种主观性纠正。特别是在曹操形象的刻画上,罗慕士的主观性改写体现得较为明显。在曹操的出场形象中,罗贯中用了"身长七尺"来形容曹操的身高。对于这"七尺"身高,罗慕士采取了意译的手法,翻译成"tall"。罗慕士将"七尺"理解为高,那么,"七尺"身材是否真的是高个子呢? 虽无史料查证罗贯中《三国演义》中的度制依据,但从他描述刘备"生得身长七尺五寸"③与陈寿《三国志》中刘备

---

① 参阅:Roberts,M. Notes to Three Kingdoms. In Luo, G. Z. *Three Kingdoms*. Roberts,M.(trans.). Beijing:Foreign Language Press, 1991:1574.

② Roberts,M. Notes to Three Kingdoms. In Luo, G. Z. *Three Kingdoms*. Roberts,M.(trans.). Beijing:Foreign Language Press, 1991:1581.

③ 罗贯中. 三国演义. 北京:人民文学出版社,1973:4.

的"身长七尺五寸"①一致,大可以断定其在撰写《三国演义》时,采用的度制应和陈寿在《三国志》中采用的度制相同,肯定不会是其所处元明时期的明尺。但遗憾的是,我们无从考证陈寿《三国志》中所采用的度制是汉尺还是三国尺,因此,曹操"七尺"究竟多高,也很难考证。不过,无论是汉尺的 0.231 米还是三国尺的 0.242 米,均不难发现,曹操的"七尺"身高大约介乎 1.617 米和 1.694 米之间,即便不以现代人的身高标准,单和《三国演义》中其他人物身高相比,也绝算不上高。从这个意义上说,罗慕士的译文绝对称不上准确。罗慕士译本所根据的原本是 1973 年版的毛本《三国演义》。但在陈寿所著的《三国志》,以及裴松之的《三国志注》中,均并未提及曹操的身高。纵观史书,只有东晋孙盛的《魏氏春秋》描写过曹操的身材。《魏氏春秋》现已遗失,我们在《太平御览》中找到了其引用《魏氏春秋》描写曹操身材的语句:"魏氏春秋曰魏武王姿貌短小神明英彻。"②可见,即便曹操聪颖过人,但身材从来算不上高大。在南宋以前,虽有习凿齿《汉晋春秋》以蜀汉为正统的特例,但曹魏基本上还是以正统形象出现在史书中的。即便在明朱熹《资治通鉴纲目》后,蜀汉正统的声音逐渐增多,"尊刘抑曹"愈发明显,但在罗贯中的《三国志通俗演义》中,曹操还是以英雄形象示人。罗慕士也特意在此段末尾加注,指出在《三国志通俗演义》中,曹操是被称为"好英雄"而非"将"③。因此,罗慕士在此处用"tall"描述曹操"七尺"身高,应当是受到了曹操正史形象的影响,而这种影响的来源,正是他汉学家和教师身份所赋予他的研究精神。

罗慕士对曹操形象的主观改写还体现在对曹操行为的改写上。在第十七回,描写曹操冤杀仓官王垕时,罗慕士将曹操"早呼刀斧手"的这一举动翻译成刀斧手自己的主动行为"the executioners were already pushing

① 陈寿. 三国志. 北京:中华书局,1982:871.
② 李昉. 太平御览. 北京:中华书局,1960:1744.
③ Roberts, M. Notes to Three Kingdoms. In Luo, G. Z. *Three Kingdoms*. Roberts, M. (trans.). Beijing:Foreign Language Press,1991:1561.

him out"①，这和原著是有出入的。和原著相比，罗慕士显然有意淡化了曹操的残暴形象。而在对此事件的注释中，罗慕士自己也并未对此事件进行评价，只是备注了毛氏父子的批注："曹操向王垕借头。可是头如何能借？又何时能还？曹操一直都在向别人借东西……"②罗慕士在此处对曹操残暴形象的淡化，显然还是为了纠正毛本中"尊刘抑曹"极端思想所带来的对曹操形象的丑化，这有助于西方读者客观了解文学作品中和历史上曹操形象的差异，是罗慕士译介的又一次积极改写。

罗慕士的学术性译介特征贯穿于他翻译的整个过程。在被问及是否对自己的《三国演义》译本满意时，他表示"从来不会觉得满意"③。翻译的过程本身就是一个不断完善的过程，并不会存在什么完美的理想译本。例如在谈及《三国演义》中的诗词翻译时，他就表示，"要学会编辑，成为一个编辑专家、编辑高手，不断地修改自己的译文。我有时候一页要改十几次，然后才能翻译得差不多满意"④。同样，译作的出版问世也并不意味着翻译过程的终结。从 1976 年版的选译本，到 1991 年版的全译本，数十年间，罗慕士一直都在不断完善着他的翻译。即便在 1991 年版的全译本出版后，他还正视自己全译本的不足，考虑到全译本在学生课堂使用上的缺陷，在全译本的基础上，于 1999 年推出了缩译本。迈克尔·希梅芬尼（Michael Schimmelpfennig）就称赞"这一袖珍书大小的新版本既引人入胜，又物美价廉，而其中所选择的内容让读者阅读之后有再看全译本的冲动"⑤。

———————————————

① Luo，G. Z. *Three Kingdoms*. Roberts，M. (trans.). Beijing：Foreign Language Press，1991：216.

② Roberts，M. Notes to Three Kingdoms. In Luo，G. Z. *Three Kingdoms*. Roberts，M. (trans.). Beijing：Foreign Language Press，1991：1580.

③ 刘瑾，罗慕士. 钻研中国文化　倾情翻译中国——《三国演义》英译者罗慕士访谈录. 东方翻译，2018(4)：79.

④ 刘瑾，罗慕士. 钻研中国文化　倾情翻译中国——《三国演义》英译者罗慕士访谈录. 东方翻译，2018(4)：80.

⑤ Schimmelpfennig，M. *Three Kingdoms：A Historical Novel*. Abridged edition by Luo Guanzhong and Moss Roberts. *China Review International*，2001，8(1)：217.

　　有别于早期译介中国文学典籍的翻译家,罗慕士极具学术性的翻译显然和他的翻译观、文化立场、翻译目的有着直接的关系,更为重要的是,罗慕士多年的教学研究经历,也对他的译介产生了重要的影响。从译前,到译中,再到译后,罗慕士的学术性译介特征贯穿了整个翻译过程始终,对中国传统文化在西方的传播帮助颇多。

第五章 沙博理英译研究

　　1915 年 12 月 23 日,沙博理(Sidney Shapiro)出生在美国纽约布鲁克林的一个犹太家庭。[①]沙博理的父亲是一名律师,母亲是一名全职太太,他还有一个妹妹。

　　1928 年,沙博理从第 197 小学毕业后,进入詹姆斯·麦迪逊中学学习。1935 年中学毕业后,因为没有合适的工作,沙博理便在纽约的圣约翰大学法学院念预科。1937 年,沙博理从圣约翰大学法学院毕业,随即在纽约摩西·辛格律师事务所工作。之后他从该律所辞职,加入了父亲的律所,直到 1941 年。

　　1941 年,在律所工作了四年的沙博理对律师的工作逐渐厌倦,并深恶其中打着公正旗号的黑暗交易。由于正逢第二次世界大战,沙博理便辞去工作,参军入伍。

　　入伍后的沙博理成为一名高射炮炮兵。由于时局的需要,美国决定培养一批军人学习他国语言和文化。沙博理因此申请"陆军特训班"(Army Special Training Program,简称 ASTP),希望能够学习法语。但由于学习法语的人数太多,因此他被分配到康奈尔大学学习汉语。这段汉语学习的经历对沙博理的影响很大,他开始对中国、中国文学、中国文化产生兴趣。

---

①　本部分关于沙博理的生平,内容多参阅:刘瑾. 翻译家沙博理研究. 武汉:华中师范大学博士学位论文,2016:16-19;任东升,马婷. 沙博理//方梦之,庄智象. 中国翻译家研究(当代卷). 上海:上海外语教育出版社,2017:599-628. 在此一并表示感谢!

1946 年年底,沙博理退伍转业,回到纽约。他的父亲在二战期间去世,本应替父亲打理律所的沙博理,由于对律所毫无兴趣,因此他决定利用军人退伍后可以享受公费上大学的福利,前往哥伦比亚大学继续学习中文。沙博理在哥伦比亚大学学习了两个学期,后转到耶鲁大学又学习了一个学期的中文和中国历史文化。在学习期间,他结识了很多来自中国的同学。这些同学纷纷建议沙博理前往中国。于是,1947 年 3 月,沙博理从纽约前往中国上海。

1947 年 4 月 1 日,也就是沙博理来到上海的第二天,他就遇到了戏剧家凤子。沙博理说:"正好她也想学习英文,我们开始互相帮助学习语言。后来,通过跟凤子的接触,知道她在从事地下工作。虽没学习过马列主义,可我有正义感……"①为了解决自己的生活问题,沙博理便在 H. D. 罗杰斯位于上海外滩建设大厦的律师事务所工作。沙博理的工作对凤子帮助很大。当时,凤子正在创办《人世间》杂志,不仅需要资金上的支持,也需要一个办公地点。1948 年,沙博理开办了自己的律师事务所,为了支持凤子和中国共产党的活动,他把自己的事务所作为了活动的地点。

1948 年 5 月 16 日,沙博理和凤子在上海的美国领事馆登记结婚。关于这场婚礼,还有很多有趣的事情。在沙博理看来,他和凤子的登记结婚,还要"感谢"冯亦代的"帮助"。沙博理回忆道,"我们年轻的时候经常在一起,在我跟凤子开始讨论结婚还没正式确定的时候,那家伙就写了一篇文章,卖给了《大公报》(结婚的消息),卖了五块钱,害得我们完全被动了,被逼着开了一个 Party,结婚了"②。沙博理还回忆起当时凤子父亲对他的"考验":"在上世纪 40 年代跟一个外国人结婚,太稀奇了。那时她的老父亲还健在,为了结婚,她专程回老家向其汇报。她父亲是个封建的老

① 旺达. 沙博理美国大兵的中国人生. (2005-05-30)[2021-10-13]. http://news. sina.com.cn/c/2005-05-30/11516790291.shtml.

② 旺达. 沙博理美国大兵的中国人生. (2005-05-30)[2021-10-13]. http://news. sina.com.cn/c/2005-05-30/11516790291.shtml.

学究,写古诗的,听了我的介绍,觉得我这个人还不错,就同意了。"①

沙博理与凤子结婚后不久,由于凤子上了国民党的黑名单,两人便于1948年年底,从上海前往当时的北平。1949年10月1日,沙博理受邀参加了中华人民共和国开国大典。中华人民共和国成立后,凤子担任《北京文艺》的编辑,但沙博理一直未能找到合适的工作。在这期间,沙博理读到了袁静、孔厥合著的《新儿女英雄传》,很感兴趣,便着手翻译,开始了自己的翻译生涯。1952年,沙博理翻译的 *Daughters and Sons*(《新儿女英雄传》)由美国自由图书出版社出版,在美国引起了巨大的轰动。

1951年,经朋友推荐,对外文化联络局聘请沙博理前往工作。至此,沙博理彻底结束了他的律师生涯,开始了长达60多年的翻译事业。同年10月,他和叶君健、杨宪益、戴乃迭一起,开始创办 *Chinese Literature*(英文版《中国文学》)。1953年,沙博理开始在中国外文局工作。"从1951年到1966年,共有111部文学作品的124篇署名沙博理或匿名的译文刊登在《中国文学》上,共计3237页。"② *Rhymes of Li Yu-tsai and Other Stories*(《李有才板话及其他》)、*It Happened at Willow Castle*(《柳堡的故事》)、*Wall of Bronze*(《铜墙铁壁》)、*The Plains are Ablaze*(《平原烈火》)、*Living Hell*(《活人塘》)、*Daughters and Sons*(《新儿女英雄传》)、*Spring Silkworms and Other Stories*(《春蚕集》)、*Village Sketches*(《农村散记》)、*Defend Yanan!*(《保卫延安》)、*The Family*(《家》)、Annals of a Provincial Town(《小城春秋》)、*Tracks in the Snowy Forest*(《林海雪原》),以及 *Builders of a New Life*(《创业史》)都是这一时期的译作。

1963年,因为思念沙博理,沙博理的母亲经香港前往北京,看望沙博理和凤子。沙博理回忆起母亲来中国的经历:"我跟凤子睡在地上,她一到家就跟凤子非常好,跟我的女儿很亲。同事们听说我妈来了,全都到家里来看她。尽管她一直希望我能回美国,但看到我在中国生活得这么快

---

① 旺达. 沙博理美国大兵的中国人生. (2005-05-30)[2021-10-13]. http://news.sina.com.cn/c/2005-05-30/11516790291.shtml.

② 江昊杰. 西德尼·沙博理译者行为探究:制度化翻译视角. 青岛:中国海洋大学硕士学位论文,2014:34.

乐,还是提议我加入中国国籍。"①事实上,沙博理原本并没有准备一直留在中国。但由于中美关系的不断紧张,沙博理也害怕回到美国后无法再前往中国,于是,在母亲返回美国之后,便提出了入籍申请,经周恩来总理亲自批示,沙博理如愿以偿加入了中国国籍。

1969 年,根据时局和推广四大文学名著的需要,中国外文局希望沙博理能够承担翻译《水浒传》的任务。在叶君健、汤博文的帮助下,沙博理开始翻译《水浒传》。经过长达 11 年的辛苦翻译,*Outlaws of the Marsh*(《水浒传》)终于由外文出版社出版。

1972 年,沙博理转入中国外文局的《中国画报》杂志社,继续从事汉译英的翻译工作。1979 年,新世界出版社出版了沙博理的自传 *An American in China*,并在 1984 年由程应瑞翻译为《一个美国人在中国》,由三联书店出版。1982 年,67 岁的沙博理从中国外文局退休。退休后的沙博理当选为全国政协委员,分配在全国政协新闻出版委员会,连任七届。

退休后的沙博理除了参加政协的工作之外,还继续着自己的翻译与创作。特别是 2002 年出版的 *Deng Xiaoping and the "Cultural Revolution"— A Daughter Recalls the Critical Years*(《我的父亲邓小平:"文革"岁月》),由邓小平的女儿邓榕指定沙博理翻译,成为沙博理退休之后最重要的一部译著。

2014 年 10 月 18 日,沙博理在北京家中去世,享年 98 岁。

沙博理一生译著总字数近一千万字,对中国文化的对外传播起到了重要的推动作用。1995 年,沙博理埋获中华全国文学基金会、中国作家协会中外文学交流委员会颁发的"彩虹翻译奖"。2009 年 9 月,被中国外文出版发行事业局授予"国际传播终身荣誉奖"。2010 年 12 月,中国翻译协会授予沙博理"翻译文化终身成就奖"。2011 年 4 月,沙博理获凤凰卫视联合海内外十多家华文媒体及机构评选的"影响世界华人终身成就奖"。

---

① 旺达. 沙博理美国大兵的中国人生. (2005-05-30)[2021-10-13]. http://news. sina.com.cn/c/2005-05-30/11516790291.shtml.

2014 年 8 月,获第八届"中华图书特殊贡献奖"。

第一节 "信、达、雅"的新阐释:沙博理的翻译忠实观

从翻译《新儿女英雄传》开始,沙博理 60 余年的翻译生涯翻译了大量的中国文学作品。在多年的翻译实践中,他坚守自己的翻译标准和原则。沙博理虽然没有对翻译的理论问题进行过系统的著述,但从其发表的文章,以及在不同场合所接受的访谈中,还是能够感受到沙博理对翻译的深切体会。张经浩、陈可培曾将沙博理的翻译特质概括为"信而不死,活而不乱"①八个字,而结合沙博理写给张经浩的信中所说的"我(沙博理)基本赞同'信、达、雅'的主张"②,我们不难发现,在翻译中,沙博理最为关注的仍然是翻译的一些基本问题。沙博理从这些基本问题出发,从翻译实践的角度对翻译中的一对对关系进行了全面而深入的思考。

沙博理所思考的第一对关系,也是其翻译观中最核心的部分,即忠实与叛逆的关系。忠实与叛逆,事实上是译者面对原作、面对作者以及面对读者的一种态度。受到传统语文学的影响,译者通常处于"仆人"的地位,翻译追求的是译者的"透明"或"隐身"。但事实上,译者在翻译的过程中,总会遇到各种各样的实际困难。"译者不可避免地会陷入两难的境地:一方面从思想上认同'忠实'与'客观'的原则,心甘情愿当仆人,但在具体的翻译实践中经常遇到难以克服的障碍和困难,往往为自己对原文的偏离,或在出发语与目的语的冲突中不得不采取妥协甚至牺牲一方的做法而内疚。"③对译者来说,忠实与叛逆是翻译中永恒的困难。叶君健曾经说过:"我每次提起笔搞点翻译的时候,总感到有些茫然。译篇文学作品,如一首诗,无非是把原作者的本意、思想、感情、意境如实地传达给读者,使读者的感受与作者当初写作时的感受一样或差不多。但作者当时的感受究

---

① 张经浩,陈可培. 名家名论名译. 上海:复旦大学出版社,2005:321.
② 张经浩,陈可培. 名家名论名译. 上海:复旦大学出版社,2005:320.
③ 许钧. 翻译论(修订本). 南京:译林出版社,2014:227.

竟是怎样的呢？我们无法去问作者。这只能从字面上去推测。事实上，作者在'灵感'或'行动'的诱导下写出一篇作品，恐怕他自己对他当时的感受也很难说出一个具体的轮廓。文学和艺术作品毕竟不是科学，而是触及'灵魂'的东西，这里面有'朦胧'和'似与不似之间'的成分，要用像数学那样精确的形式表达出来是不可能的。"①叶君健曾和沙博理一起创办英文版《中国文学》，后来两人又一起翻译《水浒传》。他们对翻译忠实之难的认识是较为一致的。在沙博理北京家中的写字台板下，压着意大利人的一句谚语，"Traduttore，traditore"（The translator is a traitor），中文翻译过来就是"翻译者即反逆者"。在接受洪捷的采访时，沙博理曾谈到他对这句谚语的理解："它不是讲政治方面的背叛，而是一个人做文学翻译，无论如何不可能把原作的细微差别和传统风味完全翻译出来。翻译像走钢丝，倒向这边不行，倒向那边也不行。"②可见，沙博理深刻认识到翻译绝对不是对原文的复制，翻译应当是一个再创造的过程，只不过这种再创造，是忠于原作、忠于原作者，亦忠于译作读者的再创造。他说："尽管我们喜欢开玩笑，说'翻译者是奸细'，但是人人都感到，应该是承认文学翻译是一种很好的'创作'的时候了。"③"要做到忠实，不致背离正在翻译的作品，我们就得用英文创作一个短篇或长篇，读来同样好懂，具有与中文原作相同或相当的文学特点。"④从翻译的忠实观来看，沙博理深知"愚忠"对翻译的害处，主张要基于忠实进行创作。就像他虽然赞同严复的"信、达、雅"，但也同样提出"问题在于怎样做"⑤。忠实是翻译的至上追求，而所谓的"叛逆"，只是因为翻译实践中的种种困难，而在追求忠实路上的一种选择。沙博理的好朋友叶君健，也和沙博理的观点类似。叶君健说："译者的个人因素在翻译中所起的作用是决不能忽视的，但是，个人

① 叶君健. 谈文学作品的翻译//金圣华,黄国彬. 因难见巧——名家翻译经验谈. 北京:中国对外翻译出版公司,1998:87.

② 洪捷. 五十年心血译中国——翻译大家沙博理先生访谈录. 中国翻译,2012(4):63.

③ 张经浩,陈可培. 名家名论名译. 上海:复旦大学出版社,2005:318.

④ 张经浩,陈可培. 名家名论名译. 上海:复旦大学出版社,2005:317.

⑤ 张经浩,陈可培. 名家名论名译. 上海:复旦大学出版社,2005:320.

所起的作用还得以对原作的忠实为条件。衡量一部翻译作品的成功与否，要有一定的标准。我觉得，严复在一百年前提出的'信''达''雅'，仍不失为比较切合实际、比较科学、比较容易掌握的翻译标准。我甚至认为严复提出的'信''达''雅'，应该也是世界各国从事翻译工作的人的一个准绳，有普遍意义，可以适用于任何文字的翻译。根据我的经验，若在翻译中遵循这三条原则，辩证地处理好三者之间的关系，就能避免失误。"①沙博理和叶君健共事时间很长，又因为翻译《水浒传》的关系有过非常细致的交流，因此，两人的翻译观实际上是相互交融、相互影响的。

沙博理所思考的第二对关系，是符号与意义的关系。实际上，这是译者忠实与叛逆思考的一种延续。翻译究竟是符号之间的转换，还是意义的求索的关系，是每一个翻译人一直都在思索的问题。符号转换与意义求索的关系，不再是一种二元对立，而是两者的统一。没有符号，意义就失去了载体，而如果没有意义，符号的转换就会变得任意而失去转换的价值。翻译的困难在于，不同文化、不同语言之间的符号各不相同，表达意义的方式也存在差异。所以，符号与意义的相互统一，成了评价译作好坏的一个重要标准。

在具体的翻译实践中，符号与意义的关系往往被演化成直译与意译这两种翻译方法的选择。虽然这两对关系之间存在着差异，不可混为一谈，但直译与意译的选择，通常能够反映出译者对符号与意义关系的态度。在沙博理看来，"翻小说，切记不可逐字直译，而是要用我们的英语把我们的中文意思传达出来"②。沙博理反对一味追求符号上的对等，由于中文和英语之间的语言差异，逐字直译的后果就是会失去原文中所要传递给读者的很多中文语意。这是对译文读者的不忠实，也是对原文、原文作者的不忠实。但是，这并不表明沙博理就因此赞同为了意义传达而在语言符号上失去规则。他说："说正经的，直译固然要避免，也不可转到另

---

① 叶君健,许钧. 翻译也要出精品//许钧,等. 文学翻译的理论与实践——翻译对话录(增订本).南京:译林出版社,2010:119.

② 张经浩,陈可培. 名家名论名译. 上海:复旦大学出版社,2005:317.

一个极端,无所顾忌地随意处理原文。"①说到底,沙博理所持的翻译中符号与意义关系,是一种相互交融、和谐共生的关系。这对译者提出了很高的要求。每一位译者都会有自己的倾向,有的更加注重符号转换时的对等,有的则更为关注意义是否准确传递。重点在于译者如何把握符号与意义之间的度。沙博理说:"照我看,不仅可以改变一句话里的词序,也可以改变一段话里的句序。同样,如果作者写的是复杂的长句,不要截成英文短句,反之亦然。不时可以插进句子把话说明白:这是一个双关,那是专门术语。如果原文重复太多,啰里啰嗦,我以为可以允许压缩。这些做法对形式会稍有改动,不致改动根本的内容,有助于外国读者更加清楚地理解原意。"②沙博理既不希望走向直译的极端,也反对毫无原则的连译带改。他赞成词序、句序的调整是因为中文和英文语言表达上存在的事实差异。但他反对改变句子的长短,也就是句子的结构。在文学翻译中,句子的长短往往是作者的主观行为,译者的改动可能会导致意义的丢失。当然,无意义的重复不在此列。一个优秀的译者,往往都会极为小心地处理符号与意义之间的关系。著名的语言学家陈原就曾经说过:"翻译绝非'搬字过纸',不能用一字对一字的转写操作法,否则凡会查字典者,都变成翻译家了。……由于各种语言传达某个信息使用的法子不一样,不是用同样的几个对等词就能表达的。因此在翻译的时候就不能拘泥于一个个单字的对照;当然也不能走到完全相反的极端。"③奈达曾经有过翻译即译意的判断,因为从根本上看,翻译正是需要通过符号的转换,达到意义的准确传递。翻译之所以困难,看似是符号间的不对等,实际上是意义的不断变化。沙博理所表达的符号转换时的译者判断,也正是为了能够通过各种变化,让原文的意义在译文中准确再现。奈达说:"意义不仅仅寓于词汇之中和语法结构之中。符号不论在词汇层次、语法层次或修辞层次,也不论在副语层次或超语层次,都是具有意义的。同时,社会符号学

---

① 张经浩,陈可培. 名家名论名译. 上海:复旦大学出版社,2005:317.

② 沙博理. 中国文学的英文翻译. 中国翻译,1991(2):4.

③ 陈原,许钧. 语言与翻译//许钧,等. 文学翻译的理论与实践——翻译对话录(增订本).南京:译林出版社,2010:162-163.

还涉及语音象征意义(如象声词的意义),'华丽文章'的联想意义,强调修辞结构的意义,甚至'活泼风格'的意义。"①因此,意义的丰富性增加了翻译的难度,也给译者提出了更高的要求。为了能够在译文中将原文丰富的意义准确再现,就需要译者能够正确处理符号与意义的关系。沙博理在处理符号与意义关系上的原则,从根本上是基于他所秉持的"信、达、雅"翻译观的,也同他在忠实与叛逆翻译价值观的态度上保持一致。

无论是忠实与叛逆的关系,还是符号与意义的关系,都会体现在翻译实践中一对重要的关系上,这就是内容与风格。对于这一对关系,沙博理也有非常深入的思考。1991 年,沙博理在《中国翻译》撰文,专门谈论文学翻译中的内容与风格。在沙博理看来,"我们是在谈文学,文学包括内容和文风。我们的翻译若不把内容和风格二者都表达出来,那就不算到家"②。一个好的译者,虽然不见得能够将内容和风格完全表达出来,但至少都会时刻关注,在内容和风格上下功夫。这是翻译的至上追求。从形式上看,忠实与叛逆、符号与意义这两对关系都似乎存在着部分的对立,但内容与风格,则完全是相辅相成、有机统一的。内容是原作的根本,即便不是文学作品,也是极为重视作品内容的,更何况是文学作品。在文学作品中,内容绝不仅仅是文字本身,它往往包含历史、文化与哲学,是一个集合体。沙博理说:"长篇也好,短篇也好,都是以文学创作的形式反映一个社会在某个历史时期各种人之间的关系。因此,我们必须知道那个社会在那个时期有什么情况,政治上经济上有什么主要矛盾,社会和文化的状况又如何,敌对的势力有哪些,各自有什么特点,什么风俗习惯……?换句话说,我们得熟悉故事的历史环境。"③沙博理所说的这个"历史环境",往往都贴合着作者的写作目的。译者翻译得是否成功,很大程度上就取决于对这些作品隐形内容的理解程度。一个好的译者,必定不会是一个仅仅精通两种语言的人,而是会对文学、历史、文化、哲学等方面都有

---

① 谭载喜. 新编奈达论翻译. 北京:中国对外翻译出版公司,1999:90.
② 沙博理. 中国文学的英文翻译. 中国翻译,1991(2):3.
③ 沙博理. 中国文学的英文翻译. 中国翻译,1991(2):3.

所了解。对于一个想要把中国古典文学成功译介到西方,并被西方所接受的译者而言,如果对中国传统文化、传统哲学没有涉猎,是断然不会成功的。在沙博理看来,"年轻人的普遍不足是对自己国家的历史文化掌握的水平太低。(他)希望搞文学的年轻人对中国历史文化发展要有较深了解,多学中国古老的哲学。这很难,但却是一辈子的事"①。对原作内容的理解,不仅需要译者的文学修养,更需要译者对原作故事所处的时代有所了解。

　　和内容一样重要的,就是风格。如果细分的话,应该是原作的风格和原作作者的风格。这两者并不完全一样。通常而言,我们更加关注作者的风格,因为作者的风格会直接体现在作品上,从而形成作品风格和作者风格的统一。但也存在着一些作者风格与作品风格并不完全一致的作品。和内容相比,风格更具特色,也自然更难翻译。沙博理认为:"风格,或者说文采,要比小说的梗概更难传达。译者除了要透彻了解历史和文化的背景、人物的个性和特征、人物生存的自然环境,还得同样透彻地熟悉外国的对等词语——或不如说外国最接近原意的近似词语。我们小说里的人物是中国人,不可把他们变成英美人。只是在我们的译文里,他们说的是英语——那英语还必须与人物在生活中的身份相吻合。"②沙博理谈到了对等,是因为风格往往依托于符号,通过作者的写作语言展现出来。比如,中英文化的差异很大,因此在中译英时,要特别留心那些富含中国文化特色的语言,比如官职、称谓、人物对话,切不能英文化。否则不仅外国人看了不懂,连中国人也无法解释。"英语要近似中文原文的风采,或文或俗,或庄或谐,切不可二者混为一体。"③这是作品的风格。作者的风格也需要注意,因为作者总会把自己独特的语言习惯用于写作中。葛浩文在翻译毕飞宇的《推拿》时,就总是困惑于毕飞宇的用词。例如"含英咀华",在原文中形容蛇,但葛浩文捉摸不透是形容蛇的什么,于是问毕

---

①　洪捷. 五十年心血译中国——翻译大家沙博理先生访谈录. 中国翻译,2012(4):63-64.

②　沙博理. 中国文学的英文翻译. 中国翻译,1991(2):4.

③　沙博理. 中国文学的英文翻译. 中国翻译,1991(2):4.

飞宇。毕飞宇解释说："说'含英咀华'是欣赏和领会诗文的意思,这里已经是引申义了,一般都是这样用的。从字面上讲,就是嘴里叼着花,很得意的样子。这里形容蛇,是'自鸣得意'的意思。"①说罢,毕飞宇还特地补充一句："我的用法比较独特,一般人不这么用。"②可见,译者要十分留意作者的写作风格,才能够做到翻译的忠实。风格和内容不同,需要译者多读多体会,"就像'知琴',要能听得出弹琴人琴弦不同的振动,才是非常理解原文"③。这是一个需要积累的过程。沙博理认为:"用外国文字反映中国文学作品的内容,具体怎么做,没有一定的模式。每个文学作品不一样,每个人对作品的欣赏也不一样。不但要让外国人看得懂,而且要让外国人感觉到中国文学的高水平。"④

沙博理是个十分谦虚的人,他认为自己"是个有明显不足的译者"⑤。事实上,沙博理对忠实与叛逆、符号与意义、内容与风格三对翻译中非常重要的关系有着非常深刻且极富洞见的思考。这些思考,既是他对严复"信、达、雅"的全新阐释,也是对中国传统译论的高度认同。沙博理虽然没有专门的译论,但从他点滴间对翻译的思考,我们看到了其翻译忠实观、翻译创造观、翻译意义观以及翻译文化观。这些不仅是对他中国传统译论的总结和发扬,也为他自身的翻译实践提供了指引,形成了独具特色的译介特征。

第二节 "我是一个中国人"

沙博理的一生极富传奇色彩。律师之家出生的他,最终走上了翻译

① 许诗焱,许多. 译者—作者互动与翻译过程——基于葛浩文翻译档案的分析. 外语教学与研究,2018(3):443.
② 许诗焱,许多. 译者—作者互动与翻译过程——基于葛浩文翻译档案的分析. 外语教学与研究,2018(3):443.
③ 洪捷. 五十年心血译中国——翻译大家沙博理先生访谈录. 中国翻译,2012(4):63.
④ 洪捷. 五十年心血译中国——翻译大家沙博理先生访谈录. 中国翻译,2012(4):63.
⑤ 张经浩,陈可培. 名家名论名译. 上海:复旦大学出版社,2005:320.

之路。原本对法语兴趣十足,但因为被部队分配学习中文,他又阴差阳错地最终在中国成就了一番事业。他是个在美国长大的犹太人,但有着一颗炙热的中国心。他一生译作众多,且都是向西方译介中国。在凤凰卫视 2010—2011 年"影响世界华人盛典"现场,沙博理获得了"影响世界华人终身成就奖"。在发表获奖感言时,年近 90 的沙博理很是激动,他说:"亲爱的朋友、同志,我对你保证,只要我还活着,我一定要配得起有责任的,能大喊高兴地叫,我是一个中国人。"①在他的自传里,他写道:"我爱上了凤,也爱上了龙,了解和热爱中国龙,使我更加热爱和珍视我的中国凤。"②由于自己的犹太人血统、美国成长经历和中国身份,沙博理有着特殊的中国情怀。他的文化立场也比任何一个从事中国文学外译的翻译家要更加坚定。在接受《人民日报》采访时,沙博理表达了自己多年翻译的文化立场:"文学翻译也要有立场、有观点、有世界观,知道自己爱什么、恨什么,才能选择自己最想让外国受众知道的东西,告诉他们一个真实的中国。"③沙博理文化立场的确立,源自于他特殊的文化身份和个人经历,并有着鲜明的政治属性。

沙博理主张向世界传达一个真实的中国,这和他独特的个人经历有着密切的联系。他传奇的一生经历了几次重大的人生转向,造就了他与众不同的文化身份。沙博理出生在一个犹太家庭。他的祖父母和外祖父母是在 19 世纪末沙皇俄国屠杀犹太人时移民美国的,所以,沙博理儿时所在的街区,住的大多是俄罗斯和波兰的移民。虽然沙博理生长在这样一个犹太人的环境中,但他却对犹太人的宗教习俗并没有什么偏好。据他自己回忆,在 1928 年小学毕业参加犹太人的"奉行诫命"仪式之后,就和犹太宗教鲜有接触,成为一名非宗教犹太人。接受美国教育的沙博理

① 凤凰网.沙博理.这个奖表现全世界多么佩服中国和中国人民.(2011-04-02)[2021-10-13]. http://phtv.ifeng.com/ceremony/special/huarenshengdian2010/zuixinbaodao/detail_2011_04/02/5538656_0.shtml.
② 阿忠.沙博理:我把中国讲给世界听.华人时刊,2015(2):13.
③ 张贺.带着理想去翻译.(2010-12-03)[2021-10-13]. http://www.spph.com.cn/av/bkview.asp? bkid=202529&cid=640045.

喜欢音乐和体育,由于父亲的关系,在圣约翰大学法学院毕业后,最终成为一名律师。由于不喜欢律师的工作,他入伍参军,并在"陆军特训班"招收志愿者的时候报了名。由于高中和大学时曾经学过法语,因此沙博理申请了法语班,但命运和他开了一个玩笑。沙博理说:"资格考试倒是通过了,但当我站在一群教授和军官面前准备接受分配时,被告知由于学法语的同学太多,决定让我'自愿'学习中文。这简直是晴天霹雳!"①与霍克思、罗慕士主动投身于中文学习不同,沙博理形容他和中文的第一次相遇竟然是"晴天霹雳"。不过随着学习的进行,沙博理很快释然。但正当他结束中文学习,以为会随部队前往中国时,却因为太平洋战争的爆发,被安排接受密码分析培训,学习破译日军密码。此时的沙博理"对汉语和正在学习的中国历史和文化深深地着迷了"②。这也让他在从军队转业后,前往哥伦比亚大学和耶鲁大学学习中文,并最终踏上了前往中国上海的轮船。

来到上海的沙博理经历了人生中最重要的一次转折。他遇到了凤子。正是由于和凤子的接触,沙博理了解了中国的现状,并最终和凤子一起,从上海前往当时的北平。沙博理一生翻译了众多的中国红色文学,这和他初到中国时的经历有非常大的关系。也正是因为如此,沙博理才迫切希望能够告诉世界一个真实的中国。在1953年调任到外文出版社工作后,沙博理翻译了很多当代作品,虽然这是他的工作,但沙博理"说他很喜欢那些作品,对其中的人物感到亲切"③。应当说,在这个时候,沙博理已经逐渐形成了非常明确的文化立场,而他的文化立场,又和外文出版社的办社宗旨高度吻合。沙博理在多年之后,终于在中国找到了真正属于自己的事业。

1963年,已经在中国待了15年的沙博理,为了能够更好地从事中国文学的外译工作,做出了人生中又一个重大决定。他决定成为一名中国

① 沙博理. 驶向中国. 任东升,译. 英语世界,2017(12):73.
② 沙博理. 驶向中国. 任东升,译. 英语世界,2017(12):74.
③ 张经浩,陈可培. 名家名论名译. 上海:复旦大学出版社,2005:314.

公民。他说:"学会做一个'外国'中国人,需要一个适应过程,不过总的来说,这是一个愉快的过程。"①沙博理的这一举动看似是一个单纯的政治行为,但实际上,是他文化立场的又一次展示,借由国籍上的变化,展现了他在文化传播上的坚定立场。从沙博理的处女译作《新儿女英雄传》,到1963年加入中国国籍,沙博理传播中国文化的步子迈得非常坚定。在他心中,世界需要了解一个真实的中国,了解真正的中国文化。

对沙博理来说,关于"文革"的记忆是复杂的。虽然大部分的回忆并不是那么美好,但"文革"也给他带来了新的机遇,现在看来,这或许是人生中的又一个重要变化,那就是翻译《水浒传》。很多人一提到沙博理的译介,第一个想到的就是《水浒传》。虽然沙博理翻译了大量的中国当代红色文学,但他所译介的《水浒传》,却成为他最有影响力的译作。沙博理曾说:"'文化大革命'使我得到一个意外的好处,那就是,由于作家们不敢也不能动笔写作,没有出现杰出的小说,于是单位领导问我愿不愿意翻译古典名著《水浒传》,我很高兴地同意了。"②译介《水浒传》对沙博理来说是一次和以往全然不同的全新经历。之前翻译中国当代作品,沙博理更希望向世界展现一个真实的当代中国图景,但译介《水浒传》,更多的是要世界认识到具有深厚底蕴的中国文化形象。译介《水浒传》并没有改变沙博理的文化立场,相反,使沙博理对中国文化的情感更加深厚,对中国文化的认识也更为全面了。和霍克思、闵福德、罗慕士不同,沙博理并没有系统学习过中国传统文学和文化,因此,他的文化立场更多的是围绕当代中国展开。这次译介,沙博理得到了叶君健和汤博文的帮助,他说:"他们的英文水平、古汉语知识和辛苦的研究工作对于翻译本书起了无可估量的作用。"③应当说,从纽约的犹太男孩,到北京的翻译名家,沙博理独特的人生经历构成了旁人无法复制的文化身份,赋予了他最为坚定的文化立场。而翻译《水浒传》为丰富沙博理的文化立场起到了很重要的作用。

---

① 张经浩,陈可培. 名家名论名译. 上海:复旦大学出版社,2005:315.
② 张经浩,陈可培. 名家名论名译. 上海:复旦大学出版社,2005:315.
③ 张晓. 沙博理与《水浒传》. 国际人才交流,2016(7):13.

　　独特的人生经历为沙博理的文化立场增添了一份独特的政治属性，而这一份政治属性，也和意识形态一起，为沙博理的文化立场增加了厚度。一般来说，译者个人的意识形态、政治属性是和文化立场联系在一起的，只不过，很多关注中国古典文学、文化的译者，所受到意识形态、政治属性的影响是较小的。沙博理却不一样。虽然《水浒传》是沙博理翻译生涯的巅峰之作，但他所翻译的大量中国当代红色文学，却是其文化立场中意识形态、政治属性的重要表现。我们不应片面地将这两种文学分开，而是应当将其综合在一起，把握沙博理的文化立场。勒菲弗尔对意识形态影响翻译的观点惊世骇俗，在他看来，"翻译活动必然牵扯到对原文的某种形式的意识形态操纵"①。许钧认为，"勒菲弗尔对意识形态与翻译行为的关系的研究，是为其理论，即翻译是操纵行为、是重写的理论寻找依据"②。沙博理传播真实中国的文化立场，其中虽然免不了中国当代红色文学本身意识形态与政治因素的作用，但从沙博理个人角度出发，他是赞同并在翻译中积极践行这种意识形态和政治属性的。不过，沙博理文化立场中的意识形态与政治属性并没有促使他在翻译中改写原作，相反，沙博理是非常重视翻译的忠实的。在沙博理翻译的诸多作品中，老舍的《家》也许是被人质疑最多的，而几乎所有的质疑，指向的都是沙博理对原作的删改。事实上，沙博理并没有替代巴金对原作进行删改，只不过他选择的底本，是巴金自己对原作的一个删改版本。对于这个删改，巴金曾表示："英译本中整章的删节，……从一开始我就不满意那样的删改法。但删改全由我自己动笔，当时我只是根据别人的意见，完全丢开了自己的思考。……他的理由似乎是：一切为了宣传，凡是不利于宣传的都给删去……我的民族自尊心也似乎得到了满足，而且英译本早日出版，还满足了我的虚荣心。……英译本可以说是照出我的'尊容'的一面镜子。让我牢牢记住这个教训吧。"③所以，沙博理的翻译行为仍然是忠实的，但我们

---

①　转引自：刘军平. 西方翻译理论通史. 武汉：武汉大学出版社，2009：428.

②　许钧. 翻译论（修订本）. 南京：译林出版社，2014：151.

③　张经浩，陈可培. 名家名论名译. 上海：复旦大学出版社，2005：321.

也可以看到,在作品的选择上,沙博理还是明显受到了其文化立场的影响,特别是有对于宣传当代中国的考量。

沙博理极具政治属性的文化立场似乎给人一种"咄咄逼人"的外宣感,但这其实是沙博理自己对文学和文化的一种理解。沙博理主张"发挥文学在文化宣传中的作用。……中国文化博大精深,走出国门一定会大受欢迎"①。这里有两层含义。第一,沙博理肯定了文化需要主动宣传的观点。第二,沙博理也表明了世界对中国文化的欢迎。在翻译史上,译入和译出的争论一直未曾停歇,但不同的文化需求,通常会主导不同的文化策略和文化选择。就中国文化的传播而言,既源于国际社会对中国文学和中国文化的兴趣,又符合中国构建系统中国文化价值观的需求。主动译介、主动宣传,既"有助于系统全面地反映中国文化的精髓,对于其他国家与民族译介中国文化,可以起到引导与示范的作用",又"以对中国文化精髓准确的理解为基础,保证传译的准确性"②。外文出版社多年来的译介和出版工作,对中国文化的对外传播起到了重要的推动作用,作为外文出版社重要的译者和编审,沙博理自然会形成希望在文学翻译中传播中国文化的文化立场。

事实上,沙博理的文化立场是基于世界文化的视角。无论是"告诉世界一个真实的中国",还是"发挥文学在文化宣传中的作用",沙博理都认为文化传播应该持国际主义的观点。由于翻译当代中国红色文学,沙博理的不少译作想要在美国等西方国家出版发行是十分困难的,但《新儿女英雄传》是一个例外。在接受洪捷采访时,沙博理谈到了这本书的出版故事。他说:"译作出版是我自己去联系的出版社,当时中国已经开始做了不起的事,美国很好奇。1952 年书就出版了,一字不改,在当时很难得能谈中国真实的情况。"③沙博理非常喜欢这本书,因为在他看来,这本书向

---

① 人民日报海外版. 沙博理:94 岁写提案. (2009-03-10)[2021-10-13]. http://www.chinadaily.com.cn/zgzx/2009npc/2009-03/10/content_7564871.htm. 徐

② 许多,许钧. 中华文化典籍的对外译介与传播——关于《大中华文库》的评价与思考. 外语教学理论与实践,2015(3):14.

③ 洪捷. 五十年心血译中国——翻译大家沙博理先生访谈录. 中国翻译,2012(4):64.

世界真实反映了中国人民是如何保卫自己国家的。当然,他也客观认为这本书的文学性相对差一些,他选择这本书,除了因自己对作品的喜爱,更多的还是想向世界传播一个真实的中国形象:"保卫中国、保卫中国人民,同时也不会对别的国家有坏处,我们是国际主义者,我们是有道理的,为全世界人民和平,这是毫无问题的。"①在谈及如何让中国文学作品走出国门时,沙博理曾经说:"译者要有革命立场观点,为了人民,为了党,为了全世界人民文化交流,从这方面着眼文学翻译,作品就会容易走出国门受欢迎。"②他的文化立场是多元而统一的。一方面,要重视中国选择和中国阐释,因为"外国老板说是翻译了我们的文学作品,但有的不是真正为了传播中国的文化"③;另一方面,也要注重世界文化的发展趋势,从促进全世界文化交流的层面,去译介好的中国文化作品。在一份关于"让中国文化走出去"的提案中,沙博理提出了三个重要的方面,完美诠释了他的文化立场:"1. 由外文出版社组织一个由本社专家和其他历史文化专家学者组成的委员会,专门审核我们已经翻译出版的文学图书和期刊。2. 选取一些优秀作品,重新编辑,使其更好地适应以英语为母语的读者的阅读习惯。3. 加强这些图书和期刊在英语国家的出版和发行,在公关推广和广告宣传上提供支持。"④

　　一个在美国成长的犹太人,因为阴差阳错接触了中文,最终在中国成为举世闻名的翻译家,沙博理把自己的一生献给了中国文学和中国文化的对外传播事业。沙博理的文化立场和他独特的人生经历有着密切的关系,也正是这些经历,形成了他具有独特政治属性的文化立场。"告诉世界一个真实的中国"的文化立场,也极大影响了沙博理的翻译目的、翻译选择和具体翻译行为。

---

① 洪捷. 五十年心血译中国——翻译大家沙博理先生访谈录. 中国翻译,2012(4):64.
② 洪捷. 五十年心血译中国——翻译大家沙博理先生访谈录. 中国翻译,2012(4):64.
③ 洪捷. 五十年心血译中国——翻译大家沙博理先生访谈录. 中国翻译,2012(4):64.
④ 沙博理. 让中国文化走出去. 人民日报,2010-02-03(20).

第三节　沙博理的"三只手"

和很多翻译中国文学和中国文化的汉学家不同,沙博理的译介和他在外文出版社的工作性质有很大关系,因此,沙博理的翻译动机既包含了他自身翻译观、文化立场影响下的内部动机,也同样包含了其工作性质、时代特征所带来的外部动机。

1952年,原国际新闻局正式改组为外文出版社,中国开始有组织地对外译介中国文学作品。沙博理作为其中英文版《中国文学》重要的创办者之一,做了大量的翻译工作。由于外宣工作的需要,当时外文出版社的主要工作,就是重点推介当代小说作品,特别是能够反映中国革命和建设的红色作品。在这一时期,沙博理翻译了大量的中国当代红色文学,除了最早因为自己喜爱而翻译的《新儿女英雄传》之外,其他作品大多是践行国家外宣要求的产物。任东升认为,"沙博理是以国家名义组织的国家翻译实践的实施者,因而他的翻译不仅仅是语际转换的翻译内行为,更具有执行国家政治意图和文化战略的翻译外行为"①。在这种情况下,沙博理的翻译动机受到了国家翻译动机的高度影响,但由于自己的经历,特别是妻子凤子的原因,沙博理对执行国家政治意图和文化战略的翻译外行为是高度赞同的。在沙博理看来,一个优秀的译者,应当具有很强的政治和社会责任感。他说:"我们当时翻译主要看政治的效果。我们是对外宣传,要保留最重要的东西,要有的放矢。搞翻译有责任也有权利,主观上为了达到目的,为了让外国读者更好理解中国历史文化的本质内涵。"②沙博理的这番话,不禁让我们又想起了萧乾对于译者翻译动机的评述:"由于业务关系,我做过一些并不喜欢的翻译——如搞对外宣传时;但是我认为好的翻译,译者必须喜欢——甚至爱上了原作,再动笔,才能出好成品。"③也

---

①　任东升.从国家叙事视角看沙博理的翻译行为.外语研究,2017(2):16.

②　洪捷.五十年心血译中国——翻译大家沙博理先生访谈录.中国翻译,2012(4):63.

③　萧乾,文洁若,许钧.翻译这门学问或艺术创造是没有止境的//许钧,等.文学翻译的理论与实践——翻译对话录(增订本).南京:译林出版社,2010:63.

许萧乾先生在做外宣翻译时碰到过一些自己不是十分喜爱的作品,但对于沙博理来说,中国当代红色文学正是他所喜爱的作品,因此,他的翻译动机和国家的外宣事业很好地联系在了一起。

沙博理曾经和周明伟说过:"我有三只手,一只手带着中国的腔调与西方握手;另一只手带着高鼻子的西方文明与中国交流;第三只手,最重要的,是我要拉住中国发展的衣襟,跟上中国的步伐。这只手跟上,其他两只手就都跟上了。"①沙博理所说的最重要的"第三只手",事实上就是上文所指的外部动机。在沙博理看来,翻译的国家行为是重要的,译者也应当和国家的翻译动机保持一致。特别是在一些特殊的时期,这种统一与一致更为重要。新中国成立初期实施中国当代红色文学的对外译介,"对于一个新国家、新政权而言,这种借助红色经典的历史建构无疑是十分必要的"②。但我们同时不要忘记,一个优秀的译者,必定有着强大而坚定的个人动机。对沙博理而言,除"第三只手"外的另外"两只手",就隐含着沙博理的个人动机。

在接受人民网强国论坛采访时,沙博理曾说:"其实凡是我翻译的东西我都喜欢,还有他们介绍给我的东西我都喜欢。"③这一方面说明了沙博理和外文出版社的同僚们有着近似的翻译动机,另一方面,也反映出他对自己所译作品的赞同。在个人的内部动机上,沙博理总体上是本着中外文化交流的目的去翻译的。具体而言,沙博理深知西方世界对传统中国文化认识上的不足,以及对当代中国的误解,因此特别重视传达作品的政治性和文学性。

沙博理的翻译动机始终包含着强烈的政治意愿。这虽然和他在外文出版社的工作性质有关,但追根溯源,还是和沙博理的个人经历关系最

---

① 温志宏. 周明伟:我与沙老的十年——中国外文局局长谈沙博理. 今日中国,2014(11):57.

② 任东升. 从国家叙事视角看沙博理的翻译行为. 外语研究,2017(2):16.

③ 黄玉琦. 著名翻译家沙博理先生谈"我的半世中国情和对外文化传播"(3). (2011-05-31)[2021-10-13]. http://www.people.com.cn/GB/32306/143124/147550/14789799.html.

大。沙博理为了自己的中国梦,从美国来到中国。在抵达上海的第二天,沙博理遇到了一生中最重要的人——凤子。凤子对沙博理的影响很大,是凤子让沙博理很快了解了当时的中国。沙博理说:"她(凤子)以前是知名演员和记者,那时正编辑一份左翼杂志。她的朋友大多是进步人士,有几个是地下党。通过这些人,还有每天亲历的国民党恐怖统治,我很快就认清了中国的现状。"①虽然当时的沙博理并没有从事翻译工作,但这段经历为他之后翻译动机的形成奠定了基础。沙博理所翻译的第一部作品,是袁静、孔厥合著的《新儿女英雄传》。那时的沙博理还没有进入对外文化联络局和外文出版社工作,因为国籍的关系,他也无法在北京从事律师工作,因此待业在家。翻译《新儿女英雄传》,纯粹是因为沙博理对作品的喜爱,但通过翻译这部作品,沙博理收获了很多,在后来的翻译中,他越发重视传递作品的政治信息。在谈到翻译《新儿女英雄传》时,沙博理说:"我翻译《新儿女英雄传》后很受感动、受教育。虽然原著在文学上有不足之处,但确实反映中国人民在很危险、很不利情况下,敢于斗争,包括妇女。作品很怪,在水上不是在山上,他们也想办法抗战,且各人都不同,都很可爱,都动脑子,天不怕地不怕。"②沙博理说得很客观。从文学的角度看,《新儿女英雄传》可能未必算得上是佳作,但作品中所展现的中国人民,对于世界了解中国是非常重要的。沙博理希望世界能够了解真实的中国,他十分清楚,通过翻译,让文学作品中的情节与人物发声,是一个很好的途径。也许有人会认为这种翻译目的会使译者在选择作品、翻译作品时忽视作品的文学价值,但在沙博理看来,为了达到客观介绍中国的目的,适当地牺牲一些文学性,是值得的。也许当今的人们会不理解,但在当时那个时代,沙博理非常清楚,东西方之间是缺乏沟通和了解的,并会因此产生一些误解。周明伟在接受《今日中国》的采访时,曾经提到过沙博理自己和凤子的亲身经历,来说明当时东西方之间存在的这种不理解。"比如抗美援朝时,那是两个人都没经历过的战场。凤子参加中央慰问团

---

① 沙博理. 驶向中国. 任东升,译. 英语世界,2017(12):74.
② 洪捷. 五十年心血译中国——翻译大家沙博理先生访谈录. 中国翻译,2012(4):64.

去前线慰问,沙博理一直担心,'她去一个美国佬发动战争的地方,回来后会怎么看我这个美国佬?'凤子回来,他去火车站接她,就总觉得凤子看他的眼光变了,'花了很长时间才不讨厌我这个美国人。'"①所以,沙博理总是希望能够通过文学作品的译介,消除东西方之间的误会。他所说的那"三只手",其实也正是他的内心愿望,希望自己能够成为中外文学、中外文化、中外文明交流的纽带。在沙博理看来,文学翻译不应当把文学性作为唯一的关注焦点,在特定的环境和时代中,中国文学作品中所反映出的时代特征和中国人民的精神实质,同样是重要的翻译目的。"唐诗、宋词、明代的戏剧小说、哲学家和社会改革者的散文诗赋、'五四'时期的作品,以及在中国共产党领导下的知识分子、农民、战士笔下的故事等等,都反映了中国人民的思想和心声。这些文学作品形式多样、题材广泛,但都表达了人们对贪官污吏的痛恨,对欺压弱者的权贵的愤怒,对贪图权力的富人的嘲讽,对追逐名利者的蔑视,对大男子主义者的憎恨,对狭隘偏激者的讽刺。同时,这些作品还反映了人们对正直善良者的赞誉,对长者的尊敬,对诚实守信之人的褒奖。这是一笔灿烂辉煌的文学遗产!"②显然,沙博理饱含着更加立体的翻译动机,通过译介,他希望西方世界不仅能够感受到中国文学的巨大魅力,也同样能够对当今中国有客观的认识。这正是翻译工作者的职责所在。因此,即便是翻译《水浒传》这样的中国古典小说,沙博理也十分关注小说所反映的社会问题、人物性格。沙博理说:"那个年代的中国人与当今中国人的思想感情大相径庭。更重要的是,我这个来自资产阶级社会的人总是不能理解那些满脑子孔子思想、有着浓厚佛教观念及封建意识的人们做事的动机及其反应。"③这给沙博理的翻译带来了困难,不过,在叶君健、汤博文,特别是妻子凤子的帮助下,沙博理还是坚持着自己的翻译初衷,将《水浒传》中的社会原貌展现给了西方读者,这也让他的《水浒传》译本成为最为成功、最受欢迎的译本。

---

① 温志宏. 周明伟:我与沙老的十年——中国外文局局长谈沙博理. 今日中国,2014(11):59.
② 沙博理. 让中国文化走出去. 人民日报,2010-02-03(20).
③ 沙博理.《水浒传》的英译. 妙龄,译. 中国翻译,1984(2):30.

沙博理说:"我把翻译当作为人民服务。因此,我在努力学中国文化,党也培养我提高我的政治水平。……文学对外宣传是我的工作和义务,我翻译的目的是让外国人知道当时中国的政治情况、中国人的感情和中国的历史。"①由于外宣工作的需要,沙博理翻译了很多优秀的中国当代红色文学,但正如他所说的,他的目的不仅仅是让外国人了解中国的政治情况,更为重要的,是了解中国人的情感和中国的历史。沙博理的翻译,一直都十分重视文学和文化要素的传播。周明伟曾经问过沙博理最喜欢哪一类的中国小说。沙博理回答说是武侠小说。周明伟说:"这不仅是他(沙博理)对于不同人生和社会形态的爱好,也不仅是因为他认为在世界各类武侠故事中,中国的武侠故事是描写最漂亮、最引人入胜的,更因为这是他了解中国、投身于中国的'渠道'。"②中国的文化深深吸引了沙博理,沙博理也想把这种感受带给西方读者。也正是因为有了这样的动机,才造就了沙博理的《水浒传》译本。在沙博理看来,"《水浒》的故事情节引人入胜,写作风格简洁,吸引力超出了国界与世纪。我(沙博理)对这部世界文学名著极为赞赏"③。因此,沙博理"希望更多的外国朋友能够看到这部精彩的小说,并通过它了解我们的历史和文化,更好地欣赏我们的文学遗产"④。

沙博理对作品文学性和文化性的关注,并不仅仅局限在古典作品上。对中国当代文学,虽然他强调翻译的政治动机,但文学动机也同样重要。一部文学作品的成功与否,很大程度上是需要从其文学性和文化性上去评价的。在沙博理翻译的中国当代文学作品中,《新儿女英雄传》《铜墙铁壁》《平原烈火》《保卫延安》《林海雪原》《小城春秋》《创业史》等等,都是在文学上被认可的佳作。在接受洪捷的采访时,沙博理特别提到了《小城春秋》。沙博理认为这部作品"在政治上有重要性,而且还具有较好的文学

① 洪捷.五十年心血译中国——翻译大家沙博理先生访谈录.中国翻译,2012(4). 62-63.
② 温志宏.周明伟:我与沙老的十年——中国外文局局长谈沙博理.今日中国,2014 (11):58.
③ 沙博理.《水浒传》的英译.妙龄,译.中国翻译,1984(2):31.
④ 沙博理.《水浒传》的英译.妙龄,译.中国翻译,1984(2):32.

性。……作品中人物有个性有冲突,情节跌宕起伏"①。沙博理清楚地认识到,文学作品必须要有文学价值,否则就失去了赖以生存的基础。一部文学作品即便因为特定环境、特定时代而具有重要的政治意义,但如果纯粹为了强调政治意义而放弃了文学性,那么也就不会具有长久的生命力。在谈到"大中华文库"时,沙博理表示:"'大中华文库',确实是很宏大的一个文库,对国际各方面是很大的一个贡献。从文化、哲学到科学,中国几千年那么深刻那么全面的文化,都集中在一套书中,那是从来也没有的。它的意义太大了,不单是哲学、文学知识方面,各方面都有了。"②

　　作为一个在外文出版社工作的中国籍犹太人,沙博理把自己的翻译动机和出版社的出版动机结合在了一起。他关注政治、关注社会、关注中国人民的生活,同样,作为一个文学翻译家,他也关注作品的文学文化价值。沙博理希望通过他的翻译,让西方读者了解一个真实的中国,也能够爱上中国文化。他知道中西方之间存在文化差异,也知道不同时代的读者有不同的需要。所以,他善于根据需要,对译文进行改动。比如《水浒传》的翻译。黄友义回忆起这段经历,对沙博理非常佩服。他说:"章回体小说经常在一章的开头或结尾,用几句诗高度总结浓缩这一章的内容,这是几百年来评书演变而来的。沙博理认为没必要,要删掉,当时很多人对此有争论。他说,几百年前,说书人讲得很好,适合当时的听众;但外文读者都是西方的知识分子,教育水平很好,每章再用简单的语言说一遍,大白话,没必要。于是,他就真的删掉了。要知道那个时代,这个翻译多少带了些政治色彩,是政治任务,尤其这是经典名著,敢于这样删改,真是有魄力!"③通过黄友义的回忆,我们看到了一个勇气十足的沙博理。这当然和沙博理的个性有关,但我们也能从中感悟到,优秀的翻译家都有着坚定而明确的翻译目的与翻译动机,而他们也都会跟随着这份动机,去选择和译介优秀的作品。

① 洪捷. 五十年心血译中国——翻译大家沙博理先生访谈录. 中国翻译,2012(4):64.
② 沙博理. 可靠而有质量的工作. 中国出版,2000(11):13.
③ 张晓. 沙博理与《水浒传》. 国际人才交流,2016(7):13-14.

第四节 坚持自我选择的"三栖专家"

在沙博理北京家中的写字台版下,压着《圣经·马太福音》中的一句话:"一个人不能事奉两个主;不是恶这个爱那个,就是重这个轻那个。你们不能又事奉神,又事奉玛门。"沙博理说:"我不信教。这句是耶稣学徒说的,一个人不能有两个主人,自己要选择。是走资本主义道路,支持少数特权者,那些自私的社会名流;还是走革命的社会主义道路,把广大人民的利益放在首位? 这才是根本的问题。"[①]在沙博理看来,作为一名译者,在翻译的过程中会遇到很多的选择,但决定这些选择的往往是译者的个人立场。沙博理独特的个人经历造就了他的翻译观和文化立场,他在外文出版社的工作也决定了他必然会译介中国文学作品。在外文出版社工作的沙博理,在翻译选择上还是有着很大的自由度,这也使得他形成了自己独特的翻译选择标准。整体来看,沙博理的翻译选择贯穿于翻译的全过程,既有对作品、底本等宏观上的选择,也有对具体文字的选择。沙博理的翻译选择既反映出他的外宣目的,也能看出他对翻译本质问题的深刻思考。

在作品的选择上,沙博理有着自己的标准,当然,也要和外文出版社的总体出版目标保持一致。作为外文出版社的工作人员,沙博理和自由译者不同,需要在一定程度上承担出版社要求的翻译任务。不过,可能是由于沙博理的翻译观与翻译动机与外文出版社十分吻合,所以在沙博理看来,出版社对他的翻译选择几乎没有什么影响。沙博理说:"我们翻译的作品一般是中央有些单位专门给我们介绍的。还有像周扬、茅盾等文学和政治水平都很高的人,他们也推荐作品到我们《中国文学》杂志社编辑部,此外,编辑部也会选择一部分作品。对这些作品,基本是编辑部决定谁合话来做具体翻译者,还要问我们愿不愿意翻译这个作品。所以,我喜不喜欢翻译哪个作品,有机会也可以表达。我也参考批评家提的意见,

---

① 洪捷. 五十年心血译中国——翻译大家沙博理先生访谈录. 中国翻译,2012(4):64.

才确定要不要翻译。"①从沙博理的话中可以看到,外文出版社对所译作品的选择十分慎重。第一,作品的来源很重要。毕竟涉及中国文学的对外译介与传播,而且译介这些作品耗时耗力,因此,通过把控作品的来源,能够一定程度上保证作品的质量。第二,在译者的选择上,出版社起主导作用。不过,外文出版社习惯于征求译者的意见,因此沙博理可以选择自己喜欢的作品进行译介。当然,译作最终的出版,决定权还是在出版社的。

虽然客观上沙博理和外文出版社是雇佣的关系,但无论是外文出版社的领导还是同事,都十分尊重沙博理的意见。在黄友义眼中,沙博理是一个"三栖专家"。黄友义说:"我认为沙博理身上体现了翻译家、出版家和作家这三种角色。外文局这些外国老专家里,大部分是改稿,能写能改,但中文不够好翻不了。但沙博理中文功底也很好,理解中文时是地道的中文,翻译的英文也是地道的英文。沙博理还有一个重要的优势,就是他能从出版社的角度考虑问题,考虑外国读者的需要,所以他也是出版家。"②沙博理绝大多数的翻译选择,都是他的自主行为。比如他翻译的第一部作品《新儿女英雄传》,就体现出明显的个人特征。那时的沙博理刚到北京不久,还没有找到合适的工作,赋闲在家读到此书,十分有兴趣,便产生了翻译的想法。周明伟说:"那本小说(《新儿女英雄传》)文字浅显,但故事生动,充满了以小胜大、以弱胜强的智慧和胆略,很合他的胃口,是他心目中典型的武侠和武侠精神。"③从此以后,沙博理翻译了很多中国当代红色文学,他选择这些作品译介的原因,绝非是为了完成工作上的需要,更为重要的是,他"对其中的许多人物感到亲切。中国的男女英雄都有那么一股勇气和闯劲,强烈地使人联想到美国的拓荒精神"④。

如果说译介中国当代红色文学时,沙博理自身的翻译观、文化立场与翻译目的和当时的国家外宣精神高度统一,没有形成太多的翻译选择冲

① 洪捷. 五十年心血译中国——翻译大家沙博理先生访谈录. 中国翻译,2012(4):63.

② 转引自:张晓. 沙博理与《水浒传》. 国际人才交流,2016(7):14.

③ 转引自:温志宏. 周明伟:我与沙老的十年——中国外文局局长谈沙博理. 今日中国,2014(11):58.

④ 沙博理. 我的中国. 宋蜀碧,译. 北京:北京十月文艺出版社,1998:118.

突,那么,《水浒传》的译介,则有很多外部因素,影响着沙博理的翻译选择。外文出版社组织译介中国文学四大名著,有着较强的政治目的。特别是"四人帮""对周恩来总理心怀不满,又不敢明目张胆说他坏话,就拿《水浒传》大做文章,把总理比喻成新中国的宋江,借着骂宋江来把矛头指向周总理"①。因此,《水浒传》的翻译对译者来说难度非常大。沙博理在这种情况下选择翻译《水浒传》,既有外部原因,也有内部因素。

外部因素是来自于"文革"的影响。"'文革'之初,作为中国公民的沙博理也理所当然地参加了贴'大字报'等一系列政治活动。老朋友马德海警告他说,'"文化大革命"不是什么好事情,你还是不要参加了。'"②这对沙博理后来翻译《水浒传》是一个很大的帮助。"文革"时期,沙博理一家的生活受到了很大的影响。沙博理回忆说:"凤子在'干校'养小猪和小鸡,下午学习毛主席语录,还有没完没了的自我检讨。其他人一两个月可以回家一次,但凤子这种'犯严重错误的人'是不允许回家的。女儿那时也被分配到了通县的造纸厂上班,四年当中都是我一个人在家。"③不过,沙博理乐观开朗,虽然生活上十分艰苦,但他还是把主要精力放在了翻译事业上。沙博理说:"'文化大革命'使我得到了一个意外的好处,那就是,由于作家们不敢也不能动笔写作,没有出现杰出的小说,于是单位领导问我愿不愿意翻译古典名著《水浒传》。我很高兴地同意了。"④由于中国文学四大名著的翻译难度较大,因此外文出版社采取了中外译者搭配的方式进行译介,叶君健和汤博文二人与沙博理一起,承担翻译《水浒传》的工作。虽然看上去是合译,但叶、汤二人的工作只是帮助沙博理理解原文和校对译文,主要的翻译工作还是由沙博理完成。黄友义很欣赏沙博理的

① 任东升,马婷.沙博理//方梦之,庄智象.中国翻译家研究(当代卷).上海:上海外语教育出版社,2017:614.
② 旺达.沙博理美国大兵的中国人生.(2005-05-30)[2021-10-13]. http://news.sina.com.cn/c/2005-05-30/11516790291.shtml.
③ 旺达.沙博理美国大兵的中国人生.(2005-05-30)[2021-10-13]. http://news.sina.com.cn/c/2005-05-30/11516790291.shtml.
④ 张经浩,陈可培.名家名论名译.上海:复旦大学出版社,2005:315.

翻译,他说:"沙老的译本出了很多的版本,精装本、平装本,但我们对这个译本一个字没改过,坚持沙老的翻译文字。"①

选择《水浒传》的另一个重要原因,源自沙博理自己对这部作品的喜爱。在沙博理翻译《水浒传》之前,赛珍珠和杰克逊就已经为世人呈现了两个英文全译本。沙博理愿意承担起翻译《水浒传》英文全译本的工作,如果没有他自己对《水浒传》的热爱,是很难成行的。沙博理第一次接触《水浒传》,是在哥伦比亚大学学习中文时。当时在哥伦比亚大学东亚语言文化系任教的傅路德(Luther Carrington Goodrich)向沙博理推荐了此书。但因为当时沙博理的中文水平有限,因此他读的是赛珍珠的英译本。沙博理对赛珍珠的这个译本评价十分中肯,他说:"赛珍珠的译文是一种奇怪的混合物,类似圣经英文,让人读起来有点'古味',又为了有点'中国味道',句型结构则完全按照中文逐字逐句地直译。这给外国读者带来了很大的困难。但由于故事本身十分生动,而且我看懂了大部分,因此我很喜欢这部小说。"②沙博理虽然对于赛珍珠的语言提出了委婉的批评,认为它会给西方读者理解原文增加障碍,但他同时认为,由于《水浒传》故事本身的精彩生动,因此反而又会有助于西方读者的理解。在沙博理看来,西方读者一定会十分喜欢《水浒传》这部作品,虽然赛珍珠的译文在文字上有些难懂,但作品本身是非常优秀,值得阅读的。为了能够更好地了解《水浒传》,沙博理又阅读了杰克逊的版本。对于这个译本,沙博理说:"他(杰克逊)的英文比赛珍珠好些,但据中国同志告诉我,译文相当不准确。"③在阅读了赛珍珠和杰克逊的译本之后,沙博理意识到,《水浒传》在西方世界的传播还有很长的路要走。因此,他开始尝试自己做一些《水浒传》片段故事的翻译。在和杨宪益等人共同承担英文版《中国文学》的出刊工作时,沙博理翻译了关于林冲和武松的故事。在翻译中,沙博理意识到,想要真正欣赏小说的故事内容与叙事风格,对读者的中国文学、中

---

① 转引自:张晓. 沙博理与《水浒传》. 国际人才交流,2016(7):15.
② 沙博理.《水浒传》的英译. 妙龄,译. 中国翻译,1984(2):29.
③ 沙博理.《水浒传》的英译. 妙龄,译. 中国翻译,1984(2):29.

国文化水平要求很高。也正是因为这两次翻译尝试,让沙博理对中外译者合作的模式产生了兴趣,而后来他在凤子、叶君健、汤博文等人的帮助下翻译《水浒传》,也和这两次翻译有一定的关系。早期英译本的阅读,加上自己的一些翻译尝试,让沙博理对《水浒传》的兴趣愈发浓厚,"因此,当70年代外文出版社问我是否愿意翻译整部小说时,我欣然应允了"①。

中国古典小说英译的一个重要难点,在于作品底本的选择。和罗慕士潜心研究《三国演义》底本一样,沙博理在承担起《水浒传》的翻译工作之后,首先就将重点放在了《水浒传》底本的选择上。《水浒传》的版本系统十分复杂,有"繁本"和"简本"两个系统。其中"繁本"文字描写细腻,文学价值更高。在"繁本"中,有三个最具代表性的版本,明万历年间李卓吾的《李卓吾先生批评忠义水浒传》(容与堂刻本)、晚明时期袁无涯的《水浒全传》,以及明末清初金圣叹的《贯华堂第五才子书水浒传》,也就是俗称的百回本、百廿回本和七十回本。这三个版本特点不一,各具特色。在和叶君健、汤博文等人的交流研究下,沙博理决定翻译"一百回的版本,前七十回用金圣叹的版本,后三十回用容与堂的。这样,就可以把梁山好汉及宋江之死的全部故事介绍给读者"②。沙博理在译本底本的选择上是非常严谨的,金圣叹的七十回版本是基于袁无涯的百廿回本编纂整理而成的,在几个"繁本"中的文学价值最高,因此,使用金圣叹的版本更加有助于西方读者感受到中国古典文学的魅力。但是,从水浒故事的完整度上看,金圣叹的版本有所不足,因此,附上招安之后的后三十回,对西方读者了解水浒文化的全貌,是十分必要的。

沙博理在底本选择上,更多的是从中国文学与文化传播的角度出发,力求给西方读者描绘一个真实的水浒世界。由于翻译《水浒传》时正处特殊时期,因此在翻译的过程中,沙博理面临了新的底本选择问题。在通常情况下,译者是不会在译中阶段面临底本选择问题的,沙博理所面对的这种选择是受到外部因素影响的被动选择,但是他还是做了积极的处理。

---

① 沙博理.《水浒传》的英译. 妙龄,译. 中国翻译,1984(2):29.
② 沙博理.《水浒传》的英译. 妙龄,译. 中国翻译,1984(2):29.

沙博理说:"我们在大约译完五十四回时,遇到了困难。'四人帮'公布了毛主席和鲁迅批评宋江投降皇帝以及他后来征讨方腊的语录。'四人帮'宣称,金圣叹有意从原来的一百回内删去这些情节,目的是'隐瞒'宋江的'投降主义'。"①事实上,沙博理等人对整个水浒故事的全面客观展现已经有了比较全面的考虑,并刻意选择容与堂的后三十回,用于展现招安后的故事情节与发展,从故事的角度来说,并没有"刻意隐瞒"宋江的"投降主义"。但是,在强大的政治压力下,外文出版社的一些编辑坚持要求沙博理把前七十回也改用容与堂的版本,无奈之下,沙博理只好接受了意见,修改本已经翻译完的前五十四回译文。沙博理认为这种改变不仅浪费了大量的宝贵时间,更为重要的是,这种改变降低了译本的文学价值,不利于向西方传播中国文学和中国文化。他说:"我与汤博文和叶君健同志都极力反对他们这种禁用金圣叹版本的作法。因为大多数中国学者认为金圣叹版本在文学质量上要比容与堂的略胜一筹。"②为此,沙博理做了一个非常大胆的决定。在粉碎"四人帮"后,他和叶君健、汤博文一起,决定再把译文改回原来的版本。这等于是再次把《水浒传》前七十回重新译一遍。这种看似疯狂的翻译选择,在沙博理看来是值得的,因为这样才能够保证把《水浒传》真正的文学价值传递给西方读者。

沙博理的翻译选择还体现在翻译过程中对具体文本内容、具体文字的选择上。在翻译《水浒传》时,沙博理就有选择地翻译了文中的部分古典诗词,并对"原著中一些自然景物和人工建筑的环境描写文字删减或压缩"③。黄友义曾评价沙博理对"经典名著敢于这样删改,真是有魄力"④。更有魄力的,还是沙博理对《水浒传》英译本书名的翻译选择。最初,沙博理为《水浒传》英译本取名为 *Heroes of the Marsh*,但江青等人认为宋江等人是投降派,不能被称为英雄,于是要求修改译名。沙博理十分反对这种观点。在他看来,"一百零八将从来就不是革命派,不是那种为了推翻一

---

① 沙博理.《水浒传》的英译. 妙龄,译. 中国翻译,1984(2):29.
② 沙博理.《水浒传》的英译. 妙龄,译. 中国翻译,1984(2):30.
③ 任东升."萃译"之辩. 解放军外国语学院学报,2018(4):16.
④ 张晓. 沙博理与《水浒传》. 国际人才交流,2016(7):14.

种政治体制而建立另一种政体的人们。用他们自己的话说,他们只是反对某些腐败的大臣使皇帝'误入歧途'。他们的敌人既非封建社会体制,也不是皇帝,因此,根本谈不上向他们'投降'。虽然在当时的中国要想变革封建社会的条件还不成熟,但他们敢于反对力量上与经济上都比自己强大的压迫人民的势力,所以我认为他们是当之无愧的英雄。他们忠实地,也许是错误地认为皇帝是个英明仁慈的统治者,而方腊企图推翻这样一个皇帝就无疑地受到他们的反对。就这一点来说,按照当时封建社会的水准,也是一种'英雄'的举动"[1]。虽然沙博理坚持认为《水浒传》所要传递的是一百零八将的英雄气概,但迫于外部压力,他必须对译名中的"heroes"进行修改。沙博理选择了"outlaws"去代替原书名中的"heroes",将一百零八将同英语世界的绿林好汉联系在了一起。任东升和张静认为沙博理的"机灵'变通'最终巧妙地抵制了翻译的'强权'"[2]。在我们看来,是一次非常成功的选择。沙博理的选择不仅没有改变原作的写作意图,还进而在西方读者中产生了积极的联想意义,有效地推动了中国文化的传播。

　　谈及沙博理的翻译选择,还有一部不得不提的作品,就是邓小平女儿邓榕的《我的父亲邓小平:"文革"岁月》。这是沙博理翻译的最后一部作品,当时的他其实已经退休,工作的重心已经转移。由于这本书涉及了大量特定时期的历史文化要素,翻译起来十分困难,因此,邓榕找到沙博理,希望他能够翻译此书。和之前工作上的"被选择"不同,这次"被选择"既是个人的邀请,更是对沙博理多年翻译工作的极度认可与尊敬。沙博理自己也对这本书很有兴趣,因此接受了邀约,成就了一段佳话。

　　沙博理的翻译选择既有宏观层面的政治考虑与作品选择,也有中观层面的作品底本选择,还有微观层面对作品内容与文字的选择。这些选择都反映了他个人的翻译观与文化立场。在微观层面的很多翻译选择,形成了沙博理独特的译介特征。

---

[1]　沙博理.《水浒传》的英译. 妙龄,译. 中国翻译,1984(2): 30.
[2]　任东升,张静. 沙博理:中国当代翻译史上一位特殊翻译家. 东方翻译,2011(4): 46.

第五节　心系读者，合理改写

在翻译实践中，沙博理一贯践行他重忠实、重意义、重风格的翻译观。同时，他的很多译文又体现出极强的目的取向，即沙博理会根据他的翻译目的，对原文进行一定的改写。这和德国功能主义学派的观点有些类似。值得一提的是，虽然沙博理根据他的译介目的对部分文字内容进行了删改，但作品的完整性并没有受到影响。比如他翻译的《水浒传》，傅路德就评价其译文"虽然删去了大多数的诗歌和一些无关的文字，但仍然真实再现了中文原作。……因为沙博理的翻译，西方对中国和中国小说的了解更进一步"①。沙博理在翻译中并不拘泥于具体的翻译方法，而是希望译作整体上与原作保持一致。具体来说，从沙博理的翻译实践来看，其译介体现出两个明显的特征，即强调译作读者的感受，以及依据翻译目的对原作进行删改。

沙博理曾经说过："我向美国人民介绍中国，用的是他们懂得的语言和表达方式，如此而已。"②抛开中美文化之间的差异，汉语和英语的语言和表达差异也会加大西方读者理解上的困难。特别是中国古典文学的英译，不仅存在空间差异，还有时间差异。对沙博理来说，如何在译作中保证原作的原汁原味，且不增加西方读者的阅读困难，是沙博理面对的一对矛盾。沙博理在翻译《水浒传》时，以读者接受为视角，对不同的内容，采用了很多不同的方法缓解这对矛盾。

首先是沙博理译本英译名中的"outlaws"一词。由于众所周知的原因，沙博理使用"outlaws"替代了原本采用的"heroes"。在沙博理看来，"这一改变与原先的意思并无区别。'outlaws'这个词在英语里是个好词，经常用来描写罗宾汉和他手下的好汉这一类人。这些英国中世纪有名的

---

① Goodrich, L. C. *Outlaws of the Marsh*. Volumes I & II by Shi Nai'an, Luo Guanzhong and Sidney Shapiro. *Pacific Affairs*, 1982, 55(1): 115.

② 张经浩，陈可培. 名家名论名译. 上海：复旦大学出版社，2005: 319.

无法无天的人杀富济贫,直到今天仍被誉为民间英雄。所以在粉碎'四人帮'后,我认为没必要再由'outlaws'改回原来的'heroes'了"①。在选择《水浒传》底本时,沙博理不惜浪费大量的时间,改回因政治原因而被迫更改的底本,但在译名的处理上,他却没有改回原来的译名,应当说,沙博理肯定了'outlaws'的价值。我们认为,这绝不仅仅是因为'outlaws'和'heroes'的意思并无太大区别,而是有更深的原因。和"outlaws"相比,"heroes"受众面更广,语义没有歧义,从译名的角度来看,更容易为西方读者提供先入为主的印象。这种"先把握"有助于西方读者快速进入故事的情节,提升对作品的理解。相反,"outlaws"虽然也有英雄、绿林好汉这样的语义,但同样也有亡命之徒、逃犯等含义,因此,沙博理的选择似乎会给那些对《水浒传》并不了解的西方读者带来错误的"先把握",从而影响读者对水浒人物的理解。然而,与"heroes"相比,"outlaws"为水浒文化在西方的传播与接受提供了一种难得的厚度和层次感,并且更加符合小说本身的风格。《水浒传》旨在反映北宋末年的政治状况和社会矛盾,因此,基于不同的立场,对一百零八将的认识也并不相同。不同的版本,立场也不相同。特别是七十回本和一百回本,对一百零八将有着明确不同的态度。勒克莱齐奥在探访施耐庵墓时,对《水浒传》评价很高,认为"小说中的人物虽然是造反的,但记录了那个遥远的年代人的基本生存状态"②。鲁迅曾经评价一百零八将"'侠'字渐消,强盗起了,但也是侠义之流,他们的旗帜是'替天行道'。他们反对的是奸臣,不是天子,他们所打劫的是平民,不是将相。……因为不反对天子,所以大军一到,便受招安,替国家打别的强盗——不'替天行道'的强盗去了。终于是奴才"③。沙博理的观点和鲁迅有些类似,但他认为"按照当时封建社会的水准,也是一种'英雄'的举动"④。从沙博理选择的底本来看,第一回"张天师祈禳瘟疫 洪太尉误走妖魔"是将一百零八将评价为"妖魔"的:"此殿内镇锁着三十六元天罡

---

① 沙博理.《水浒传》的英译. 妙龄,译. 中国翻译,1984(2):30.
② 金凤. 探访施耐庵墓,诺奖得主三鞠躬. 现代快报,2013-11-25(A12).
③ 鲁迅. 流氓的变迁//鲁迅. 鲁迅全集(第四卷). 北京:人民文学出版社,2005:159.
④ 沙博理.《水浒传》的英译. 妙龄,译. 中国翻译,1984(2):30.

星,七十二座地煞星,共是一百单八个魔君在里面。上立石碣,凿着龙章凤篆姓名,镇住在此。若还放他出世,必恼下方生灵。"①一百零八将的身份本是"魔",在故事中是有一种由"魔"到"侠"的变化的。"outlaws"一词恰恰包含了一百零八将"魔"、"侠"兼备、由"魔"到"侠"的特征,丰富了译本名的层次感,能够使读者感受到小说所传递出的历史厚重,对传播中国文化起到了正面的积极影响。

其次,沙博理译本的正文,有一个很重要的特征,就是全篇并无译者注。这和之前赛珍珠与杰克逊的两个全译本是一致的,也是大多数译者在译介中国文学作品时的惯常做法。这样的好处在于能够给读者带来完整的阅读体验,但是,考虑到中国古典小说英译时的时间和空间的双重差异,需要译者能够在不做注释的同时,真实、准确地将文化信息传递给译文读者,这是十分困难的事情。沙博理自己就表示,"翻译过程中困难重重。我对北宋历史了解甚少,对古汉语及其句式结构掌握得也不好。另外,那个年代的中国人与当今中国人的思想感情大相径庭"②。沙博理早期主要翻译中国当代文学,早年间学习中文时也未深入研究中国历史和中国古典文学,因此,《水浒传》的翻译对他而言难度不小。不仅如此,由于《水浒传》本身谜团甚多,成书时间、作者等问题学界都还无定论,因此,作品本身也有很多问题,导致翻译上的困难。在翻译时,沙博理发现"在许多场合,施耐庵与罗贯中常把他们自己的江苏方言让书中的山东角色说出来,他们把十四世纪的服装、武器、政府机构强加到生活在十二世纪的人们身上。城镇的位置常搞错,时间的顺序也常是乱的"③。因此,如何能够在保证译作读者阅读体验的同时,还能够真实传递中国传统文化,让沙博理费尽心思。沙博理说:"书中许多官名、官署、武器、服装、家用器具、仪式、宗教事务、双关语、玩笑及文学的暗喻在英文里都找不到对等的

---

① 施耐庵,罗贯中. 水浒传 *Outlaws of the Marsh*:*I*(汉英对照).沙博理,译. 北京/长沙:外文出版社,湖南人民出版社,1999:24.

② 沙博理.《水浒传》的英译. 妙龄,译. 中国翻译,1984(2):30.

③ 沙博理.《水浒传》的英译. 妙龄,译. 中国翻译,1984(2):30.

词,最好的情况也只能用近似的词。"①这给沙博理增加了很多翻译上的困难。例如在第三回"史大郎夜走华阴县　鲁提辖拳打镇关西"中,提到了鲁智深、史进和李忠三人吃酒的场面:"三人来到潘家酒楼上捡个济楚阁儿里坐下。提辖坐了主位,李忠对席,史进下首坐了。"②这里有两处涉及文化的翻译问题,一是"济楚阁儿",二是三人的座次"主位""对席""下首"。其中,沙博理将"济楚阁儿"译为"a clean room",将"主位""对席""下首"分别译作"the host's seat""sat opposite""at the side"③。在"济楚阁儿"的翻译上,沙博理显然是按照他所说的在无法对等时采取近似译法。"济楚阁儿"按照今天的说法其实就是雅间、包间,沙博理翻译成"a clean room",突出了房间的整洁程度,但失去了原文中的雅致、安静的含义,稍显遗憾,但毕竟难以在英语找到一个完全对应的词,因此这样翻译既简单又明确,对西方读者来说,理解上也不会存在偏差,是较为成功的翻译。但是,在座次的翻译上,沙博理似乎也有些犯愁。"主位"的翻译准确到位,难点在于"对席"和"下首"。宋朝的宴席座次,和中国传统的"尚左尊东"还有些不同。"主位"表示主人席位,"对席"并非传统意义上的下座,而是客人的位置,也叫"客席","下首"则是作陪的,与书中后面出现的"打横"是一个意思。因此,三人一落座,就能看出此宴的主客陪同。不过,沙博理的译文并没有将这种人物和宾主关系翻译出来,在没有译注的情况下,是有些遗憾的。不过,由于西方读者并不了解中国传统的坐席位次,他的翻译并不会影响西方读者的阅读体验,倒也符合了沙博理从读者角度出发的翻译策略。

再次,沙博理翻译的另一大特征,是会依据翻译目的对原作进行改写,且这种改写主要以删除原文部分内容的形式出现。任东升通过分析8部沙博理翻译的长篇小说,提出沙博理译介的"萃译"特征。任东升提出:

---

① 沙博理.《水浒传》的英译. 妙龄,译. 中国翻译,1984(2):30.
② 施耐庵,罗贯中. 水浒传 *Outlaws of the Marsh*:I(汉英对照).沙博理,译. 北京/长沙:外文出版社,湖南人民出版社,1999:90.
③ 施耐庵,罗贯中. 水浒传 *Outlaws of the Marsh*:I(汉英对照).沙博理,译. 北京/长沙:外文出版社,湖南人民出版社,1999:91.

"萃译指在长篇小说翻译中对个别次要人物、次要情节以及不利于对外传播的内容删减不译但原文情节开端、发展、高潮和结局等核心文本转换完整,译本呈现未伤及作品主干和风格且在叙事结构、整体衔接、文学品质、阅读效果等方面得到优化的翻译策略和方法,包含萃取、合译、雅化三个过程。"①沙博理对原作的删改,其目的在于助推作品在西方的译介与传播,原则是要保证原作主要内容、叙事风格在译作中得到再现。因此,沙博理的删改并不是简单的降低翻译难度,相反,需要他投入更多精力。在面对不同的作品时,沙博理所考虑的因素并不完全相同。比如沙博理个人十分喜欢的《小城春秋》,所删减的部分情节,主要是考虑到政治因素和文化推广的原因。根据任东升的比对分析,"《小城春秋》原文有 5 章的篇幅描写 3 位青年革命者的三角恋爱,此情节被大幅度删减,三角恋变成两人恋。另一人物是自由知识分子,其奢侈生活描述及其思想转变过程均被删去,从而使其变为敌对分子"②。但是在译介《红岩》时,由于考虑到在英文版《中国文学》上刊登的篇幅原因,沙博理将原本 30 章的内容精简为 7 章左右,在大大缩短篇幅的同时,保留了原作中的故事主线,对作品的对外译介并未产生不利的影响,是一个十分成功的删改。

在《水浒传》的翻译中,除了对大部分的诗歌进行了删除外,沙博理并没有对小说的整体内容进行删减,基本保留了原作的风貌。但是,在很多细节的描写上,沙博理对原作进行了一定程度的删改,这种删改带有明显的目的性,总体上看,沙博理大概有三种考虑。

第一,沙博理希望译作中的一百零八将形象更加凸显题目中"outlaws"的侠义风范。因此,他在译作中将很多原作中人物的野蛮、凶残形象隐去了。例如,在人民文学出版社的《水浒传》第二十七回"母夜叉孟州道卖药酒　武都头十字坡遇张青"中,提到张青和孙二娘一起卖人肉的情节:"实是只等客商过往,有那入眼的,便把些蒙汗药与他吃了,便死。将大块好肉,切做黄牛肉卖,零碎小肉,做馅子包馒头,小人每日也挑些去

① 任东升."萃译"之辩. 解放军外国语学院学报,2018(4):16.
② 任东升."萃译"之辩. 解放军外国语学院学报,2018(4):17.

村里卖,如此度日。"①人民文学出版社在此处的描述和金圣叹的版本是一样的。在翻译中,考虑到张青、孙二娘的形象树立,沙博理在这里并没有将他们做人肉馒头的情节翻译出来,只是一句"Actually, we wait for travellers to come, and do them in"②简单带过。同样的,原作中很多梁山好汉吃人的情节,也被沙博理一一隐去。

第二,沙博理希望通过删改,使译文文字更加凝练,故事情节更加紧凑。例如,第三十一回中,武松在鸳鸯楼杀死张都监、张团练、蒋门神等十数人,后来误打误撞被绑到张青的酒馆,被张青和孙二娘救下。在和两人的聊天中,武松在一句"一言难尽"后向二人详细诉说了分别之后的全部遭遇。但在沙博理的译文中,这原文将近一页纸的篇幅,被沙博理整理归纳,以"Wu Song told the whole story"③展开,仅用了短短四行文字,把武松的遭遇一带而过。从读者的角度来说,这一部分武松的自述,其实是他和张青、孙二娘分别后的三四回的故事内容。这些情节内容十分连贯,原作也并没有在这中间加入其他人物的叙事,因此,译作读者在阅读这部分内容时是一气呵成,故事情节十分完整,而此处武松所回顾的遭遇对张青、孙二娘二人虽是新鲜的内容,但对读者而言已是再熟悉不过了,考虑到这个原因,沙博理将这部分内容删改简化,是合情合理的。

第三,沙博理希望译作的整体风格能够更加符合当代的价值观,特别是在女性形象的建构上,沙博理希望能够树立一个平等的女性立场。王运鸿通过"对沙博理译本的量化分析发现,在沙译本中,88.32%贬损女性的称呼语被替换为非贬损意味的称呼语"④。在沙博理的译文中,沙博理把原作中对潘金兰、潘巧云的称呼进行了中性化的处理,消除了原作中所

① 施耐庵. 水浒传. 北京:人民文学出版社,1997:363.
② 施耐庵,罗贯中. 水浒传 Outlaws of the Marsh:II(汉英对照). 沙博理,译. 北京/长沙:外文出版社、湖南人民出版社,1999:823.
③ 施耐庵,罗贯中. 水浒传 Outlaws of the Marsh:II(汉英对照). 沙博理,译. 北京/长沙:外文出版社、湖南人民出版社,1999:907.
④ 王运鸿. 形象学视角下的沙博理英译《水浒传》研究. 外国语(上海外国语大学学报),2019(3):85.

传递的对女性形象的贬低。在王运鸿看来,"相较于原文本而言,沙博理译本里的叙事者对女性的态度更加客观和平等,女性的地位在翻译过程得到了提升,即使如潘金莲与潘巧云这样在原文本中有道德污点的女性,也具有与原文本中男性一样'有名有姓'、相对独立平等的形象特征"①。沙博理的这种处理不仅仅对水浒文化在西方的传播与接受具有积极的意义,更重要的是,他的译文改变了水浒世界中存在的封建男权思想,有利于中国文化的对外传播与接受。考虑到该译本所面对的大量西方普通读者,这种改变是积极且必要的。

对于在《水浒传》翻译过程中的删改,沙博理自己认为包含着很多方面的因素。首要的因素当然和政治思想有关。沙博理说:"有的作品重新阐释后,很受欢迎,影响很大,但不一定每个翻译家都要这么做。我们当时翻译主要看政治的效果。我们是对外宣传,要保留最重要的东西,要有的放矢。搞翻译有责任也有权利,主观上为了达到目的,为了让外国读者更好理解中国历史文化的本质内涵。"②沙博理所提到的翻译过程中的政治影响,和我们之前的分析是一致的。同时,沙博理也谈到了读者接受的问题。沙博理认为:"向国外读者译介中国作品要考虑受众对象。若有些作品的内容外国读者看了没什么兴趣,或与作品最重要的主题脱离,可以翻译也可以不翻译。"③可以说,多种因素的共同作用,促成了沙博理在《水浒传》翻译过程中的删改行为。

在沙博理最后一部译作《我的父亲邓小平:"文革"岁月》中,也存在着一些主动的删改行为。他从译文的连贯性角度出发,将部分内容进行了压缩。在处理原文中的文化专有项时,沙博理的处理方式较之以往有了一定程度的变化,除了简化删改之外,也采取了一些通过脚注进行解释的处理,甚至还将原作中的一些脚注转至附录中。④ 由于这部传记涉及了太

---

① 王运鸿. 形象学视角下的沙博理英译《水浒传》研究. 外国语(上海外国语大学学报),2019(3):86.
② 洪捷. 五十年心血译中国——翻译大家沙博理先生访谈录. 中国翻译,2012(4):63.
③ 洪捷. 五十年心血译中国——翻译大家沙博理先生访谈录. 中国翻译,2012(4):63.
④ 参阅:刘瑾. 翻译家沙博理研究. 武汉:华中师范大学,2016:94-96.

多的文化专有项,因此加大了西方读者的理解难度,适当地增加一些脚注进行解释,有助于西方读者理解作品,也可以了解当时的时代背景与时代特征。任东升、张静认为"沙博理在翻译中力图再现原作中的历史事件、文化意象,同时适时浓缩,照顾读者的阅读效果"①。

在中国多年的工作和生活,让沙博理对中国文学和中国文化的了解越发得深入。通过翻译,他也对中国的历史产生了浓厚的兴趣。这些对他的翻译实践影响很深。沙博理说:"翻译中国文学是我的职业,也是我的乐趣。它使我有机会去'认识'更多的中国人,到更多的地方去'旅行',比我几辈子可能做到的还要多。中国文学包含我们的许多文章所缺少的骨、血和肉。"②沙博理翻译的《水浒传》,已经成为在西方世界最为成功的译本。沙博理的文化立场与翻译目的体现了强大的国家精神。在多年的译介中,沙博理也形成了自己对翻译的深刻理解。沙博理的翻译之路对中国文化的对外译介与传播有着重要的参照作用,对中国文学、中国文化在海外的推广起到了不可磨灭的作用。

---

① 任东升,张静.试析沙博理的文化翻译观——以《我的父亲邓小平》英译本为例.中国海洋大学学报(社会科学版),2012(1):106.
② 张经浩,陈可培.名家名论名译.上海:复旦大学出版社,2005:318-319.

第六章　杨宪益英译研究

　　杨宪益,原名杨维武,祖籍安徽盱眙(今属江苏淮安),1915 年 1 月 10 日出生于天津。① 他的父亲杨毓璋是中国银行天津分行的行长,是当时有名的银行家,袁世凯、黎元洪、冯国璋等人和他的关系都很好。杨宪益出生时,袁世凯还特意送了一件小黄马褂给他,可见两家关系甚密。杨宪益的妈妈徐燕若是杨毓璋的二房太太,在生下杨宪益之后,又先后在 1916 年和 1919 年为杨宪益生下两个妹妹,取名杨敏如和杨静如。杨氏三兄妹在中国文化史上声名显赫,杨宪益的二妹杨敏如是中国古典文学研究专家,曾在北京师范大学任教,精通唐宋词研究。三妹杨静如,也就是大家熟知的杨苡,是著名的文学翻译家,曾在南京师范大学任教,《呼啸山庄》《永远不会落的太阳》等译著均出自她手。

　　杨宪益的父亲在杨宪益 5 岁时因伤寒去世,母亲徐燕若十分重视杨宪益兄妹三人的教育,由于杨宪益是家里唯一的男孩,因此受到了更多的重视。徐燕若专门请了先生来家里教杨宪益,而他的妹妹们只能去小学念书。杨宪益幼年比较顽皮,所以先生们大多教不长时间就走了,直到徐燕若请了魏汝舟先生,才算是稳定了下来。杨宪益回忆起魏汝舟时,觉得魏先生是个很好的人:"一般老秀才教书只教'四书五经',我这位老先生还教我读了楚辞、老庄,还教我写旧诗,这在当时是脑筋很开明的了。读

---

① 本部分关于杨宪益的生平,内容多参考:辛红娟,等. 杨宪益翻译研究. 南京:南京大学出版社,2018.在此表示感谢!

完十三经及楚辞、唐诗和唐宋文之后,他就开始教我作旧诗。"①杨宪益虽然调皮,但天资聪颖,让杨敏如和杨苡羡慕不已。杨苡说:"我哥哥七岁就写古体诗,绝对聪明,小时候老先生的教法就是写诗,我也想写,可是我不会写,我哥哥就启发我。那时候我跟他和姐姐比,我是最笨的,我姐姐也说她最笨,主要是因为哥哥太聪明了,显得我们姐妹俩笨。特别是我。"②1926年,年仅11岁的杨宪益就写下了《驳〈文学改良刍议〉》一文,批驳胡适的文学改革主张。

1927年,12岁的杨宪益进入天津教会学校新书学院预科班,一年后,开始了正式的学习。在那里,杨宪益开始广泛阅读西方文学,在各种课程中,杨宪益的英国文学和中国文学成绩远比其他同学好得多,他在文学方面的才华开始显现出来。杨宪益的二妹杨敏如当时在美国教会的中西女学里读书,她回忆道:"哥哥读书时非常聪明,他已经把十三经背得滚瓜烂熟时,我连四书五经还没有读会。我只有中等成绩,他则是名震全校的才子。"③由于学习成绩好,杨宪益有很多空闲时间,他因此阅读了大量的课外书,丰富了他的西方文学知识。在阅读中,杨宪益产生了对希腊古典文学的热情,这也为他之后远赴牛津攻读古典文学埋下了种子。

九一八事变之后,杨宪益开始创作爱国主义诗歌。创作的同时,他还将朗费罗、莎士比亚、萨福等人的诗歌翻译成中文。通过翻译诗歌,杨宪益开始对文学翻译产生了兴趣。1933年,杨宪益入选了黄佐临用英文创作的一部以战国时代为背景的历史剧。这是杨宪益生平唯一的一次舞台经历。

1934年,杨宪益从新书学院毕业,开始考虑上大学的事情。杨先益最初的想法是去北京大学或者清华大学,但由于燕京大学提前招生,又和新书学院有特殊关系,因此,杨宪益先参加了燕京大学的入学考试。由于成

① 杨宪益. 我的启蒙老师. [2021-10-13]. https://wap.cmread.com/r/453369718/453370306.htm? ln=152_478334_97698234_1_1_CB1L&purl=%2Fr%2Fp%2Fcatalog.jsp%3FsqId%3DCB%26bid%3D453369718&page=1&vt=3.

② 转引自:刘守华. 文化名家杨宪益兄妹. 名人传记(上半月),2015(5):64.

③ 转引自:刘守华. 文化名家杨宪益兄妹. 名人传记(上半月),2015(5):65.

绩出色,杨宪益被燕京大学特批直接进入二年级学习。杨宪益很开心,但他还是想等等北京大学和清华大学的考试。就在这时,杨宪益在新书学院的老师 C. H. B. 郎曼夫妇要回英国休假,他们希望能够带上他们的得意门生去英国学习古希腊文和拉丁文。这让杨宪益很有兴趣。杨宪益的妈妈徐燕若很支持杨宪益出国留学,加之杨宪益的同学李亚福也有意去英国,因此他们就和 C. H. B. 郎曼夫妇一起,坐船经美国前往英国。旅途中,杨宪益等人先后游历了日本的神户、横滨、东京,美国的夏威夷、温哥华、西雅图、芝加哥、纽约等地,杨宪益也用英文写下了一组旅游散文,并起了一个拉丁文名字 *Terra Marique*(《陆与海》),寄回给妹妹杨敏如。可惜手稿在抗日战争中不幸遗失了。

抵达英国伦敦的杨宪益,在郎曼的介绍下,跟随两位私人教师学习古希腊文和拉丁文。学习了五个月后,杨宪益在 1935 年的春天参加了牛津大学的入学考试。虽然杨宪益轻松地通过了默顿学院的笔试,但在面试中,面试官觉得杨宪益学习拉丁文和希腊文的时间太短,因此通知他第二年再入学。1936 年秋天,杨宪益开始了在牛津大学的学习生活。他对于成绩是否优秀并不在意,反而更喜欢结交朋友,阅读文学作品。抗日战争全面爆发后,杨宪益和吕叔湘等进步人士油印《抗日时报》,并在 1937 年冬创办了《救亡报》。同年,在学习法国文学时,他结识了未来的妻子戴乃迭,两人最后都放弃了法国文学,杨宪益改学英国文学,而戴乃迭则成为牛津大学第一位攻读中国文学荣誉学位的学生。

1940 年,杨宪益顺利从牛津大学毕业,他和戴乃迭订婚,并一起回到了中国。回国后的杨宪益受聘于重庆中央大学柏溪分校,任副教授。1941 年 2 月 16 日,在母亲徐燕若的操办下,杨宪益和戴乃迭、杨敏如和罗沛霖一起举办了婚礼。当时的中央大学校长罗家伦和南开大学校长张伯苓为两对新人主婚。

1943 年秋,杨宪益接受了国立编译馆的聘任,开始翻译《资治通鉴》,并结识了梁实秋、梁宗岱、老舍等人。1944 年,杨宪益和戴乃迭合作,翻译《老残游记》。同时,他还翻译了陶渊明等人的诗歌。1947 年,夫妇二人合译的《老残游记》英译本在南京独立出版社出版,这也是杨宪益出版的第一部译著。

1950 年,英文版《中国文学》创刊。受叶君健的邀请,杨宪益和戴乃迭一起,为杂志提供译作。在那里,他结识了沙博理。1953 年,外文出版社成立,杨宪益、戴乃迭、沙博理等人一起,成为外文出版社的翻译专家。杨宪益和戴乃迭开始专心从事中国文学的对外译介工作。未来的十余年,是杨宪益翻译活动的高潮,他和戴乃迭一起,翻译了大量的中国文学作品。这一年,外文出版社相继出版了他和戴乃迭合译的《离骚》《屈原》等著作的英译本。1954 年,杨宪益结识了冯雪峰,两人一起开始翻译鲁迅的作品。同年,杨宪益和戴乃迭合译的《唐代传奇》《王贵与李香香》《白毛女》等译作相继出版。1955 年,杨宪益和戴乃迭合译的《长生殿》英译本出版。1956 年,两人合译的《鲁迅选集(1—4 卷)》《宋明评话选》等相继出版。1957 年,外文出版社出版了两人合译的《儒林外史》英译本,1958 年,又出版了两人合译的《汉魏六朝小说选》《关汉卿杂剧选》《秦香莲》等作品。1959 年,两人合译了鲁迅的《中国小说史略》,在外文出版社出版。同时,两人又开始翻译司马迁的《史记》。1961 年,两人完成了《史记》的翻译工作,但由于历史原因,迟迟未能出版。同年,根据外文出版社的工作安排,两人开始翻译《红楼梦》。这一年,外文出版社还相继出版了两人合译的《故事新编》《不怕鬼的故事》等译作。

由于"文化大革命"的原因,杨宪益和戴乃迭的翻译工作不得不暂停。1968 年 4 月底,两人受到冲击被捕,在狱中待了四年。1972 年出狱后,才继续翻译《红楼梦》。1976 年,两人终于翻译完《红楼梦》全书,并分别在1978 年、1979 年和 1980 年由外文出版社分三卷出版。这也成为杨宪益译介生涯中最为重要的一部译作。1976 年至 1981 年,外文出版社还相继出版了两人合译的《野草》《史记选》《呐喊》《彷徨》等作品。

1981 年,受到"企鹅丛书"的启发,时任英文版《中国文学》主编的杨宪益决定发起"熊猫丛书"系列。该丛书包括了中国古代、近现代和当代的优秀文学作品,主要译介成英法两种语言。其中,杨宪益、戴乃迭两人合译的《聊斋故事选》《老残游记》《唐宋诗文选》《汉魏六朝诗文选》等作品均收录其中,形成了广泛的影响。由于工作性质的原因,杨宪益之后逐渐减少了自己的翻译,并开始撰写英文自传。

1999 年 11 月 18 日,戴乃迭因病辞世,杨宪益也就此搁笔,停止了一切翻译工作。2009 年 9 月,中国翻译协会授予杨宪益"翻译文化终身成就奖"。同年 11 月 23 日,杨宪益在北京逝世,享年 95 岁。

杨宪益一生翻译了大量的中国文学作品,在很多人看来,他是"最后的集'士大夫'与'洋博士'和'革命者'于一身的知识分子"①,但在他的外甥女赵蘅心中,他"是中国的良心"②。杨宪益和戴乃迭的合译,为中国文学对外译介的译者模式提供了重要的参照。杨宪益长期从事翻译实践,虽然没有就翻译问题提出宏篇大论,但透过其译学实践,仍然能够发现其翻译观、文化立场中的闪光之处。

第一节　信达兼备的翻译观

杨宪益一生译作无数,他不仅英译了大量的中国文学作品,还将很多外国文学作品翻译成中文。但是,杨宪益本人十分谦虚,"或称翻译家,实不敢当,翻译匠则还可以当得"③。事实上,虽然杨宪益本人并没有集中论述过翻译的问题,但从他作品的副文本,以及一些对话、杂文中,还是能够清晰勾勒出杨宪益的翻译观轮廓。事实上,杨宪益对翻译有着深刻的思考,只是遗憾于未能结集成书。杨宪益自己表示:"回顾过去几十年,我这一生的大部分时间都是在从事翻译工作中度过的,因为似乎也不能说没有一点体会;但是我的思想从来逻辑性不强,自己也很怕谈理论,所以也说不出什么大道理。"④因此,不是说杨宪益在多年的翻译经历中没有感悟,而实际上恰恰是感悟良多,只是不知从何谈起罢了。透过杨宪益多年

① 雷音. 杨宪益传. 香港:明报出版社,2007:204.
② 赵蘅. 他离去,皓月般品格长存——写在杨宪益诞辰 100 周年之际. 光明日报,2015-01-20(11).
③ 杨宪益. 银翘集——杨宪益诗集. 福州:福建教育出版社,2007:12.
④ 杨宪益. 略谈我从事翻译工作的经历与体会//金圣华,黄国彬. 因难见巧——名家翻译经验谈. 北京:中国对外翻译出版公司,1998:79.

的翻译实践,以及他对翻译的点滴阐述,我们可以发现,杨宪益的翻译观主要体现在翻译忠实观、翻译哲学观,以及他的诗歌翻译观上。

　　杨宪益的翻译观深受中国传统译论的影响。从古代佛经翻译时期的支谦、道安、鸠摩罗什、玄奘,到近代西学翻译的马建忠、梁启超、严复等人,翻译的忠实一直是中国传统译论关注的焦点。特别是近代严复提出的译事三难"信、达、雅",更是被中国译学界视为翻译的重要标准。在中国,一谈到翻译思想、翻译观念,就很难不提到西方的奈达和中国的严复。杨宪益的翻译忠实观,也是来源于他对严复"信、达、雅"的思考。在杨宪益看来,严复所论的译事三难,"信"和"达"最为重要。他认为,"'信'和'达',在翻译则是缺一不可。'宁顺而不信'和'宁信而不顺'都是各走极端,不足为法。要做到'信'和'达'兼备不是很容易的事。总的原则,我认为是对原作的内容,不许增加或减少①。杨宪益的翻译忠实观,始终围绕严复的"信、达、雅"。他反对二元对立的观点,认为"信"和"达"一样重要,在翻译时不能有所偏颇。不过,杨宪益也深切感受到,想要在翻译中同时达到语言层面和意义层面的忠实,并不是一件容易的事情。英语与汉语两种语言符号之间的符号差异性很大,这给译者提出了更高的忠实要求。因此在翻译中,需要正确面对不同语言之间存在的符号差异。杨宪益的翻译忠实观,更加强调对原作内容、原作意义的忠实。在杨宪益看来,"信、达、雅"的层次十分重要。"其中,'信'是第一位,没有'信'就谈不上翻译。'达',不仅要忠实于原文原意,更要传神、要有所升华。最难的是第三境界'雅',没有多少人可以达到。"②也就是说,所谓翻译的忠实,是首先做到"信",其次做到"达"。"雅"的境界太高,因此不必强求。在"信、达、雅"中,严复认为"信"和"达"之间存在着"顾信矣不达,虽译犹不译也,

---

① 杨宪益. 略谈我从事翻译工作的经历与体会//金圣华,黄国彬. 因难见巧——名家翻译经验谈. 北京:中国对外翻译出版公司,1998:83.

② 郭晓勇. 平静若水淡如烟——深切缅怀翻译界泰斗杨宪益先生. 中国翻译,2010(1):47.

则达尚焉"①的辩证关系。杨宪益也有着相似的观点。杨宪益把"达"理解为传神,在原意中升华,是要求在翻译过程中挖掘原作的深层魅力,如果仅仅是语言的转化,就不是忠实的翻译。他曾说:"把'一朵花'译成'一朵玫瑰花'不对;把'一朵红花'译成'一朵花'也不合适。"②翻译不仅仅要在语义的传递上做到准确无误,还要把符号的意义、语言的风格都呈现给译文读者。可见,杨宪益的翻译忠实观,是一种动态的忠实,是对原作意义、风格的忠实再现。

如果将杨宪益动态、统一的翻译忠实观细化剖析,我们就会发现,杨宪益对于译作内容和文化意象的忠实度要求是非常高的,相较而言,形式上的忠实是可以适当放宽,甚至可以在与内容冲突时舍弃的。杨宪益说:"只有把原文理解弄懂了,翻译才有把握。"③对原文理解的第一步,就是理解原文的内容。这个内容,是通过原作文字符号所要表达和传递的内在意义。在杨宪益看来,译者首先是原作的读者。翻译的基础源自于对原作的理解。在接受苏福忠的采访时,杨宪益以《红楼梦》举例,表示"你读不懂吃不透,你怎么翻译成英语呢? 我做翻译,好像理解原文上花费的工夫,一点也不比写成英语的时间少"④。优秀的译者都十分重视理解之于翻译的重要作用。翻译活动始于理解,乔治·斯坦纳明确表示"理解,便是阐释。领悟一种意义,便是翻译"⑤。傅雷更是对译者的理解提出了非常明确的要求:"事先熟读原著,不厌求详,尤为要著。任何作品,不精读四、五遍决不动笔,是为译事基本法门。第一要求将原作(连同思想,感

---

① 严复. 《天演论》译例言//罗新璋,陈应年. 翻译论集(修订本). 北京:商务印书馆,2009:202.
② 杨宪益. 略谈我从事翻译工作的经历与体会//金圣华,黄国彬. 因难见巧——名家翻译经验谈. 北京:中国对外翻译出版公司,1998:83-84.
③ 杨宪益. 我与英译本《红楼梦》//郑鲁南. 一本书和一个世界(第二集). 北京:昆仑出版社,2008:2.
④ 苏福忠. 追忆与杨宪益先生的一点交往. (2009-12-14)[2021-10-13]. http://news.sohu.com/20091214/n268937942.shtml.
⑤ Sterner, G. Préface à la deuxième édition. In Sterner, G. *Après Babel: une poétique du dire et de la traduction*, Prais: Albin Michel, 1998:17.

情,气氛,情调等等)化为我有,方能谈到迻译。……总之译事虽近舌人,要以艺术修养为根本:无敏感之心灵,无热烈之同情,无适当之鉴赏能力,无相当之社会经验,无充分之常识(即所谓杂学),势难彻底理解原作,即或理解,亦未必能深切领悟。"①初学翻译之人,往往拿到原文就迫不及待下笔翻译,恰恰中了翻译之大忌,翻译出来的译文也总会让人难以读懂,给人以生搬硬套之感。所以,要想做到翻译的忠实,就必须首先彻底理解原文。"1987年,时任译林出版社社长的李景端找到杨宪益,希望由他来翻译《尤利西斯》,这将是这本书第一个中译本,但这个请求却被杨宪益拒绝。'他说:"这本书的确值得翻译,你有决心引进来是对的。我在英国时就看过,但没有看懂,我没有看懂的书,怎么敢把它翻译出来?"他很坦率地跟我说讲:"也不是我谦虚,就是英国人也有不少没看懂。作为出版社,不能因为难懂而不翻,但从我来讲,我因为不懂,所以不敢翻,否则就是骗人了。"'杨宪益建议,去找一些对英国意识流文学有研究的人,最后,李景端找到了萧乾。"②可见,为了保证译文的忠实,杨宪益对所译作品也有着自己明确的要求。在他看来,译者的存在价值在于通过语言符号的转化,帮助译作读者去理解原作内容,而不是去费力地理解译作。他十分明确考虑读者的切身感受是内容忠实的一个重要部分,只有保证了内容的忠实,才能够做到对读者的忠实。他并不认同戴乃迭的读者未知论。他说:"我认为我们知道在对谁讲话的。译者本身的观点不会在译文中出现很多,我们在竭尽全力把原文的意思忠实地传达给另一读者,使他们能尽量理解原作的内容。我们不应过多地把自己的观点放进去,否则我们就不是在翻译而是在创作了。"③

不过,如果仅仅是忠实于原文的内容,还不能代表杨宪益对翻译的忠实追求。翻译是文化的传播与交流,是不同文化间的对话。杨宪益十分

---

① 傅雷. 论文学翻译书//罗新璋,陈应年. 翻译论集(修订本). 北京:商务印书馆,2009:773

② 王晶晶. 杨宪益身后,谁来翻译中国. 中国青年报,2009-12-01(11).

③ 肯尼思·亨德森. 土耳其挂毯的反面. 陈鑫柏,译//王佐良. 翻译:思考与试笔. 北京:外语教学与研究出版社,1989:89.

清楚,只有文化意象的忠实翻译,才能够将原文的精髓在译文中再现,才能够实现文化走出去。他说:"翻译不仅仅是从一种文字翻译成另一种文字,更重要的是文字背后的文化习俗、思想内涵,因为一种文化和另一种文化都有差别。"①一部好的译作,应当完整保留原作中的文化意象,如果用目的语的文化意象去替代原作中的文化意象,不仅会造成画虎不成反类犬的囧象,也会影响读者在阅读时的体验,并形成错误的文化认知。但是,文化与文化确实会存在差异,这种差异性本身就会增加读者的理解困难。对于这个问题,不同译者会有不同的选择,也就形成了异化与归化的区别。在这个问题上,杨宪益认为,"翻译的时候不能作过多的解释。译者应尽量忠实于原文的形象,既不要夸张,也不要夹带任何别的东西。当然,如果翻译中确实找不到等同的东西,那就肯定会牺牲一些原文的意思。但是,过分强调创造性则是不对的,因为这样一来,就不是在翻译,而是在改写文章了。……那样一来,翻译就不成其为翻译了,我们必须非常忠实于原文"②。杨宪益要求译者能够保持中立,特别是要避免用自己的理解去替代原文。每一个人对原作的理解都不尽相同,译者和普通读者不同,他是特殊的读者,他需要让译作读者在阅读时面对原作文化的本来面貌,自己去揭开异域文化的面纱。杨宪益在评价韦利的《诗经》英译本时提到,"他(韦利)依旧有弄得过分像英国诗歌的弊病;比如他把中国周朝的农民塑造成田园诗中描述的欧洲中世纪农民的形象。……译文读起来很像英国中世纪的民谣,而不像反映中国情况的诗歌"③。在谈到自己的译文时,杨宪益也不断强调要让译文保留异域风情。比如在谈到自己翻译的《凯撒和克莉奥佩特拉》的译名时,他表示译名"不够通俗,但也没有更好的办法,因为总不能为了通俗化,就译成《霸王别姬》吧。那样岂不

---

① 杨宪益. 我与英译本《红楼梦》//郑鲁南. 一本书和一个世界(第二集). 北京:昆仑出版社,2008:2.

② 转引自:肯尼思·亨德森. 土耳其挂毯的反面. 陈鑫柏,译//王佐良. 翻译:思考与试笔. 北京:外语教学与研究出版社,1989:84.

③ 转引自:肯尼思·亨德森. 土耳其挂毯的反面. 陈鑫柏,译//王佐良. 翻译:思考与试笔. 北京:外语教学与研究出版社,1989:85.

使人想起这是一本关于西楚霸王相遇虞姬的历史剧,或关于京剧梅兰芳和杨小楼的东西?"①在杨宪益心中,"最好的翻译,不仅要重视原文,注解也越少越好,让读者在阅读的快感中享受、回味"②。杨宪益的翻译忠实观,是"信"和"达"的忠实,尽量靠近原文。

　　杨宪益翻译观的第二个重要部分是他的翻译哲学观。杨宪益的翻译哲学观主要体现在他对翻译可译性的思考上。在多年的翻译实践与翻译思考中,杨宪益对文学翻译可译性的思考从未停止过,对文学翻译可译性的认识也在不断发展。杨宪益的翻译哲学观是辩证的。在他的自传《漏船载酒忆当年》中,杨宪益曾写下当年接受毛主席接见时的一段有趣对话,能够看出杨宪益对文学作品可译性的看法。他回忆:"1953年年初或1954年年初,我和其他科学家、作家和艺术家共计二十人,应邀去会见毛主席。……毛主席从我们面前的一扇门里走进来。……他走过来,一个一个地和我们握手,周恩来跟在他身边,依次地把我们一一向他介绍。当他走到我跟前时,周总理说我是一位翻译家,已经把《离骚》译成英文。毛主席热爱中国古典诗歌,《离骚》是产生在中国南方的一篇古诗,正是毛主席最喜爱的作品之一。他伸出汗津津的手掌和我热烈地握了握说:'你觉得《离骚》能够翻译吗,嗯?''主席,谅必所有的文学作品都是可以翻译的吧?'我不假思索地回答。他停住脚步,像是想就此问题再说些什么。但他转眼间又不想说了,他微微一笑,再次和我握手后就去和其他人打招呼了。"③总体上,杨宪益一直认为文学翻译是可行的。在杨宪益看来,"翻译是沟通不同民族语言的工具。不同地区或国家的人都是人,人类的思想感情都是可以互通的。在这个意义上来说,什么东西应该都可翻译,不然

①　杨宪益. 关键是"信""达"//萧伯纳. 凯撒和克莉奥佩特拉. 杨宪益,译. 北京:人民文学出版社,2002:2.
②　杨宪益. 我与英译本《红楼梦》//郑鲁南. 一本书和一个世界(第二集). 北京:昆仑出版社,2008:3.
③　杨宪益. 漏船载酒忆当年. 薛鸿时,译. 北京:北京十月文艺出版社,2001:178-180.

的话,人类就只可以闭关守国,老死不相往来了"①。无论是与毛主席就《离骚》可译性的对话,还是自己的翻译体会,我们都不难发现,杨宪益对可译性的思考,与洪堡语言共性论的观点十分类似。洪堡的语言学观认为:"人创造语言,是为了生存和交流的需要。……既然语言是人的普遍自然气质,人本身能理解语言,不管语言多么原始,它都具有这种普遍特点,也就是说每种语言都能表达任何思维和概念。每一个民族的人们都有无限的学习潜能,找到总体对应。"②杨宪益认为《离骚》当然可以翻译,是从语言的本质上、从文学文本的整体上进行的判断。就语言的本质来说,任何语言都是可译的,因为即便人和人之间所使用的语言符号不同,但他们所面对的事物是一样的,思维方式也基本相同,因此,翻译当然是可行的。文学文本是由一个个语言符号组成的,从整体上看,并不存在不能够翻译的文学文本。翻译因人类相互交流的需要而产生,也许一开始会存在交流的困难和障碍,但在不断的交流过程中,这种困难和障碍会不断地被消除。这是翻译的作用,也是翻译的魅力。但是,杨宪益也在其多年的翻译实践中意识到,虽然从整体上看文学翻译是可行的,但从细节上看,在每一次的翻译过程中,都会或多或少受到一些因素的影响,使译文和原文之间不对等。这些因素,被杨宪益看作翻译中的不可译性因素。多年之后,当杨宪益再回忆起当年与毛主席的对话,他意识到毛主席之所以停下脚步是在怀疑《离骚》的可译性,是在怀疑诗歌的可译性,更是在怀疑文化的可译性。这种怀疑当然不是对翻译行为的整体否定,而是在提醒译者,不同文明、不同文化之间的碰撞,是对异的好奇和向往,绝非为了趋同。因此,杨宪益对《楚辞》等诗歌的可译性问题,有了新的思考,"能不能翻译成其他文字,而保留其神韵,的确是一个难说的问题"③。在翻译古典文学的时候,杨宪益发现,语言符号虽然是可译的,但想要准确翻译符

① 杨宪益. 略谈我从事翻译工作的经历与体会//金圣华,黄国彬. 因难见巧——名家翻译经验谈. 北京:中国对外翻译出版公司,1998:82-83.

② 刘军平. 西方翻译理论通史. 武汉:武汉大学出版社,2009:112.

③ 杨宪益. 略谈我从事翻译工作的经历与体会//金圣华,黄国彬. 因难见巧——名家翻译经验谈. 北京:中国对外翻译出版公司,1998:82.

号所承载的文化,是非常困难的。杨宪益说:"人类自从分成许多国家和地区,形成不同文化和语言几千万年以来,各个民族的文化积累又各自形成不同的特点,每个民族对其周围事物的看法又会有各自不同的联想,这往往是外国人很难理解的。……这些都是翻译上很难完全传达的。从这方面来说,翻译要完全做到'信'和'达'又是很困难,甚至可以说不可能的事,尤其是在文学翻译方面。"①在不断的翻译过程中,杨宪益对可译性的看法变得更加立体化。在他看来,翻译在整体上是可行的,但完美的翻译并不存在,可译性与不可译性是辩证统一的。当译者落笔的那一刹那,就认同了翻译的可行,但不断的复译过程,又证明了完美译本的永不在场。面对可译与不可译的矛盾,杨宪益试图在具体的翻译中找到出路。在翻译《红楼梦》时,他时刻都在面对文化间的差异,但他表示,"在这方面,我有得天独厚的优势,每当我用英文念《红楼梦》里晦涩的文字时,戴乃迭总是能流畅地找到对应"②。中西文化之间的差异,在杨宪益和戴乃迭的通力合作下,似乎被完美地解决了。但是,杨宪益也意识到,并不是所有的古典文学都可以通过这种方法来处理,在他看来,"关于中国的古文,有的比较困难,像《楚辞》《离骚》就是,后来的《唐代传奇》虽然是小说,也比较困难。翻译白话文,像《红楼梦》这样则不同,我以前翻译过半白话的书,像《老残游记》《儒林外史》等等,这些都是很简单的,拿过来就翻"③。文体的不同,语言形式的不同,都会对翻译行为产生影响。在对可译性和不可译性的实践与思考过程中,杨宪益逐渐形成了对诗歌翻译的独特观点。这种不断完善、不断发展的观点形成了杨宪益翻译观中另一个重要的部分,即杨宪益的诗歌翻译观。

　　杨宪益幼年师从魏汝舟学习旧体诗,中学时阅读了大量欧美诗人的

---

① 杨宪益. 略谈我从事翻译工作的经历与体会//金圣华,黄国彬　因难见巧——名家翻译经验谈. 北京:中国对外翻译出版公司,1998:83.

② 杨宪益. 我与英译本《红楼梦》//郑鲁南. 一本书和一个世界(第二集). 北京:昆仑出版社,2008:2.

③ 杨宪益. 从《离骚》开始,翻译整个中国:杨宪益对话集. 北京:人民日报出版社,2011:171.

作品,并开始尝试翻译朗费罗、莎士比亚、萨福的诗歌。杨宪益在他的翻译生涯中翻译了大量的诗歌作品,其中既有西方经典诗歌的汉译,也有中国古典诗歌的英译。他的诗歌翻译观,也是在不断的诗歌翻译中逐渐形成并不断发展的。由于早期学习旧体诗,又受到西方诗歌韵体的影响,因此,杨宪益早期的诗歌翻译十分重视诗歌的韵律。在翻译雪莱、弥尔顿的诗歌时,他曾用过五言的古诗体。甚至在翻译《离骚》时,也模仿了德莱顿的英雄偶体诗。这种"诗体译诗"的方式,对保留原诗形式上的美感,有着重要的作用。

但是,在翻译的过程中,杨宪益也逐渐意识到,"诗体译诗"也有其局限性,过于重视诗歌的形式,也许会适得其反。杨宪益说:"翻译外国文学作品为中文,有的译者在翻译诗歌的过程中,有时太注重原作的形式方面。比如说,英国诗过去常用五音节抑扬格,每音节分为轻重两音。这是由于英文同中文不同,每个字不限于一个音,每个音又分轻重。我们如果一定要按照原文的格律,结果必然是要牺牲原文的内容,或者增加字,或者减少字,这是很不合算的。每国文字不同,诗歌规律自然也不同。追求诗歌格律上的'信',必然会造成内容上的不够'信'。我本人过去也曾多次尝试用英诗格律译中文作品,结果总觉得吃力不讨好。现在有许多人还在试图用中文写抑扬格的诗,这是很可惜的。"①杨宪益的诗歌翻译观是和他的翻译忠实观紧密联系在一起的。虽然从翻译忠实的角度来说,形神兼备的译文是最佳的译文,但由于语言文字上的差异,在具体的翻译过程中,很多情况都是需要译者在形式和意义上进行取舍和选择的。在杨宪益看来,诗歌内容的忠实比形式的忠实更为重要。因此,他的诗歌翻译观逐渐从"诗体译诗"转向"散体译诗"。

杨宪益的"散体译诗"并不意味着他在翻译时完全放弃诗歌的形式和韵律特征。杨宪益主张内容与形式的和谐统一。他说:"翻译诗,既要忠

---

① 杨宪益. 略谈我从事翻译工作的经历与体会//金圣华,黄国彬. 因难见巧——名家翻译经验谈. 北京:中国对外翻译出版公司,1998:84.

实于原作,又要达意,结果多半是一种妥协,双方都要妥协。"①例如,在翻译荷马的《奥德修纪》时,杨宪益就将诗体和散体结合在了一起,去表达原作的魅力。同时,在细节的处理上,杨宪益也十分注重内容与形式的相互协调。他注意到原文中有很多重复的语句,在翻译中,他基本都做了保留。在译本的序言中,他解释道:"虽然我们知道荷马史诗的一些重复词句和片段,一些惯用的形容词一再出现,是一般民间说唱文学所共有的东西,是由于它的艺术表现方法还比较简陋,诗人这样做往往只是为了凑足音节诗句,交代故事,而且有时运用还有些拙劣不恰当的地方,但是同时我们也应该指出这种艺术手法也有它成功的一面,有些常用的形容词,……虽然一再使用,但往往并不使人感到厌倦,它们反而给史诗增加了不少光彩,起了'画龙点睛'的作用。史诗里许多重复词句一再出现,一般也并不使人感到是多余的,而是像交响乐里一再出现的旋律那样,给人一种更深的美的感受,这大概是由于古代的一些艺术手法虽然比较简陋,但有经验的说故事的诗人运用技巧非常纯熟,能够得心应手,所以才能产生这样成功的效果。"②显然,杨宪益注意到了原诗中的重复现象,也明白这种重复的缺陷,但是,在翻译中,他依旧保留了这种重复,并强调了这种重复的重要性。从语意的角度来看,这些重复的词句大可以删去不译,但从诗歌整体韵律、审美层面考虑,这种重复确实又能够增加诗的美感。更为重要的是,它还能够反映出诗歌发展的历史特征,具有重要的史学价值。可见,杨宪益对诗歌翻译的理解是多层次、多方位的。对于杨宪益的诗歌翻译观,辛红娟曾给出十分中肯的评价:"杨宪益从不会在翻译实践中搞'一刀切',也从未将'以诗译诗'还是'散体译诗'这两种诗歌翻译观截然对立,而是以严复的'信达雅'作为他诗歌翻译观的理论源泉,在译作中恪守'中庸之道',采用各种翻译技巧,促使诗歌译文'走进'读者。"③杨宪益的诗歌翻译观来源于中国传统译论,他反对二元对立,在翻译实践中

---

① 杨宪益. 银翘集——杨宪益诗集. 福州:福建教育出版社,2007:12.

② 杨宪益. 译本序//荷马. 奥德修纪. 杨宪益,译. 上海:上海译文出版社,1979:28-29.

③ 辛红娟等. 杨宪益翻译研究. 南京:南京大学出版社,2018:285-286.

灵活处理内容与形式的关系,做到了最大程度的忠实。

　　杨宪益的翻译观在他多年的翻译实践中逐渐形成并完善,无论是他对于翻译忠实的理解,还是对可译性问题的哲学阐释,都能够在他身上看到中国传统译论的影子。杨宪益说:"我个人是从事文学翻译的,觉得从搞文学翻译的角度来说,说翻译是一门科学,不如说它是一门艺术,或者说是一种技巧。"①从文化的角度看,杨宪益的翻译观与他所秉持的东西文化交流的文化立场是紧密联系的。他的翻译观和文化立场,也对他翻译的动机、翻译的选择,以及具体的译介产生了重要的影响。

第二节　"让中国文学文化走出去,把外国文学文化请进来"

　　"《红楼梦》是一部中国古典文学名著,为了西方人真正读懂曹雪芹笔下的贾宝玉和林黛玉的爱情故事,我们尽量避免对原文做出改动,也不做过多的解释,在这点上,我们和英国汉学家霍克思翻译的《石头记》有所不同。"②这是杨宪益对自己和戴乃迭合译的《红楼梦》的评价,其中充满了浓浓的中国情。杨宪益一生翻译了大量的中国文学作品,向世界充分展现了中国文化的精髓。同时,他还钟情于英汉翻译,将一些重要的西方文学经典翻译成中文。杨宪益的文化立场是明确的,他希望通过翻译,让世界了解中国文化,并接受中国文化,中国文化亦能够自信、平等地站在世界文化的舞台上。同时,他也希望中国能够多了解世界,达到文化互融。"让中国文学文化走出去,把外国文学文化请进来",也许是对杨宪益文化立场的最好诠释。

　　杨宪益的绝大部分英译作品,都是和夫人戴乃迭一起合作完成的。戴乃迭对杨宪益的中国文学和文化英译工作有非常大的帮助。在合作翻译《红楼梦》时,杨宪益受困于中西文化间的巨大差异,如何能够将原作中

---

① 杨宪益. 略谈我从事翻译工作的经历与体会//金圣华,黄国彬. 因难见巧——名家翻译经验谈. 北京:中国对外翻译出版公司,1998:79.

② 杨宪益. 我与英译本《红楼梦》//郑鲁南. 一本书和一个世界(第二集). 北京:昆仑出版社,2008:2.

的那些文化习俗准确地翻译,是达到文化传播目的的关键。杨宪益说:"庆幸的是,在这方面,我有得天独厚的优势,每当我用英文念《红楼梦》晦涩的文字时,戴乃迭总是能流畅地找到对应。"①夫妇二人的合作,对杨宪益的翻译帮助很大。但其实,由于两人文化身份的不同,虽是夫妻,但两人的文化立场在实现路径上还是稍有些区别。戴乃迭更倾向于从读者接受的角度出发来译介中国文学作品,她认为"许多涵义外国人是无法了解的,……(翻译)应该更富有创造性"②。显然,戴乃迭指的创造性是为了西方读者能够获得更好的阅读体验,因此译者应当创造性地使用目的语读者更易了解的语言和文化隐喻去翻译原作中的信息。这和霍克思翻译《红楼梦》的原则是一致的。但是杨宪益并不赞同这种观点。在杨宪益看来,"译者应尽量忠实于原文的形象,既不要夸张,也不要夹带任何别的东西。……过分强调创造性则是不对的"③。中国人译介中国文学作品,在文化上是有别于外国汉学家的译介的。虽然双方的文化目的是相同的,但路径却有所区别。以霍克思、戴乃迭为代表的汉学家,更希望能从读者接受的视角出发,先让西方读者对中国文化产生兴趣,再去深入地了解和学习中国文学、中国文化,他们不希望博大精深的中国文化成为西方读者阅读的障碍。以杨宪益为代表的中国翻译家则不同。他们的文化使命感更强,他们更加强调文化传播中的原汁原味,而不是为了迎合西方读者,舍弃中国文学、中国文化中的精髓。事实上,这只是路径方法上的区别,对文化传播、文化交流而言,两种路径都是必不可少的。这从杨宪益、戴乃迭的合译实践中就能够得到解释。两人虽然在具体的路径上观点不同,但本质的文化立场是高度统一的,即通过译介,更广泛、更深入地传播中国文化,让中国文学、中国文化"走出去"。

---

① 杨宪益. 我与英译本《红楼梦》//郑鲁南. 一本书和一个世界(第二集). 北京:昆仑出版社,2008:2.
② 转引自:肯尼思·亨德森. 土耳其挂毯的反面. 陈鑫柏,译//王佐良. 翻译:思考与试笔. 北京:外语教学与研究出版社,1989:84.
③ 转引自:肯尼思·亨德森. 土耳其挂毯的反面. 陈鑫柏,译//王佐良. 翻译:思考与试笔. 北京:外语教学与研究出版社,1989:84.

　　杨宪益的外译作品按照时间维度区分,有三个重要的组成部分,即对中国古代文学、中国现代文学,以及中国当代文学的译介。虽然作品的时间维度不同,但这些作品都展现出杨宪益鲜明且极具时代特征的文化立场。

　　杨宪益和戴乃迭合作,翻译了包括《离骚》《长生殿》《儒林外史》《牡丹亭》《文心雕龙》《战国策》《红楼梦》《资治通鉴》在内的大量中国古代文学作品。同时,为了能够把中国古典文学作品中的精髓集中译介,他们还选编选译了《宋元朝故事选》《关汉卿杂剧选》《中国古代寓言选》《宋明评话选》《早期神话故事选》《汉魏六朝小说选》《晚唐传奇选》《史记选》《中国古典小说节选》《聊斋选》《明代话本选》《阅微草堂笔记选》《诗经选》《唐宋诗文选》《温庭筠词选》《汉魏六朝诗文选》《明清诗文选》等一系列不同时期的文学作品。通过这些作品的译介,杨宪益向世界展现了一个较为完整的中国古典文学作品图谱。他的文化立场也在这些作品中得到彰显。在这些作品中,杨宪益“自己觉得翻译比较满意的是《宋明评话小说》”①。1955 年起,杨宪益在英文版《中国文学》上陆续发表了他和戴乃迭共同译介的一些宋明小说,其中主要以《三言二拍》中的市井小说为主。《宋明评话选》正是在此基础上,从《三言二拍》200 篇故事中选取 15 篇“三言”作品和 5 篇“二拍”作品编译而成。《宋明评话选》的编译是杨宪益文化立场的典型体现。根据辛红娟的整理,《宋明评话选》“所选择的故事按照主题思想分为三类:提倡男女平等思想;反对封建官僚腐败和对普通百姓的压迫;反映我国传统思想中‘好人好报’思想。其中有 8 篇是关于男女平等、反对封建礼教的故事,占全书总篇目的 40%,与当时我国提倡追求婚姻自由、男女平等、反封建思想一致。另有 5 篇关于民事、刑事案件的故事从不同侧面揭露了封建官府的腐败黑暗,书中辑选的其他篇目则集中反映了我国传统思想中的‘果报’思想,宣扬诚实守信、孝敬父母等传统优良品

---

① 杨宪益. 从《离骚》开始,翻译整个中国:杨宪益对话集. 北京:人民日报出版社,2011:71.

质,鞭笞为富不仁、行为不端的行径"①。从内容和文化思想上看,《宋明评话选》中的 20 篇市井小说,均在正向宣传中国文化,这符合当时的外宣政策。在外文出版社工作的杨宪益,其自身文化立场或多或少会受到主流文化观的影响。特别是《宋明评话选》中的大部分作品都是杨戴二人之前在英文版《中国文学》上发表过的译作,这可以说明,杨宪益本人是认可这种外宣政策要求下的文化传播。杨宪益一贯主张要忠实地表现原作的文学文化特征,在《宋明评话选》的译介中,他也一以贯之,希望能够让西方读者感受中国古典宋明市井小说的故事性和趣味性。

中国现代文学也是杨宪益对外译介的一个重要维度,其中,鲁迅的作品是杨宪益译介最多的。应当说,在杨宪益译介的所有中国文学作品中,鲁迅作品的译介最能反映杨宪益的文化立场。和很多作家不同,鲁迅的作品不仅具有较高的文学价值,更为重要的是,他的作品思想性很强,对中国思想文化的发展变迁影响很大。杨宪益十分喜欢鲁迅的作品,特别看重其作品中的思想价值,这和杨宪益自身的文化立场十分吻合。他曾说过:"现代文学我最欣赏的是鲁迅。"②在冯雪峰的帮助下,杨宪益决定出一个四卷本的《鲁迅选集》。在这部选集中,杨宪益将大量的篇幅都放在译介鲁迅的杂文上。这和西方译介鲁迅作品有很大的区别。"西方研究者把鲁迅当作一个虚构作品的大师,而忽略了他的文明批评和社会批评,忽略了他作为一个中国新旧交替时期的知识分子对中国文化的承担,忽略了杂文这种问题的复杂性和艺术性。"③杨宪益正是从中国文化改革和流变的思想性角度,向西方译介鲁迅,这对于西方全面客观地了解鲁迅、了解新旧交替时期的中国社会与文化,有着十分积极的意义。这也是为什么杨戴二人"翻译的四卷本《鲁迅选集》为他们带来的国际声誉不比翻

---

① 辛红娟,等. 杨宪益翻译研究. 南京:南京大学出版社,2018:198.

② 杨宪益. 从《离骚》开始,翻译整个中国:杨宪益对话集. 北京:人民日报出版社,2011:212.

③ 黄乔生. 杨宪益与鲁迅著作英译//张世林. 想念杨宪益. 北京:新世界出版社,2016:193.

译《红楼梦》小"①。

由于工作性质的原因,杨宪益翻译了不少当代文学作品,比如赵树理的《三里湾》、周立波的《暴风骤雨》、孙犁的《风云初记》《铁木前传》《孙犁小说选》、艾青的《黑鳗》、梁斌的《红旗谱》、张贤亮的《绿化树》、古华的《古华小说选》《芙蓉镇》等等。这些作品虽然深刻反映了新中国成立初期的文化状况,具有较好的外宣价值,但杨宪益本人的文化重心却并不在此。除了鲁迅的作品,杨宪益还是更加喜欢中国古典文学。

新中国成立初期,杨宪益本来要前往复旦大学工作,但刘尊棋的出现改变了杨宪益的计划。当时国家正筹划成立外文出版社,实际负责此事的人就是刘尊棋。杨宪益回忆道:"(刘尊棋)说他想搞一个外文出版社,都用外文出版书,是往外面销,作对外宣传。他希望有系列地介绍中国文学。他希望我们过去可以有系统地对外介绍。刘尊棋要求我们最迫切,他的看法我也很同意,所以虽然复旦那边我已答应了,结果我又回来了,又跟过去西南联大一样,我又回来了,没到上海去,就决定到外文出版社来了。"②杨宪益和刘尊棋一起,商量选择 150 种古典文学进行系统译介。他很有兴趣系统地译介中国古典文学。遗憾的是,后来由于刘尊棋离开外文出版社,这个庞大的计划也最终未能实现,十分可惜。虽然在文学作品的选择上,杨宪益更加倾向于中国古典文学作品,但从他的回忆来看,他本人是十分认同外宣工作的,在他看来,改变西方对中国的错误认识,最重要的工作就是将中国文学经典原汁原味地译介出去。中国传统文化中有很多闪光点,值得我们去译介。1981 年,杨宪益终于迎来了实现自己文化抱负的机会,随着英文版《中国文学》的世界影响力越来越大,杨宪益发起并主持了"熊猫丛书",系统译介、出版、推广中国文学作品。英文版《中国文学》和"熊猫丛书"影响了一大批对中国文学、中国文化有兴趣的外国人,对中国文学文化的海外传播起到了重要的作用。杨宪益十分关

---

① 辛红娟,等. 杨宪益翻译研究. 南京:南京大学出版社,2018:223.

② 杨宪益. 从《离骚》开始,翻译整个中国:杨宪益对话集. 北京:人民日报出版社,2011:206.

注英文版《中国文学》和"熊猫丛书"作品译介中的文化立场问题,他表示:"要以忠实的翻译'信'于中国文化的核心、中国文明的精神。这不仅仅是一个翻译中国文化遗产的问题,还涉及忠实传达中国文化的价值、灵魂,传达中国人的人生,他们的乐与悲、爱与恨、怜与怨、喜与怒。"①在推广中国文学和中国文化上,杨宪益的文化立场和他的翻译忠实观紧密联系,他"考虑的是如何把自己民族的文化完整地呈现给英语世界,并以此来影响英语世界的文化样式及其对中国文化的了解"②。想要中国文化被世界了解和接受,译者必须坚持以信为本的文化立场,中国文化不仅仅要"走出去",还要真正走进世界文学中去。

早年在英国留学的经历,让杨宪益对外国文学产生了浓厚的兴趣。杨宪益一生翻译了不少优秀的外国文学作品。由于他有着深厚的法语、拉丁语、古希腊语功底,因此,他也翻译了不少非英国文学作品。可惜的是,有些作品的手稿遗失,未能出版。但从出版的作品来看,杨宪益有着强烈的文化交流意愿和比较文化视野。在杨宪益看来,翻译外国文学和翻译中国文学的文化观是有共通之处的,忠实传递原作的文学文化,才有助于文化交流。从微观层面看,他注重具体翻译方法对文化传播的影响。他说:"采用音译的方法来解决翻译上的问题,也只是一时不得已的办法,如'电话'原来译作'德律风',后来才改用'电话',和现代人用'因特网'等译法一样。"③从宏观层面看,他认为"我国人民应该知道外国的文化遗产,……应将中西两大文明均置于视野之中"④。作为一名优秀的翻译家,不仅要将优秀的中国文化介绍给世界,也同样要能够将世界文化中的精髓引入到中国。杨宪益的这种比较文学视野,对中西文化的交流有着重要的推动作用。

"让中国文学文化走出去,把外国文学文化请进来。"杨宪益的文化立

---

① 任生名. 杨宪益的文学翻译思想散记. 中国翻译,1993(4):34.

② 辛红娟,等. 杨宪益翻译研究. 南京:南京大学出版社,2018:312.

③ 杨宪益. 关键是"信""达"//萧伯纳. 凯撒和克莉奥佩特拉. 杨宪益,译. 北京:人民文学出版社,2002:2.

④ 任生名. 杨宪益的文学翻译思想散记. 中国翻译,1993(4):33.

场以忠实为根本,以文化自信、文化交流为目的。"杨宪益的翻译思想是超前的,更倾向于文化翻译,将翻译看作是一种以文化移植为目的的跨文化活动。"①杨宪益的文化立场对中国文学、中国文化的传播与发展帮助甚多。他的这种文化观也影响着他的翻译动机和翻译选择,给他的翻译烙下了独特的印记。

第三节　快乐的翻译家,尽责的"翻译匠"

　　杨宪益的翻译动机较为复杂,从整体上看,既有因个人喜好进行的主动译介行为,也有因为工作要求而被动承担的译介任务。不同的翻译动机,对杨宪益的具体译介行为产生了一定的影响,虽然无论有着怎样的翻译动机,杨宪益都保证了很高的翻译质量,但单从翻译动机的层面来看,杨宪益整个翻译生涯所面对的文学作品译介,出发点是复杂的。梳理杨宪益复杂多元的翻译动机,有助于我们体会译者在翻译活动的重要作用,以及译者在翻译过程中可能受到的外部影响。

　　杨宪益主动的翻译动机,可以大致区分为两种情况。一种是纯粹因为自己的内部愿望而产生的积极译介愿望,另一种,则是由于外部因素的驱动,激发起了主动译介的愿望。

　　杨宪益大部分的外译汉翻译实践,都源于他主动的翻译愿望,辛红娟认为"这部分翻译实践更多是他发自内心真正热爱、带有情感和温度的翻译作品"②。带着这种对作品的热爱,杨宪益的翻译积极性很高,虽然部分作品由于历史原因遗失了,但从翻译动机的角度看,杨宪益对作品极高的认可度,会加深他对作品的理解,由此产生更加符合原作意义、风格的译作。在杨宪益自己看来,他的翻译之路,源于外国文学作品对他的影响。他说:"一直认为从事文学翻译工作是一件很有意义的事,后来自己大半

---

① 辛红娟. 杨宪益//方梦之,庄智象. 中国翻译家研究(当代卷). 上海:上海外语教育出版社,2017:594.
② 辛红娟,等. 杨宪益翻译研究. 南京:南京大学出版社,2018:135.

生都做了翻译工作,这大概与我小时候就读翻译作品有关。自己从小就喜欢试译外国作品尤其是诗歌。"①杨宪益早期的翻译动机十分单纯,除了对作品的喜爱、翻译的兴趣之外,并没有其他别的动机。甚至连他对翻译的兴趣,都是从此时开始的。杨宪益说:"我不但读(外国文学作品),还试着把我喜爱的一些诗歌翻译成中文旧体诗。我记得我最初的翻译尝试之一是一些朗费罗的诗,接着是莎士比亚戏剧中的诗,例如《暴风雨》中的一首歌,随后又翻译了古希腊女诗人萨福的一些断章。当时我不懂古希腊文,萨福的诗当然是根据英译本转译的。我对文学翻译感兴趣是从那一时期就开始的。"②可见,不仅杨宪益早期的外译汉诗歌翻译动机源自于对这些文学作品的喜爱,更为重要的是,在这些翻译中,他逐渐产生了对翻译活动的兴趣。这也使得杨宪益形成了对翻译动机的一个基本认识,即必须要对这个作品有足够的喜爱。杨宪益的这一观点和主流翻译学界对翻译动机的认识是一致的。在乔治·斯坦纳的翻译四步骤中,他强调"信任"是翻译的第一步骤,"相信原文能够被理解,译者所译的是一部言之有物的、有价值的严肃作品。……译者相信人的生活是有意义的生活,文学作品一定给人带来审美愉悦。……译者的信任使之相信他所翻译的内容是有价值的,其传递异域语言文化的工作是有意义的"③。斯坦纳的"信任"步骤,其实就是译者的翻译动机,如果没有对原作的信任,不相信原作中有值得翻译的东西,翻译就失去了意义。杨宪益外译汉的翻译动机源于对作品的喜爱,因此他在翻译时也力求翻译的忠实,比如在诗歌翻译中尽可能地保证形式与内容的共同忠实。这和德国功能翻译理论,特别是目的论的观点有很大区别。目的论虽然也有连贯和忠实的要求,但本质上是"在目的语的背景下,为目的语和目的语读者生产文本"④。杨宪益早期在英国的外译汉实践,是源于他对外国文学作品,特别是诗歌的喜爱。

① 辛红娟,等. 杨宪益翻译研究. 南京:南京大学出版社,2018:135-136.
② 杨宪益. 漏船载酒忆当年. 薛鸿时,译. 北京:北京十月文艺出版社,2001:19.
③ 刘军平. 西方翻译理论通史. 武汉:武汉大学出版社,2009:219.
④ Nord, C. *Translation as a Purposeful Activity: Functionalist Approaches Explained*. Manchester: St. Jerome Publishing Ltd., 1997:28.

因此,在这种翻译动机下产生的译介行为,是和目的论有着巨大差异的。

从英国回到中国后,杨宪益还陆续做了一些外译汉的翻译实践。例如翻译维吉尔的《埃涅阿纪》第一卷,赫里克的《致羞涩的情人》,等等。这个时期杨宪益除了做诗歌翻译之外,还对诗歌创作兴趣颇深。所以,这一时期的翻译动机还兼顾了诗歌创作的影响,边翻译边创作,翻译与创作相辅相成。不过,这一段快乐的时光并没有维持太长时间,因为卢冀野的推荐,杨宪益和戴乃迭一起,前往国立编译馆,开始转而翻译中国文学。由于将精力主要放在了《资治通鉴》的翻译上,杨宪益只是在闲暇时间,根据自己的兴趣,翻译了一些少量的诗歌和戏剧作品。因为没有出版的压力,当时杨宪益的翻译主要还是为了满足自己对诗歌的喜爱,翻译目的也十分纯粹。

到外文出版社工作之后,由于外文出版社的工作性质,杨宪益的主要译介都转移到了汉译英,但因为其出色的语言和文化能力,每当有外译汉的翻译任务时,杨宪益总是被委以重任。特别是一些古希腊语和拉丁语的作品。这一时期,杨宪益的外译汉翻译动机出现了些许的变化,从主动的纯粹个人喜好,开始逐渐转向被动的"任务型"翻译。不过,即便是工作任务,但由于杨宪益本人还是很喜欢这些作品,因此,杨宪益把这些称为"令人愉快的任务"①。诸如维吉尔的《牧歌》、阿里斯托芬的《鸟》《和平》、普劳图斯的《凶宅》、萧伯纳的《卖花女》、《凯撒和克莉奥佩特拉》等等,杨宪益在翻译时,除了因为是工作上的任务之外,自己对作品的喜爱还是他翻译的主要动机。不过,由于外文出版社主要译介中国文学作品,因此杨宪益外译汉的机会并不多。1960年,中国社会科学院(当时称中国科学院哲学社会科学学部)找到杨宪益,希望他能够翻译荷马史诗。这让杨宪益十分高兴。不仅因为他个人对翻译荷马史诗很有兴趣,更为重要的是,由于翻译荷马史诗工作量大,所以中国社会科学院直接将杨宪益借调过来,让他安心翻译荷马史诗。这让杨宪益从汉译英的翻译任务中解脱了出来,能够有时间和精力翻译自己喜欢的作品。在借调的这段时间里,杨宪

---

① 邹霆. 永远的求索——杨宪益传. 上海:华东师范大学出版社,2001:280.

益翻译了《奥德修纪》和《罗兰之歌》，但因为外文出版社要翻译《红楼梦》的原因，杨宪益不得不暂停了自己喜爱的外译汉工作。

纵观杨宪益的外译汉翻译动机，我们可以发现，对外国文学作品的喜爱，是他决定翻译的直接动因，也是根本动因。杨宪益对翻译的喜爱，也正是从外译汉开始的。随着他的译作逐渐被人们所知道和接受，杨宪益的翻译动机也从最开始纯粹的个人因素，开始逐渐加入外部的一些因素。例如在谈到翻译《凯撒和克莉奥佩特拉》的动机时，杨宪益承认："剧本不是我自己定的，但我也不反对，因为这个剧本是一部名著，而且还拍过电影，很多人都知道的。"[1]辛红娟曾整理了国内出版的杨宪益外译汉作品，发现"几乎每一种都有不同版并重印，可在一定程度上说明杨宪益翻译的外国文学作品受读者欢迎的程度"[2]。应当说，在杨宪益外译汉翻译实践的后期，除了自己对作品本身的认可之外，杨宪益还充分考虑到作者对作品的接受程度，他的翻译动机从完全的个人倾向变得更有厚度。这种变化，和他在外文出版社所从事的工作性质有关，也和他的汉译英翻译实践有关。

和外译汉的主观积极的翻译动机不同，杨宪益的汉译英翻译动机随不同时期而变化，既有自己积极主动的译介，也有着被动接受的任务型翻译。同时，杨宪益本人对不同时期的中国文学作品，也有着不同的态度，因此，翻译的动机也有所不同。总体而言，杨宪益在面对中国古典文学作品时更为积极，目的也较为明确，而对现当代作品的译介兴趣并没有那么高。从时间上看，杨宪益早期和晚期的翻译动机更为纯粹，而中期受到工作性质和政治任务的影响，翻译动力明显不足。

杨宪益很早就对翻译产生了兴趣。据他自己回忆："我在十几岁上中学读书时就对翻译工作发生了兴趣。我当时开始对中国古典文学和外国文学都很喜爱。……我很喜欢读些中国古典诗词，只是为了个人欣

---

① 杨宪益. 关键是"信""达"//萧伯纳. 凯撒和克莉奥佩特拉. 杨宪益，译. 北京：人民文学出版社，2002：1.

② 辛红娟，等. 杨宪益翻译研究. 南京：南京大学出版社，2018：145.

赏。……但是当时我还没有试验把中国诗文译成英文,我当时已具备用英文表达思想的能力。"①杨宪益真正开始汉译英翻译实践,是在英国留学的晚期。事实上,杨宪益的大部分汉译英翻译实践是和夫人戴乃迭共同完成的。从翻译动机来看,我们大可把杨宪益的汉译英翻译实践分成四个阶段。

第一个阶段是杨宪益在前往国立编译馆任职之前。这一阶段,杨宪益的翻译动机非常纯粹,基本上都是基于自己的主观兴趣。杨宪益十分喜欢中国古典文学,特别是诗歌和传奇小说。当时牛津大学汉学科主要教授的是四书五经,很少涉及中国典籍,因此,杨宪益有意识地向戴乃迭推荐中国古典文学作品,这为后来两人的合译经历提供了良好的基础。在英国的最后几年,杨宪益开始翻译中国文学作品。据他自己回忆:"记得当时翻译过鲁迅的《野草》和《阿Q正传》,一些陶渊明的诗和一些楚辞作品,主要是《离骚》《九歌》和《招魂》。"②没有出版的压力,也没有工作的要求,这些作品都是杨宪益自己选择翻译的,因此谈不上什么文化传播,主要还是杨宪益自己练笔。不过,杨宪益所翻译的部分李贺的诗歌被他的好朋友梅洛发表在了牛津大学的一本学生杂志上,广受好评,这让杨宪益"在牛津大学的学生中间成了个知名度颇高的人物"③,也让杨宪益意识到西方世界有不少人对中国古典文学作品很有兴趣。加之自己本身就十分喜欢中国古典文学作品,因此,杨宪益逐渐产生了主动向西方译介中国古典文学作品的想法。

有了之前成功的译介经历,杨宪益逐渐开始对译介中国文学作品,传播中国文学和文化有了浓厚的兴趣。回国后,他先后就职于重庆中央大学柏溪分校、贵阳师范学院、光华大学,以及中印学会,但一直没找到自己真正喜欢做的事情。所以,当卢冀野找到杨宪益,邀请他前往国立编译馆

① 杨宪益. 略谈我从事翻译工作的经历与体会//金圣华,黄国彬. 因难见巧——名家翻译经验谈. 北京:中国对外翻译出版公司,1998:79-80.

② 杨宪益. 略谈我从事翻译工作的经历与体会//金圣华,黄国彬. 因难见巧——名家翻译经验谈. 北京:中国对外翻译出版公司,1998:80.

③ 杨宪益. 漏船载酒忆当年. 薛鸿时,译. 北京:北京十月文艺出版社,2001:77.

时,他和戴乃迭都十分高兴。杨宪益说:"我们喜欢胖诗人卢前,我们也听到人们对他的朋友、著名学者梁实秋教授赞誉有加。我们感到,与这些学者共事,我们会干得很出色的。事实证明,我们做出的是正确的抉择。……至今我仍保留着对编译馆的美好回忆。"①在国立编译馆的译介,是杨宪益的汉译英翻译实践的第二个阶段,从翻译的动机来看,这是一个令旁人羡慕、令杨宪益怀念的翻译时期。无论是翻译《资治通鉴》,还是编译中国戏剧简史,杨宪益都兴趣十足。在他看来,这些作品对于世界了解中国文学和中国文化很有帮助。但由于当时国民政府的原因,这些译作都没能出版,令杨宪益十分遗憾。由于国立编译馆有很多古籍,因此对杨宪益的编译工作帮助很大。杨宪益甚至有了学术研究的兴趣。在戴乃迭的帮助下,杨宪益翻译了《老残游记》,以及陶渊明、温庭筠、李贺的诗歌。这一阶段的杨宪益并没有太多工作上的压力,和之前"以游戏和审美的心态进行工作"②相比,虽然大部分的作品都是因工作需要而翻译,但杨宪益十分认可国立编译馆的作品选择和翻译目的,这和当时国立编译馆的氛围有很大的关系。在那里,杨宪益和梁实秋、梁宗岱、老舍等人的关系都很好。受到他们的影响,杨宪益翻译的热情很足,他不仅借由翻译愉悦自己的身心,还希望能够通过国立编译馆的平台,让世界了解到中国文学和中国文化的魅力,遗憾的是,其中很多作品后来都未能出版,甚至遗失了。

1953 年,在刘尊棋的邀请下,杨宪益和戴乃迭被聘为外文出版社翻译专家,前往外文出版社工作。由于在国立编译馆时很多译作都无法出版,杨宪益感到十分遗憾,因此,对外文出版社的工作,他很有兴趣,认为这项工作能够达成他传播中国文学、中国文化的翻译目的。对于刘尊棋的邀请,杨宪益说:"我将以'专家'的身份决定该翻译、出版哪些作品,我还可以挑选一些书留给自己来翻译,乃迭和其他年轻的编辑、翻译可以帮助我完成这一任务。我很喜欢把未来很多岁月都用于这类工作的想法。"③杨

① 杨宪益. 漏船载酒忆当年. 薛鸿时,译. 北京:北京十月文艺出版社,2001:125.
② 辛红娟,等. 杨宪益翻译研究. 南京:南京大学出版社,2018:188.
③ 杨宪益. 漏船载酒忆当年. 薛鸿时,译. 北京:北京十月文艺出版社,2001:175.

宪益通过翻译传播中国文学文化的目的终于在外文出版社得到了实现。他的翻译进入了一个新的阶段。杨宪益说:"我们对在外文出版社的新工作很满意。我以前翻译的许多中国文学作品都出版了,其中包括公元4世纪中国诗人屈原写的《离骚》和其他诗歌。"①由此可见,杨宪益的翻译动机已经从最初"自娱自乐"的纯内部动机转向了兼具文化传播的外在动机,这虽然和他的工作性质有不小的关系,但同时也和他自身对中国文学文化的深深自豪感有关,他"用他的实际行动,把他的事业定义在文化输出而非语言转换的更高层面上"②。

但是,我们也要清醒地认识到,在杨宪益的翻译活动中,并非对所有作品的译介都有着极强的主观动机,不少的翻译仅仅是为了完成工作上的任务。这其中,《红楼梦》的翻译是一个最为典型的例子。翻译《红楼梦》并不是杨宪益自己的主观选择,而是外文局的文化推广的要求。提到翻译《红楼梦》,杨宪益表示:"我小的时候,《红楼梦》一遍也没看完,我对《三国》兴趣大,对《水浒》兴趣也大,但是工作不是凭自己的兴趣,于是,我和戴乃迭着手翻译《红楼梦》。"③从文学、文化传播的角度来看,《红楼梦》确实具有极强的译介价值。但是,不同的译者对作品的喜好不同,这往往和其自身的经历和文学偏好有关。杨宪益也承认:"翻译的时候,我喜欢贾宝玉、王熙凤、秦可卿,薛宝钗这样的人我就不喜欢。"④不过,虽然杨宪益对翻译《红楼梦》并没有什么兴趣,其翻译的动机也是十分被动的,但在翻译中,杨宪益还是保持了很高的翻译质量,黎东方曾高度评价杨、戴"所译《红楼梦》可谓一绝"⑤。事实上,由于政治和外宣工作的需要,这一时期杨宪益翻译了不少自己并不是很有兴趣的作品,他的翻译动机更多地体

---

① 杨宪益. 漏船载酒忆当年. 薛鸿时,译. 北京:北京十月文艺出版社,2001:177-178.

② 辛红娟. 杨宪益//方梦之,庄智象. 中国翻译家研究(当代卷). 上海:上海外语教育出版社,2017:594.

③ 杨宪益. 我与英译本《红楼梦》//郑鲁南. 一本书和一个世界(第二集). 北京:昆仑出版社,2008:1.

④ 杨宪益. 从《离骚》开始,翻译整个中国:杨宪益对话集. 北京:人民日报出版社,2011:85.

⑤ 陈有升. 为杨宪益、戴乃迭祝寿. 对外大传播,1993(2):51.

现在对翻译工作的尽责上,和之前的翻译动机有了很大区别。这也是杨宪益一直把自己称为"翻译匠"的主要原因。

所幸在 20 世纪 80 年代,杨宪益迎来了实现自己翻译抱负的机会。1980 年,杨宪益成为英文版《中国文学》杂志社的主编。由于工作岗位的变化,杨宪益从事翻译实践工作的时间有限,但他终于有机会达成自己的翻译目的,那就是向世界译介中国文学的经典作品。他"决定,除了继续出《中国文学》杂志外,还要出一整套平装普及本的中国文学书籍"①。于是,就有了享誉国内外的"熊猫丛书"。通过这套丛书,杨宪益终于完成了多年的译介心愿,系统地将中国文学中的经典译介到了西方。最为重要的是,这套丛书作为中国文学的普及读物,对西方普通读者产生了深远的影响,诸如葛浩文等一批西方青年学者对中国文学、中国文化产生了浓厚的兴趣,逐渐成为译介中国文学作品的主力,成为沟通中西文化的桥梁。

综观杨宪益的翻译历程,他所展现出的翻译动机是立体而全面的。从个人层面,他强调翻译的作品一定要是译者喜欢的,翻译的过程要是愉悦的。在杨宪益看来,翻译行为本身应当是自由的、快乐的,一个译者之所以想要去翻译,最开始都是因为对作品的喜爱。在此基础上,杨宪益丰富的人生经历也让他意识到中国文学和文化的重要价值和巨大意义,一个有责任感的译者,应当积极承担起文化交流、文化沟通的使命,特别是要通过翻译,向世界客观展示中国文学和中国文化。同样,我们也能够看到杨宪益身上所散发出的对作品负责的态度。即使因为客观原因,他在翻译部分作品时并没有强大的个人动机,也能够本着对中国文学、中国文化负责的态度,高质量地完成译介工作。这是任何一个译者都应该学习的。

第四节 择优而译

谈到翻译选择,就不得不提杨宪益在自传中的"自嘲":"我俩实际上

---

① 杨宪益. 漏船载酒忆当年. 薛鸿时,译. 北京:北京十月文艺出版社,2001:245.

只是受雇的翻译匠而已,该翻译什么不由我们做主。"①的确,在受聘于外文出版社之后的很长一段时间里,杨宪益由于工作的需要接受了很多作品的对外翻译工作。但这种被动接受的翻译行为,也同样能够映射出杨宪益对所译作品的选择标准。事实上,杨宪益并不反对翻译自己认同的作品,甚至也认可很多外文出版社指派的翻译任务的作品价值,但对他而言,所谓翻译选择,是要为待译作品排个先后顺序,择优翻译。因此,杨宪益的翻译选择极富层次性。

　　杨宪益的翻译实践始于早期的外译汉诗歌经历。杨宪益说他"自己从小就喜欢试译外国作品尤其是诗歌"②。从那时开始,杨宪益就在所译作品的选择上形成了一个最基本的要求,即自己必须了解作品、喜欢作品。杨宪益最初的翻译实践,也是从挑选自己喜欢的外国诗歌进行翻译尝试开始的。早在中学时,杨宪益就对西方文学,特别是西方诗歌产生了浓厚的兴趣。回忆起那段时光,杨宪益说:"我最初感兴趣的是美国诗人朗费罗和英国诗人丁尼生的作品,因为这是年轻的中国学生最先读到和能读懂的诗,接着我阅读拜伦、雪莱和浪漫主义时代的其他作品。中学时代临近结束时,我的兴趣主要放在一些法国诗人身上,例如:波德莱尔、瓦雷里、兰波、戈蒂埃和马拉美。"③在阅读了大量西方诗歌作品后,杨宪益开始了自己的翻译实践。他最先选择的是朗费罗的诗歌,因为这个是他最早接触的作品,而且在杨宪益看来,朗费罗的诗歌比较容易理解,这样有助于他准确翻译。从朗费罗到莎士比亚,从萨福到弥尔顿,杨宪益选择的都是重要诗人的经典诗作,可见在翻译选择上,即便是最初的翻译习作,杨宪益也十分看重作品本身的价值。不仅如此,杨宪益早期的诗歌翻译"以诗译诗"策略选择,也和他自幼学习中国古体诗有很大关系。杨宪益从一开始,就在翻译作品的选择上有着明确的指向,偏向于选择自己喜欢的、理解的经典作品进行译介。在外译汉的翻译选择上,杨宪益一直遵循

① 杨宪益. 漏船载酒忆当年. 薛鸿时,译. 北京:北京十月文艺出版社,2001:190.

② 杨宪益. 去日苦多. 青岛:青岛出版社,2009:89.

③ 杨宪益. 漏船载酒忆当年. 薛鸿时,译. 北京:北京十月文艺出版社,2001:18-19.

着这一翻译作品选择的高标准。幸运的是,即便是在就职于外文出版社之后,杨宪益也总是接到"令人愉快的(外译汉)任务"①。无论是阿里斯托芬的《鸟》和《和平》,还是维吉尔的《牧歌》、普劳图斯的《凶宅》,抑或萧伯纳的《卖花女》和《凯撒和克莉奥佩特拉》,杨宪益都十分喜欢这些作品。因此,即便这些翻译有着工作的任务性质,但在杨宪益看来,他是愿意去译介这些作品的,是一种变相的主动选择。同样还需要提及的是杨宪益在中国社会科学院翻译的两部作品《奥德修纪》和《罗兰之歌》。关于《罗兰之歌》,杨宪益"在牛津修习中世纪法文时,就已经非常欣赏这部作品了"②,而为了能够翻译荷马史诗,杨宪益更是从外文出版社借调到了中国社会科学院。这中间虽然有中国社会科学院的积极努力,但也决不能忽略杨宪益自身的因素。当时,杨宪益的主要工作是译介中国文学,但面对译介外国文学经典作品的机会,杨宪益还是十分开心,在他看来,将世界上经典的文学作品译介到中国,是文学文化交流的一个重要部分。翻译为文化的交流提供了可能,译者就应当在有限的时间里,选择翻译那些最具价值的经典作品。

杨宪益在外译汉作品选择上的标准也同样体现在他的汉译英作品选择上。和外译汉的翻译选择稍有不同的是,在汉译英作品的选择上,杨宪益更加看重作品的文学文化价值,更加看重作品译介在传播中国文学文化上能够起到的突出作用。杨宪益的汉译英实践,几乎都是和夫人戴乃迭一起完成的。虽然杨宪益笑称戴乃迭中文"学得不算很好"③,但他也表示戴乃迭也开他的玩笑,说"她喜欢的不是我,是中国传统文化"④。从这玩笑般的对话中,其实能够看出两人对中国文学文化的重视。在牛津上学的时候,由于国内局势的原因,杨宪益很早就自主地做起了外宣工作。

---

① 邹霆. 永远的求索——杨宪益传. 上海:华东师范大学出版社,2001:280.
② 杨宪益. 漏船载酒忆当年. 薛鸿时,译. 北京:北京十月文艺出版社,2001:200.
③ 杨宪益. 从《离骚》开始,翻译整个中国:杨宪益对话集. 北京:人民日报出版社,2011:68.
④ 杨宪益. 从《离骚》开始,翻译整个中国:杨宪益对话集. 北京:人民日报出版社,2011:68.

他积极地创办杂志、创作剧本,虽然这些并不是直接的翻译行为,但对后来杨宪益的汉译英翻译选择,起到了非常重要的作用。杨宪益文化观的形成,也和他的这段经历有关。虽然杨宪益自己常说他"更喜欢搞历史研究,并不喜欢翻译"①,但他对传播中国文学和文化,特别是中国传统文学文化,从来都没有迟疑过。在牛津求学的最后几年,他和戴乃迭一起陆续翻译了屈原的《离骚》、鲁迅的《野草》《阿Q正传》,以及陶渊明的诗歌和一些楚辞作品。这些作品无一不代表着中国文学文化的精髓。杨宪益的汉译英翻译作品选择,是围绕经典展开的。"可以说,从最初的翻译尝试起,他们的译介对象就是能够彰显中国诗文成就的经典作品。"②

杨宪益对中国文学作品的文学文化交流和推广价值的看重,还能从他的工作单位上看出。他之所以前往国立编译馆,不仅仅是因为卢冀野的邀请,更重要的是,他看重国立编译馆能够支持他翻译古典文学作品,向世界推介中国传统文学文化。在国立编译馆工作时期,杨宪益先后翻译的《资治通鉴》《老残游记》、温庭筠的词、敦煌变文《燕子赋》、苗族创世诗、郭沫若的《屈原》剧本、阳翰笙的《天国春秋》剧本,都能够代表某一个时期、某一个民族的文学文化精髓。和外译汉不同,杨宪益在乎他的汉译英作品是否能够发表。由于时局的问题,杨宪益在国立编译馆时期翻译的很多作品当时都未能发表,这让他十分遗憾。对于杨宪益来说,译介中国文学作品,不是为了提高自己的文学文化修养和翻译水平,而是要把中国文学和中国文化推向世界,译介的作品不能出版,也就失去了文学文化传播的可能,他的翻译选择也就失去了意义。因此,外文出版社之后陆续出版了杨宪益在国立编译馆时期翻译的作品,让杨宪益十分开心,他的翻译选择、翻译目的,以及翻译抱负得到了实现。

杨宪益在1980年被任命为英文版《中国文学》杂志社的主编。在他的大力推动下,"熊猫丛书"成为传播中国文学文化的重要阵地。据杨宪

① 杨宪益. 从《离骚》开始,翻译整个中国:杨宪益对话集. 北京:人民日报出版社,2011:70.
② 辛红娟,等. 杨宪益翻译研究. 南京:南京大学出版社,2018:188.

益回忆："这套纸面本丛书在(20世纪)80年代出了好几十种,非常畅销,并被转译成几种其他文字,包括法文和几种亚洲文字。"①在推出"大中华文库"之前的很长一段时间里,"熊猫丛书"和"企鹅丛书"一起,是世界了解中国文学文化的重要来源。相较于"企鹅丛书",杨宪益主持的"熊猫丛书",在作品的选择上范围更广,更具历时性。虽然"熊猫丛书"的一些作品并非他亲自翻译,但从广义的翻译过程来看,这种译前对作品的选择,是杨宪益翻译选择中十分重要的部分,非常能够体现他的翻译文化观、文化立场,以及翻译动机。杨宪益的选择得到了西方世界的积极反馈,他说:"一些选题尤其受欢迎,如:《中国当代女作家作品选》《老北京的故事》《新凤霞回忆录》……著名作家沈从文的小说和回忆录、著名作家老舍的小说和回忆录、当代青年作家古华描写'文化大革命'的长篇小说《芙蓉镇》、几本从汉代至清代的中国古典文学作品集。"②从杨宪益提到的这些选题来看,既有古代文学作品,也有近现代文学作品,还包括了当代文学作品,可以说基本完整地呈现了各个不同时期的中国文学文化风貌,而且均受到了外国读者的欢迎。值得注意的是,这里面既有像沈从文、老舍这样杨宪益非常喜欢的作家作品,也包括了一些杨宪益并不熟悉的作家作品,可见,在翻译出版的选择上,杨宪益还是站在传播中国文学文化的立场,积极推动译介,而并没有以自己的主观喜好左右翻译选择。

作为中国最重要的翻译家之一,在"熊猫丛书"中,当然包含了不少杨宪益自己的翻译作品。很有意思的是,这些作品主要以中国古典文学作品为主,其中包括了《三部古典小说节选》《聊斋故事选》《诗经选》《唐宋诗文选》《明清诗文选》《唐代传奇选》《汉魏六朝诗文选》《陶渊明诗选》,还包括了中国近代文学中的重要作品《老残游记》。这些作品从选择上看,主要有两个明显的特征。一是所选作品以诗歌为主,二是基本均为选集。这两个特征显露出杨宪益在翻译选择上的明确指向。首先,杨宪益一向对诗歌有着特殊的感情,因此,在译介作品的选择上,他当然会倾向于选

---

① 杨宪益. 漏船载酒忆当年. 薛鸿时,译. 北京:北京十月文艺出版社,2001:245.
② 杨宪益. 漏船载酒忆当年. 薛鸿时,译. 北京:北京十月文艺出版社,2001:245.

择自己更为熟悉且喜爱的中国古典诗文进行译介。杨宪益本身就具有极高的诗歌创作能力,加上他优秀的文字功底和对诗歌意象的完美表达,选择译介诗歌作品是一个能够最大化展现中国传统诗歌魅力的途径。其次,诸多的选集表明杨宪益在翻译选择上既注重积极传播中国文学文化的整体风貌,也重视传播某一时期的优秀经典作品。这是一种点与面、个性与共性、普通与特殊的完美结合,对全面、客观且有重点地向世界传播中国文学文化,具有良好的示范作用。这种译介选择,能够带动译文读者去全面了解中国文学文化史,并通过阅读经典,在有限的时间内,把握中国传统文学文化的精髓。很明显,杨宪益采取了对中国文学文化传播极度负责的态度来进行他的翻译选择,同时,也融合了个人对中国传统文学文化的理解。

综观杨宪益的翻译选择,我们看到了他为文学文化传播交流所做的巨大努力。无论是外译汉,还是汉译英,他都希望能够将真实的原语文学、原语文化带给译作读者。在选择中,他也重视自己对作品的理解和喜爱,目的是为了能够更好地翻译作品。在中国古典文学的译介中,他十分关注作品版本的不同所带来的译本风格差异,对所译作品的版本考察十分深入。由于工作性质的原因,杨宪益会面对自己并不熟悉的作品。为了能够准确地选择合适的底本,他会专门请教专家。例如在翻译《红楼梦》时,他就专门为了底本请教了吴世昌等著名的红学家:"他(吴世昌)帮助我俩参照了该书多种手抄本和印刷版,择善而从,编成了我们翻译的这个本子。"①杨宪益在翻译选择上所展现的这种认真精神,不仅是他翻译观的完美体现,也和他的译介特征高度吻合。

第五节　忠实与叛逆的辩证统一

提及杨宪益的译介,大多数人都会想到《红楼梦》,学界也总是免不了把他和戴乃迭的译本与霍克思、闵福德的《红楼梦》译本相比较。事实上,

---

① 杨宪益.漏船载酒忆当年.薛鸿时,译.北京:北京十月文艺出版社,2001:241.

这两个译本都带有译者明显的个人风格,从翻译的角度来看,并没有翻译水平的高下之分。蒋洪新就曾明确地表示:"对这两部译作要分出孰高孰劣是不可能的,也没有必要,因为它们都很优秀,只是各自翻译风格不同而已。"①在杨宪益的翻译生涯中,他翻译了大量的中国文学作品,形成了独具特色的翻译风格,在具体的译介方法上,忠实与叛逆辩证统一,展现出鲜明的个人特征。

杨宪益译介的最大特征,是他对原作的忠实。杨宪益曾明确表示:"译者应尽量忠实于原文的形象,既不要夸张,也不要夹带任何别的东西。"②这在《红楼梦》的翻译中体现得十分明显。杨宪益说:"《红楼梦》是一部中国古典文学名著,为了西方人真正读懂曹雪芹笔下的贾宝玉和林黛玉的爱情故事,我们尽量避免对原文做出改动,也不作过多的解释,在这点上,我们和英国汉学家霍克思翻译的《石头记》有所不同。霍克思翻译的自由度似乎更大一些,霍克思将原文中个别以'红'的描写改成了'绿',似乎是避免与'鲜血''暴力'联系在一起。"③为了避免由于中西方"红"的意象差异所带来的读者接受问题,霍克思、闵福德使用了《石头记》作为英译本的译名,而杨宪益、戴乃迭则是完全站在忠实的视角,将《红楼梦》译作 *A Dream of Red Mansions*,这种完全忠实于原文的翻译对缺乏了解原语文化的西方读者来说,必然会带来理解和接受上的一定困难,从而降低译作在西方世界的传播,但从长远角度来看,中西方文化交流的深入开展,需要的一定是原汁原味的译作。

在杨宪益、戴乃迭的《红楼梦》英译本中,几乎处处都体现出杨宪益的翻译忠实观。杨宪益的忠实并不是翻译语言学派所强调的等值,而是文化、风格、形象层面对原文的忠实。在分析霍克思的译介特征时,我们曾

① 蒋洪新. 雕虫岁月与漏船载酒——漫谈翻译家杨宪益. (2010-04-25)[2021-10-13]. https://www.douban.com/group/topic/11001033/.
② 转引自:肯尼思·亨德森. 土耳其挂毯的反面. 陈鑫柏,译//王佐良. 翻译:思考与试笔. 北京:外语教学与研究出版社,1989:84.
③ 杨宪益. 我与英译本《红楼梦》//郑鲁南. 一本书和一个世界(第二集). 北京:昆仑出版社,2008:2.

提到他采用音译加意译的方法翻译《红楼梦》中的人名。反观杨宪益,他采取了截然不同的翻译策略,对绝大多数的人名采用了音译法。更为值得一提的是,杨宪益并没有使用汉语拼音作为音译的标准系统,而是使用了威妥玛拼音系统。这是一个很有意思的选择。使用音译翻译人名,是为了能够忠实于原作,但从忠实的角度而言,显然汉语拼音系统是优于威妥玛拼音系统的。威妥玛拼音系统的优势在于,"这个系统的设立,考虑到了英语的发音规则和搭配习惯,为英美等英语国家的读者拼读汉语姓名提供了方便,在汉译英方面做出很大贡献"①。但是,威妥玛拼音系统也有其不足之处,比如"一种拼法多种读法、读音不同的两个姓在英文中无法区分"②等等。我们认为,杨宪益采用威妥玛拼音系统,主要有三个方面的原因。第一,杨宪益很早就开始了汉译英的翻译实践,在多年的阅读与翻译中,他对威妥玛拼音系统已经十分熟悉,因此,在《红楼梦》的人名翻译中,使用威妥玛拼音系统可能是个人的习惯而已。第二,《红楼梦》虽然是中国古典小说的精品,但对杨宪益而言,他对中国古典小说的兴趣远不如中国古典诗歌,他对中国小说的兴趣,主要集中在鲁迅、老舍、沈从文等人的作品上。在杨宪益的心目中,中国文学有着明显的时代划分。与使用汉语拼音系统译介诸如《阿 Q 正传》等作品中的人名不同,杨宪益也许希望通过音译系统上的区别,体现作品的时代特征,毕竟,在《红楼梦》的时代,并没有汉语拼音系统。第三,杨宪益的翻译忠实观着眼于原文的形象与风格,绝非字与字、词与词、句与句的绝对等值,因此,采用威妥玛拼音系统音译《红楼梦》中的人名,并不会影响译文的忠实。当然,以上对于杨宪益在《红楼梦》中人名翻译的策略方法,只是主观分析,杨宪益从未谈及这个问题。

不仅人名,杨宪益在翻译《红楼梦》中的人际称谓时,也坚持其忠实的一贯主张。相较于西方的称谓系统,中国的称谓系统较为复杂,特别是亲

---

① 夏廷德.《红楼梦》两个英译本人物姓名的翻译策略//刘士聪. 红楼译评:《红楼梦》翻译研究论文集. 天津:南开大学出版社,2004:137.

② 夏廷德.《红楼梦》两个英译本人物姓名的翻译策略//刘士聪. 红楼译评:《红楼梦》翻译研究论文集. 天津:南开大学出版社,2004:137.

属称谓。中国古代有"九族五服"的亲属关系,不仅对西方人来说很难辨别,即便对中国人而言,通常也很难完全区分这些关系。《红楼梦》中的各大家族,相互关系复杂,因此,对译者翻译亲属称谓提出了非常高的要求。如果简单采取西方的亲属称谓,则会混淆人物与人物之间的亲属关系,让读者困惑不已。比较中西方的亲属关系,除了一服的父亲、自己、儿女,以及一族的母亲、亲兄弟姐妹是完全能等值翻译的以外,其他中国的亲属关系,在英语中有没有对应。例如贾宝玉经常一口一个的"妹妹",就不能简单地翻译成"sister",而要表达出相互的亲属关系。为了清楚表达亲属关系,杨宪益做了自己的处理。以贾宝玉和林黛玉第一次相见为例,两人虽是兄妹,但中国人一向重视"表"与"堂"的关系区分,原作中为此也特地做了一个交代,因此,杨宪益也特意把这层关系在译文中体现了出来。在原文中,曹雪芹将两人的关系表述为:"宝玉早已看见多了一个姊妹,便料定是林姑妈之女,忙来作揖。"①其中的"姊妹"表明了两人的实际关系,而"林姑妈之女"则说明了"表""堂"关系。这种表述十分清晰,对读者了解贾宝玉、林黛玉二人的实际关系很有帮助。在译作中,杨宪益的处理也十分得当:"Baoyu had seen this new cousin earlier on and guessed that she was the daughter of his Aunt Lin"②,将两人的关系描绘得非常清楚。随着情节的推进,读者对作品中的人物关系会逐渐熟悉,但考虑到西方读者对中国亲属关系的复杂程度并无深刻体会,因此,杨宪益在翻译中也会时常将人物之间的亲属关系明晰化。例如在第十九回中,袭人在和贾宝玉的对话中说了一句"那是我两姨妹子"③,杨宪益为了交代清楚,翻译为"My mother's sister's child"④,将"姨"的概念翻译的非常清楚。这对中国文化

① 曹雪芹,高鹗. 红楼梦 *A Dream of Red Mansions I*(汉英对照). 杨宪益,戴乃迭,译. 北京/长沙:外文出版社、湖南人民出版社,1999:84.

② 曹雪芹,高鹗. 红楼梦 *A Dream of Red Mansions I*(汉英对照). 杨宪益,戴乃迭,译. 北京/长沙:外文出版社、湖南人民出版社,1999:85.

③ 曹雪芹,高鹗. 红楼梦 *A Dream of Red Mansions I*(汉英对照). 杨宪益,戴乃迭,译. 北京/长沙:外文出版社、湖南人民出版社,1999:520.

④ 曹雪芹,高鹗. 红楼梦 *A Dream of Red Mansions I*(汉英对照). 杨宪益,戴乃迭,译. 北京/长沙:外文出版社、湖南人民出版社,1999:521.

的传播十分重要。另外值得注意的是,杨宪益的译本中还添加了《红楼梦》的主要人物关系表,亦能帮助读者梳理人物关系。在肖维青看来,"鉴于亲属称谓系统的不同文化内涵,翻译过程中的完全对等是不常有的,译者往往站在目的语读者的立场上进行'近似对待'的翻译"①。杨宪益在《红楼梦》中对亲属关系的翻译,恰恰反映出他不局限于语言的等值上,他所追求的忠实,是站在文化传播、文化交流立场上,对原语文化的忠实。

杨宪益翻译的形象与文化忠实在很多作品的译介中都有体现。1981年,杨宪益和戴乃迭合译的《聊斋故事选》由"熊猫丛书"出版,其中收录了17个故事。和闵福德的译本相比,杨宪益的译文更加重视文化的忠实,他尽力还原原作的本来面貌,极少添加自己的主观判断和解释。以篇名为例,孙雪瑛总结"杨译篇名中所采取的翻译方法的构成:直译为主,意译为辅,其中也有大量直译加注释的篇名翻译方法"②。她的判断和总结和很多研究杨宪益翻译策略与方法的学者一样,均主张杨宪益的翻译以直译为主。事实上,杨宪益并不拘泥于某种具体的翻译方法,他所在乎的是对原作的忠实,因此,就会有将"婴宁"翻译为"Yingning",将"娇娜"翻译成"Jiaona"的音译情况。这和杨宪益在《红楼梦》翻译中对人名的处理方式是一样的。这样的好处在于能够最大程度的展现原文风貌,但是,这样也同样存在弊端,辛红娟就指出,"杨宪益处理人名时选择音译方法,不但给目的语读者造成阅读隔阂,也无法有效再现原文的谐音语趣"③。当然,既忠实于原文,又关注读者的阅读体验,是摆在所有译者面前的一个共同难题。我们认为,由于译者的翻译观不同、文化观不同、翻译目的不同,所带来的具体翻译方法与策略就会不同,这是无可厚非,也无须比较的。虽然杨宪益忠实于原文的翻译策略可能会对作品在世界的传播带来阻碍,但不可否认的是,这种翻译中的忠实,能最大程度地保证文化的无障碍交

---

① 肖维青. 一家亲主义 vs 核心家庭制度——谈《红楼梦》人际称谓与翻译//刘士聪. 红楼译评:《红楼梦》翻译研究论文集. 天津:南开大学出版社,2004:160.
② 孙雪瑛. 诠释学视阈下的《聊斋志异》翻译研究. 上海:上海外国语大学博士学位论文,2014:63.
③ 辛红娟,等. 杨宪益翻译研究. 南京:南京大学出版社,2018:91.

流,促进世界文化的交融与发展。

杨宪益译介的第二个重要特征,是他译文呈现出可译性与不可译性的辩证统一。从翻译行为的整体上看,杨宪益认为任何翻译都是可行的。但是,由于语言符号、文化观念的差异,语际翻译中总会出现不可译因素,这些不可译因素形成了对杨宪益翻译忠实观的极大冲击。"旬月踟蹰信达艰,译文雅俗更难言"①,如何处理这些不可译因素,杨宪益在多年的翻译实践中,逐渐形成了自己的方法和策略,而这些方法和策略的共同之处就是因文而异。

在面对因文化差异而导致的不可译因素时,杨宪益在外译汉和汉译英的总体翻译原则上是区别处理的。在外译汉上,杨宪益主张以中国读者的阅读体验与接受为翻译目标,尽可能将这些文化不可译因素转换为中国读者能够理解的文字和形象。辛红娟曾以杨宪益所译萧伯纳的《卖花女》为例,举了其中一个文化负载词的例子,杨宪益将原文"It begins with the same letter as bath"译为"那个字的声音和洗澡的'澡'字差不多",在辛红娟看来,"为了成功传达原文的意涵,完成跨文化交流,使读者能够顺利理解原文,杨宪益(的翻译)契合交际的伦理"②。从这个例子上看,在外译汉时,杨宪益明显为了中国读者的阅读与接受,对译文尽可能地进行了本土化处理。从翻译的手段和效果上看,杨宪益的处理是十分成功的,但从语言转换的等值来看,杨宪益的翻译并未做到语言上的忠实,这是语言与文化差异所导致的无可调和的矛盾。杨宪益自己也表示:"如果翻译中确实找不到等同的东西,那就肯定会牺牲一些原文的意思。"③在外译汉和汉译英的"牺牲"上,杨宪益的翻译策略也并不相同。在外译汉上,杨宪益更多考虑中国读者的接受,但在汉译英上,杨宪益则更倾向保留中国文学文化的原貌。为了便于中国读者阅读,杨宪益在翻译《奥德修纪》时,结合了"诗体译诗"和"散体译诗",从原诗的韵律、节奏上

① 杨宪益. 银翘集——杨宪益诗集. 福州:福建教育出版社,2007:77.
② 辛红娟,等. 杨宪益翻译研究. 南京:南京大学出版社,2018:160-161.
③ 肯尼思·亨德森. 土耳其挂毯的反面. 陈鑫柏,译//王佐良. 翻译:思考与试笔. 北京:外语教学与研究出版社,1989:84.

看,这是一种很大的改变。在《卖花女》的复译中,杨宪益又一再减少注释的数量。这些都能够看出杨宪益的读者中心思想。反观杨宪益的汉译英实践,则主张在译文中保留文化的差异性。"杨宪益的文化思想是超前的,(他)把他的事业定义在文化输出而非语言转换的更高层面上"①,因此,他具体的翻译策略与方法也受到其文化思想的影响,在外译汉和汉译英上,形成了截然不同的译介特征。

杨宪益译介行为的第三个特征,体现在杨宪益汉译英的译文语言上。杨宪益译文文字精练,往往能够用最为简洁的语言,把原文的文化意境表达出来。译介中,他经常遇到文化差异所带来的困难。这种情况主要发生在对历史信息、文化意象的翻译中。中国古典小说中总是充满了大量的历史与文化信息,这对西方读者而言,存在很大的理解困难。杨宪益在汉译英译介中十分关注读者的阅读体验,因此,他并不主张在原文中对这些历史文化信息进行解读,但如果将这些内容省略不译,又会影响文本叙事。因此,杨宪益会在翻译时选择意译的翻译方法,选择西方读者能够容易理解的译文进行简单阐释。辛红娟认为,这种做法"有利于帮助译文读者用最少的时间、最小的努力获取原文作者意欲传达的最大信息"②。不仅如此,对于中国古典作品在叙事中语言的简洁凝练特征,杨宪益主张也用同样简洁的英文进行译介,以达到语言风格的统一。

由于和夫人戴乃迭合译的关系,杨宪益的译文文字较之于很多中国译者而言有很明显的传播优势,这在一定程度上弥补了他因为外部因素而导致的译文缺陷。通过分析杨宪益的译介特征,我们发现,他的译文是他翻译观、文化观的完美再现。杨宪益虽然说自己很怕谈翻译理论,说不出什么大道理,但其实他的翻译思想都深深印刻在他的译文文字之中。也许杨宪益如《红楼梦》等的作品目前在海外市场传播度并不高,但他致力于完整、客观再现原作风貌的译介特征,使得译作具有极高的文化传播

---

① 辛红娟. 杨宪益//方梦之,庄智象. 中国翻译家研究(当代卷). 上海:上海外语教育出版社,2017:594.

② 辛红娟,等. 杨宪益翻译研究. 南京:南京大学出版社,2018:202.

与研究价值,为西方汉学界研究中国文学文化提供了重要的文本参照,具有重要的研究意义。通过研究他的译介,我们应该清楚地认识到,中国文学文化在海外的传播,并不应将关注的焦点全部放在市场,而应对文学和文化本身予以关注。

第七章 江苏文学经典英译的译者特征

前面我们分析梳理了五位重要的江苏文学经典英译译者。通过考察他们各自的翻译观、文化立场、翻译动机、翻译选择,以及译介特征,我们不难发现,译者翻译观的形成,除了和其长期的翻译实践有关外,也和其成长环境、时代背景有着密切的联系。同样,译者文化立场的形成也受到了诸多因素的影响。一般而言,译者的翻译观、文化立场是其翻译动机、翻译选择,以及译介特征的主观影响因素。但在研究中,我们也发现,除了译者本身对其翻译行为的积极影响,很多客观的现实外部因素也影响着译者的翻译行为。从翻译的过程来看,"无论是口译还是笔译,非文学翻译还是文学翻译,译者在翻译中都不可避免地要处在一个动态的活动场中,他所走的每一步,他所采取的每一个步骤,都不是完全孤立的"[①]。在译介江苏文学经典的过程中,这些译者无一不在平衡着这些内外部因素。在研究的过程中,我们发现,这些译者存在着很多的共性特征,这些特征不仅是促成他们成功的因素,更为重要的是,这些特征为我们推动江苏文学经典的英译,选择合适的译者,提供了重要的参照。在完成对这些译者译介的纵向研究之后,十分有必要再将他们的翻译观、文化立场、翻译动机、翻译选择,以及译介特征进行横向的比较与阐释。横向的研究有助于我们找到江苏文学经典英译译者的共性特征,并归纳他们通过译介江苏文学经典,为传播中国文学文化所产生的重要影响,为今后江苏文学经典的进一步译介与传播,提供有力的帮助。

---

① 许钧. 翻译论(修订本). 南京:译林出版社,2014:136.

第一节 译者共性考

江苏文学经典的英译译者主体身份复杂,既有如霍克思、闵福德、罗慕士这样的国际著名汉学家,也有如沙博理、杨宪益这样的中国籍知名翻译家。他们有着不同的成长环境和生活环境,所处时代也并不完全相同。然而,通过对五位重要译者的梳理与分析,我们发现,在翻译观、文化立场、翻译目的、翻译选择,乃至译介特征上,江苏文学经典的英译译者均存在着很多相同之处。这些相同之处既为我们发现并归纳优秀翻译家的共性特征提供了线索,也对未来江苏文学经典的持续译介提供了译者选择的有益参照。

一、多维的翻译忠实观

从翻译观上看,五位译者的翻译观具有多维特征,在他们身上,我们看到了优秀译者们对翻译的深切思考。霍克思在翻译《红楼梦》时强调必须传达"在文中发现的一切有目的的东西"[1],主张将翻译与研究合二为一,充分展现了他的翻译学术观。闵福德一生受《道德经》和《易经》影响颇深,形成了独具特色的翻译自然哲学观,认为"一个翻译好不好,其实就看它灵不灵,有没有感情"[2]。罗慕士很喜欢拉小提琴,他将翻译活动与拉小提琴比较,形成了"翻译的内容就是美术的展现,音乐就是翻译形式的表现"[3]的翻译艺术观。沙博理在翻译过程中专注于思考忠实与叛逆、内容与风格、符号与意义等一对对关系,形成了独具特色翻译创造观和翻译文化观。杨宪益不拘一格,将诗体译诗和散体译诗有机结合,形成了"中

---

① 于宏印.试论霍译《红楼梦》休制之更易与独创//刘士聪.红楼译评:《红楼梦》翻译研究论文集.天津:南开大学出版社,2005:78.

② 任璐蔓.闵福德谈翻译与"奇趣汉学".(2019-09-08)[2021-10-13]. https://www.thepaper.cn/newsDetail_forward_4344039.

③ 刘瑾,罗慕士.钻研中国文化 倾情翻译中国——《三国演义》英译者罗慕士访谈录.东方翻译,2018(4):80.

庸"的诗歌翻译观。这些无一不体现出优秀译者们对翻译的独特思考和深刻领悟。在他们多维且各具特色的翻译观中,我们发现,他们都无一例外地将翻译的忠实放在了中心位置予以关注。翻译的忠实观,是他们在翻译观中的共性特征。

翻译的忠实问题向来是译者在翻译中关注的焦点。自从巴斯奈特、勒菲弗尔等人提出了翻译的文化转向之后,翻译界从原先语言学派所关注的对等与等值,转而开始关注其他非语言因素对翻译产生的影响。应当说,翻译的文化转向,对译者的翻译忠实观产生了非常直接的影响,特别是在文学翻译中,如何将原作中的文学文化特色展现在译文中,成为影响译者翻译行为的一个因素。霍克思、闵福德、罗慕士、沙博理、杨宪益五位翻译家,都是翻译文化转向的历史见证者。在他们多年的翻译实践中,形成了对忠实的深刻认识,其中,最为重要的一点,即文学翻译的忠实,绝不仅仅是符号的对等或等值,而是包含符号意义、文本风格、作品对象、文化意象等各种因素的立体忠实观。

在研究中我们发现,五位翻译家在翻译忠实问题上有着十分统一的认识,即符号上的忠实只是翻译忠实的基础与表层,译者在翻译中应当充分注意到文学作品本身的文学文化价值、作者特殊言语风格对作品所产生的积极作用,以及译作读者的阅读体验。

霍克思一直秉持着"译者应该谦卑,更多关注原著的忠实传译与接受效果,而不是自身创造力的发挥或是个人更大声誉的获得"①的翻译忠实观。无论是在自己的翻译过程中,还是在评价别人的翻译作品时,霍克思都强调译作应该忠实于原作,努力保持原作风格,而不是一味追求字字对应。同时,他还十分关注读者的阅读体验,认为不能因为追求语言上的对等而忽略了目的语读者。在评价海陶玮的《韩诗外传》时,他就认为虽然他的"翻译很是完美(因为每个英文单词都和中文一一对应了),但却让读

---

① 转引自:王丽耘. 中国文学交流语境中的汉学家大卫·霍克思研究. 福州:福建师范大学,2012:69-70.

者感觉莫名其妙"①。

作为霍克思的学生,闵福德在和霍克思一同翻译《红楼梦》的过程中,也显然受到了霍克思翻译忠实观的影响。在深入研究闵福德所译《红楼梦》后四十回的副文本后,杨柳发现闵福德在翻译时"没有局限在形式表面,而是深入器物的文化背景之中,解释它的地位与作用,发掘形成此种文化器物的意味深远的文化传统,以及在浸润于这种文化语境中的人的生命观与价值观"②。在此后的翻译过程中,闵福德也一直秉持着这种对文学文化意象传递的忠实翻译观。特别是在翻译《聊斋志异》时,闵福德深切感受到中外文化,以及不同年代所带来的巨大差异,因此在翻译过程中,他十分关注在译文中展现这些中国文化的特殊意象,使西方读者能够通过阅读《聊斋志异》,了解中国文化中的特殊一面。

罗慕士在翻译《三国演义》时,不仅要面对大量的文化差异,更为重要的是,他还需要将《三国演义》中的真实历史还原给西方读者,因为他意识到,对《三国演义》感兴趣的不仅仅是普通的西方读者,还有一批专注于研究该书、研究该段历史的学者。为了能够忠实于文学、忠实于历史,罗慕士写下了长达80页的后记"关于三国",以供读者参阅。这也从另一方面反映了罗慕士对读者的忠实。

沙博理十分欣赏意大利人那句"翻译者即反逆者"的谚语。但这并不代表他反对翻译的忠实,相反,这正是他基于翻译忠实观而进行的深刻思考。沙博理反对呆板的"愚忠",认为翻译的忠实应当是忠于原作、忠于原作者、忠于译作读者的。因此,他很赞同严复所提出的"信、达、雅",认为翻译的忠实是一种辩证的忠实,"直译固然要避免,也不可转到另一个极端,无所顾忌地随意处理原文"③。

同样,杨宪益也和沙博理有着类似的观点。在杨宪益看来,翻译的忠

① Hawkes, D. *Han Shih Wai Chuan* by James Robert Hightower. *The Journal of the Royal Asiatic Society of Great Britain and Ireland*,1953(3/4):165.
② 杨柳. 文化摆渡者的中国认同——闵福德《石头记》后两卷译本的副文本研究. 曹雪芹研究,2018(4):132.
③ 张经浩,陈可培. 名家名论名译. 上海:复旦大学出版社,2005:317.

实应当是一种动态的忠实。"翻译不仅仅是从一种文字翻译成另一种文字,更重要的是文字背后的文化习俗、思想内涵,因为一种文化和另一种文化都有差别。"①

由此可见,五位翻译家对翻译忠实的理解是极为类似的,他们都十分重视江苏文学经典作品中的中国文学、中国文化元素。在他们看来,翻译的忠实是立体的,也是一种选择性的忠实。在文学翻译中,一味地强调语言的忠实,而忽略了作品的意义、原作者的风格、译作读者的接受,那么所译作品必然是失败的作品。一个优秀译者的翻译观必然是立体的,这也是为什么他们能够驾驭不同类型、不同风格的作品。

二、鲜明的文化立场

江苏经典文学作品的英译,必然涉及不同文化间的碰撞,因此,译者的文化立场往往决定了他的翻译策略与翻译方法。江苏文学,乃至中国文学的英译,虽然是一种文学文化的对外输出行为,但从根本上看,是弱势文学、边缘文学向强势文学、中心文学的传输过程,因此,译作的文学接受往往阻力很大。西方传统译界认为,翻译是一个译入为主、译出为辅的文学、文化输入过程。在译入的过程中,原作会受到目的语主流文学文化的影响,在译者、目的语意识形态、目的语文学等因素的影响下,向目的语靠拢。在韦努蒂看来,"这种突出流畅性的翻译策略,是为了体现西方种族中心主义及文化帝国主义的价值观,用其来归化外国文本……体现了翻译的伦理道德和文化身份认同等文化核心问题"②。因此,对江苏文学经典的英译者来说,一个明确的文化立场至关重要。令人欣喜的是,无论是霍克思、闵福德、罗慕士这样的外籍翻译家,还是沙博理、杨宪益等中国译者,他们在译介江苏文学经典时,都有着极为鲜明的文化立场。

在文学翻译中正确传递原语文本的文化特质,是保证文化忠实的关

---

① 杨宪益. 我与英译本《红楼梦》//郑鲁南. 一本书和一个世界(第二集). 北京:昆仑出版社,2008:2.

② 刘军平. 西方翻译理论通史. 武汉:武汉大学出版社,2009:440.

键。然而,在实际的翻译与出版过程中,译者往往会受到目的语国家文化、出版机构、市场等多方因素的影响,对原语文本的文化符号进行一定程度的改写,以求译本更好地被目的语国家读者所接受。这当然会更易于译本读者接受原语文化,但不可否认的是,这也会让原语文化的传播大打折扣,阻碍译本读者直面原汁原味的原语文化。在面对这种两难的选择时,译者的文化立场会起到重要的作用,帮助译者做出决定。在译介江苏文学经典作品时,我们上文所考察的五位译者,在文化立场上的共性特征明显,主张文化输出过程中的客观性和真实性,主张通过译介丰富世界文化。

霍克思向来反对中西文化对立。他希望通过翻译,加强中西方之间的文化交流,更为重要的是,能让西方了解真实的东方文化。但是,在忠实于原语文化的情况下让西方读者便于理解,在翻译上几乎是不可能的。一个毫无中国文化背景的西方读者,是不可能通过一个故事、一个读本,就进入中国文化的世界中。因此,霍克思做了很多的尝试。这些改编式的尝试虽然在翻译的准确性上有所缺失,但在文化的大视阈下利大于弊。最为重要的是,霍克思直面文化差异而做出了一些译文上的改动,并经常通过译者序或译者注的方式告诉读者为何改、如何改、改在何处。在翻译元曲家尚仲贤的《洞庭湖柳毅传书》时,霍克思明确表示"试图把一部中国13 世纪的杂剧翻译成可以登上西方舞台的配乐英语剧"①。这对中国文化的海外传播意义深远。他深知中西方舞台剧文化的巨大差异,希望借由此剧的翻译,让西方听众能够感受东方舞台剧以及中国古典文化的魅力。为了这一目的,霍克思做了大量的改动,他自己也在序言中承认该译本"是一个改编本,而非原本的再现"②。我们可以发现,为了坚持自己的文化立场,达到文化传播的译介效果,霍克思并没有死板地追求文字上的绝对忠实。

---

① Shang, Z. X. *Liu Yi and the Dragon Princess*. Hawkes, D. (trans.). Hong Kong: The Chinese University Press, 2003: 1.

② Shang, Z. X. *Liu Yi and the Dragon Princess*. Hawkes, D. (trans.). Hong Kong: The Chinese University Press, 2003: 27.

同霍克思一样,闵福德和罗慕士在译介中的文化立场也极为鲜明,希望通过翻译,向世界介绍真实客观的中国文化。闵福德着力融合中西学者对于他所选译文本的理解与阐释,重视古典文学对于现代人以及现代文明的意义。在翻译《易经》时,他集众家之长,并不独取某一家的观点进行解释。从他的注解中,我们看到,他既关注王夫之、朱熹、程颐、王弼、董仲舒、黄宗羲、孔颖达、谢灵运等中国文人的观点,也参照理雅格、卫礼贤、翟理斯、韦利、李约瑟等西方学者的见解。① 同样,在翻译《红楼梦》后四十回时,他也非常注意文学因素、文化蕴涵、文化价值的传达。罗慕士在翻译《三国演义》时,为了能够更好地理解书中人物的性格,阅读了大量的中国古典文学作品和历史典籍。这些内容不仅暗含在译本中,为他准确理解与诠释人物形象起到了重要的支撑作用,更淋漓尽致地展现在译本文末的译后注中,为喜爱三国文化、研究三国文化的西方读者提供了深入阅读的机会。

相较于外籍译者,我们通常较少关注中国籍译者在对外译介过程中的文化立场问题,因为一般情况下,将中国文学作品译介到西方的中国籍译者,其文化立场都是明确而坚定的。这和译者自身的文化背景、文化自觉紧密相连。但我们应当注意到,在对外译介的过程中,也应当谨防由于过度的文化自信而导致文化传播的失真。即便是中国籍译者,也需要正确客观地向世界介绍中国文化。在这点上,沙博理和杨宪益树立了榜样。

身为一名在美国长大的犹太人,沙博理在抵达中国后,随着和凤子交往的不断深入,沙博理对中国文学文化越发有兴趣。在他看来,"文学翻译也要有立场、有观点、有世界观,知道自己爱什么、恨什么,才能选择自己最想让外国受众知道的东西,告诉他们一个真实的中国"②。也正是因为经历了新中国成立这一特殊的历史时期,沙博理希望能够通过翻译,发

---

① Minford, J. Online Notes for *I Ching*. (2020-02-26) [2021-10-13]. https://a1974703-9efc-428d-945c-d2ab3a7d1c25. filesusr. com/ugd/3ce1a7 _ 55ec4f644 27244b487e09a0ccc02cada.pdf.

② 张贺. 带着理想去翻译. (2010-12-03) [2021-10-13]. http://www.spph.com.cn/av/bkview.asp? bkid = 202529&cid = 640045.

挥文学的外宣作用。特殊的人生经历对沙博理文化立场的形成起到了重要的作用,甚至改变了他的人生轨迹。但是,无论是他所翻译的众多中国当代红色文学,还是被世人予以高度评价的《水浒传》,在翻译的过程中,沙博理都非常重视译介的客观性和忠实性,尽可能地向世界呈现一个原汁原味的中国,而并没有因为他个人的文化倾向,去改变原作。这体现了他作为一名译者的高度自觉。

杨宪益一生中翻译了大量的中国文学作品,更为可贵的是,他还在翻译过程中整理收集,选编选译了一些具有代表性的中国古典文学作品。在上文中,我们专门提到的《宋明评话选》就是一个典型例子。在杨宪益看来,由于不同国家、不同民族之间的巨大的文化差异,文学翻译的实质性难点在于“信”与“达”。对于文化上的差异,他曾以“杨柳”为例,强调即便是同一事物,在不同的历史时期,其所被赋予的文化特征也并不一样[①],这种历时的差异本身就对西方人的理解造成了困难,更不必谈同一事物在不同国家、不同文化中所代表的不同意象了。因此,杨宪益强调“‘宁顺而不信’和‘宁信而不顺’都是各走极端,不足为法”[②]。在中国文学文化的对外译介和传播中,“信”与“达”是同等重要的。文化意象翻译的准确与客观,是让中国文学、中国文化“走出去”,并被世界文学、世界文化所接受的重要保证。

无论是外国籍汉学家,还是中国籍译者,在译介江苏经典文学作品时,都十分关注作品中文学、文化元素的译介呈现。一方面,这是作品中所蕴含的丰富文学文化元素对译者提出的重要译介要求;另一方面,这同样也是翻译家客观、准确译介中国文学文化特质的文化立场追求。在这样鲜明的文化立场下,翻译家们以翻译为桥梁,让中国文化“走出去”的同时,亦给予了西方世界了解、接受中国文学文化的机会。在外国籍汉学家和中国籍译者的共同努力下,中国文化与世界文化的交流会越发通畅。

---

① 杨宪益. 略谈我从事翻译工作的经历与体会//金圣华,黄国彬. 因难见巧——名家翻译经验谈. 北京:中国对外翻译出版公司,1998:83.

② 杨宪益. 略谈我从事翻译工作的经历与体会//金圣华,黄国彬. 因难见巧——名家翻译经验谈. 北京:中国对外翻译出版公司,1998:83.

三、多元的翻译动机

在翻译中,译者与原作的关系是十分微妙的。它并非一成不变地完全由译者进行主动选择,事实上,很多译作的诞生,都是作品走向译者,译者或主动,或被动地接受了作品的邀请,开始了翻译活动。从英译江苏文学经典的翻译家来看,他们的翻译动机也是复杂而立体的,既有自己翻译观、文化立场驱使下的主观译介行为,也有机缘巧合带来的被动选择。这些共同构成了一幅多元生动的译介图画。

我们在上文中集中探讨的翻译家,其翻译的动机都是内外因皆有的,虽然在不同的时期、面对不同的作品时,翻译家们的动机会有稍许的变化,动机呈现会较为复杂,但总体而言,他们的动机是相对稳定的,和他们的翻译观、文化立场是较为一致的。虽然他们有些人是因机缘巧合和中国文学、中国文化结缘,但最终走上中国文学、中国文化的译介与传播之路,却和他们自身的努力追求不无关系。

霍克思所翻译的每一部中国文学作品,都源于他内心对中国文学、中国文化的深深热爱。即使在早期,霍克思的中文水平还未炉火纯青,他就能够为了更好地研究《楚辞》而去进行翻译,并在翻译过程中发现之前译本的误读与误译。在实践中研究,在研究中实践,构成了一个有益的闭环,也丰富了霍克思的翻译动机。当霍克思在中国留学第一次接触到《红楼梦》后,也是因为痴迷于其中博大精深的中国文化,又苦于当时西方没有较为完整且质量上乘的英文全译本,所以产生了自己翻译的念头。为了翻译《红楼梦》,他不惜辞去牛津大学的教职,可见他翻译《红楼梦》决心之坚定,内在动力之强大。

与霍克思一样对《红楼梦》情有独钟,一心想要将全书译成英文的还有闵福德。在香港留学时寄宿家中老太太推荐的《红楼梦》,开启了闵福德译介和传播《红楼梦》的璀璨一生。他不顾牛津大学教师们的反对,坚持要翻译《红楼梦》,并最终在霍克思的牵线下,承担了后四十回的翻译工作。执着、坚定,是闵福德译介《红楼梦》的关键词,也是他翻译动机的最好体现。在多年的教学生涯中,闵福德总是向学生推荐《红楼梦》,都是因为他执着于传播中国文学文化,他译介《红楼梦》的这份执着,也影响了他对其他中国文学典籍的翻译。无论是《孙子兵法》《聊斋志异》《易经》《道德经》,抑或《鹿鼎记》,闵福德都有着类似翻译《红楼梦》时传播中国文学文化的动机,只不过,在面对这些作品时,闵福德最初的积极性并不高涨,但在友人及出版机构的极力推荐下,闵福德找到了说服自己译介的目标和动机。例如在面对出版社邀约翻译《孙子兵法》时,虽然他对军事学并没有太大的兴趣,但在阅读的过程中,闵福德看到了《孙子兵法》在军事学之外的文学文化价值,本着向世界介绍中国文化的目的,他最终还是翻译了此书。对于《易经》和《道德经》这两部从闵福德一开始学习中文起就一直崇拜的经典作品,闵福德总觉得其文化内涵太过深邃,因此一直也没有翻译的想法。直到维京企鹅出版集团发出邀约之后,才下定决心,结合自己多年的阅读和研究,将这两部伟大作品翻译成英文。可以说,顶着"逍遥译者"头衔的闵福德,最初的翻译动机多是源于友人和出版社的推荐,但最终还是因为被中国文学文化的无限魅力所深深感染,激发了自己传播中国文学文化的内在动力。

罗慕士在翻译中国古典文学作品的同时,也承担着教学科研的教师任务,因此,他的翻译动机总是和教学与科研联系在一起。他数次翻译三国文学,虽然每次翻译时的动机都不完全一样,但传播中国文学、中国文化的翻译初衷一直没有改变。为了能够丰富自己的课堂教学,让学生更加深刻地了解中国古典文学和文化,罗慕士选择了《三国演义》中一些经典的情节加以凝练和翻译,形成了最初的选译本,并作为材料,供学生课堂使用。作为大学教师的罗慕士,他的翻译动机是十分单纯的,"1976 年万神殿出版社出版的选译本是为了用于自己的大学课堂教学"①。服务自己的教学工作,能够通过自己讲授的课程培养一批对中国文学、中国文化有浓厚兴趣、有深刻理解的学生,这是一名大学老师最为真实、也最为朴素的翻译动机。之后,万神殿出版社发现了罗慕士的翻译才能,于是极力

---

① Roberts,M. Acknowledgements. In Luo,G. Z. *Three Kingdoms*. Roberts,M.(trans.). Beijing:Foreign Language Press,1991.

说服罗慕士将这些故事结集出版,这才有了 *Three Kingdoms:China's Epic Drama*(《三国:中国的壮丽史诗》),也展开了罗慕士长达数十年的中国文学文化翻译与传播之路。他的这个选译本不仅在美国受到欢迎,更是引起了大洋彼岸中国的注意。时任外文出版社副总编的罗良力邀罗慕士翻译《三国演义》全书。这时的罗慕士,早已不是当年那个为了丰富教学而翻译三国的译坛新人,而是编译了 *Critique of Soviet Economics*(《批评苏联经济学》)、*Chinese Fairy Tales and Fantasies*(《中国童话和神话故事》)等多部作品的翻译家。再次翻译三国,罗慕士的动机和目的十分清晰,他一方面想要弥补之前所译的选译本中的不足与错误,另一方面,他也深知《三国演义》英文全译本对三国文化乃至中国古典文学文化在西方传播和研究的重要作用。因此,他欣然答应罗良的邀请,历时近十年,完成了《三国演义》英文全译本的翻译工作。全译本中上千条的注释,既完美诠释了罗慕士作为一名学者的严谨,更展现了他作为一名汉学家的文化担当。罗慕士的翻译动机既有偶然的外部因素,也有坚定的内部驱动,这和很多热衷于中国文学、中国文化的汉学家、翻译家是颇为一致的。

与罗慕士类似的是沙博理,他的翻译动机也是内外趋于统一的。法学专业出身的沙博理,在来到中国,接触凤子和众多共产党进步人士之后,对中国有了全新的认识,也萌生了向世界介绍真实中国的想法。在偶然接触到《新儿女英雄传》之后,沙博理迅速对这部作品产生了兴趣,并着手翻译。客观地说,与沙博理后来翻译的其他很多中国当代红色文学作品相比,《新儿女英雄传》一书本身的文学性并不太高,但沙博理坚决地进行译介,并自己找到美国的出版社出版发行,是考虑到该书所反映的充满生机的、积极向上的中国人民在保卫自己国家时体现出的英勇精神。在沙博理看来,中国文学和中国文化走向世界的一个重要前提,就是让世界客观地、准确地了解中国。他深知很多西方人并不了解中国,因此,译介当代中国文学的重要性不言而喻。在这样的认知下,沙博理将自己翻译的内在动机与外部工作要求完美结合在了一起,译介了大量的中国当代红色文学作品。当然,在向世界客观展现当代中国风貌的同时,沙博理也十分重视作品本身的文学和文化价值。在沙博理看来,翻译中国文学作品,本质上是"为了让外国读者更好理解中国历史文化的本质内涵"①。在收到外文局要求其翻译江苏文学经典《水浒传》的任务时,沙博理并没有将其当成一项政治任务,而是表现出异常的兴奋。沙博理说:《水浒》的故事情节引人入胜,写作风格简洁,吸引力超出了国界与世纪。我(沙博理)对这部世界文学名著极为赞赏。"②在翻译中,沙博理特别注意展现作品的文学性和社会性要素,充分体现了他对《水浒传》的深刻理解。

与上面四位翻译家有所不同,杨宪益对不同类型的作品,有明显不同的翻译动机。在这里,我们并不去考察杨宪益的外译汉动机,单从他的汉译英翻译动机来看,就能够看出其动机的多元性。杨宪益汉译英翻译动机的最大特点,是在不同时期呈现出不同的翻译动机。其中既有出于自己本身对作品的喜爱和认可而主动译介的情况,也有虽然自己对作品没有兴趣,但因为工作任务要求而被动接受的情况。客观来说,这些都是杨宪益翻译动机的真实反映,和他本人的翻译观与文化立场也是十分统一的。相较于现当代作品而言,杨宪益更加钟情于中国古典文学作品,《离骚》《老残游记》,以及中国古典诗词,都是杨宪益心仪的译介对象。因此,他翻译这些作品的动机就更加积极、更加纯粹。当然,这其中也有例外。人们一直津津乐道的《红楼梦》,杨宪益最初并无兴趣,只是碍于外文局的文化推广要求,才接下了翻译的任务。可见,翻译家的翻译动机并不仅仅是积极的、主动的,也同样会存在消极被动的情况。这和翻译家自身的翻译观、文化立场,以及个人成长、生活环境都密不可分。当然,我们从杨宪益多年的翻译经历,特别是晚年主持"熊猫丛书"来看,时机也是影响翻译家翻译动机的一个重要因素。即便译者对某部作品非常喜爱,拥有充足的翻译动机,但如果时机不对,也只能与作品遗憾错过。

从上述五位翻译家的翻译动机中,我们足以得到启发。任何一个译者的翻译动机,都是在各种因素影响下的综合产物。时间、空间、译者的翻译观、文化立场,都有可能成为影响其翻译动机的最主要因素。因此,

---

① 沙博理.《水浒传》的英译. 妙龄,译.中国翻译,1984(2):31.
② 沙博理.《水浒传》的英译. 妙龄,译. 中国翻译,1984(2):31.

译者的翻译动机一定是多元的,也正是这种多元的翻译动机,使得译者的翻译选择呈现出更为综合的特点。

四、综合的翻译选择

一部译作的最终问世,必然要经过无数次的选择。其中,译者的选择最为重要,而且译者的选择也贯穿整个翻译过程始终。无论是译前阶段对文本、底本的选择,还是译中阶段对翻译策略、方法的选择,甚至于在译后阶段选择传播路径,都和译者有十分密切的联系。特别是在译前和译中阶段,译者的选择往往直接决定了译作在目的语世界的接受效果。因此,通过考察翻译江苏文学经典作品的翻译家们的翻译选择,有助于我们把握江苏文学经典作品英译的动态特征,在未来的译介中做出正确的翻译选择。

在上文的分析中,我们发现,无论是霍克思、闵福德、罗慕士这样的外籍译者,还是沙博理、杨宪益这样的中国籍译者,他们的翻译选择都毫无疑问地与他们的翻译观、文化立场、翻译动机紧密相连。在译前阶段,他们的翻译选择往往围绕着作品本身展开;在译中阶段,他们又将重点放在了作品的文学性和文化性上,侧重于采取更利于展现江苏文学经典作品文学性和文化性的翻译策略与方法。这些都体现出了翻译家们在翻译选择上的综合性。

在成为著名的翻译家之前,霍克思在所译作品的选择上拥有完全的主动。因此,作品的选择,是霍克思翻译选择的一个重要特色。霍克思所关注的、有译介渴望的作品,往往是那些与他个人研究紧密关联的作品,例如《离骚》《楚辞》,以及《杜诗初阶》。选择翻译《离骚》,一方面是因为霍克思对中国文学、文化的强烈兴趣;另一方面,也是因为他曾在韦利的译作中读到过部分《离骚》的内容。本着了解中国文学与文化、研究《离骚》的目的和动机,霍克思选择了《离骚》,又进而选择翻译《楚辞》。同样,在多年之后,霍克思选择译介《红楼梦》,也是因为对中国文学文化的无比热爱。

霍克思除了关注作品的选择,也同样十分重视作品相关因素的选择。

例如在翻译《杜诗初阶》时,他以清代孙洙《唐诗三百首》中的杜甫诗歌为主要译介对象,完成了《杜诗初阶》中杜甫诗歌的遴选工作。霍克思表示:"它(《唐诗三百首》)是一代代中国孩童进入诗歌世界的启蒙读物,就如同我们这儿帕尔格雷夫所编的《英诗金库》。且《唐诗三百首》中杜甫诗的挑选都很明智。"①可见,霍克思在诗歌的选择上,是非常关注诗歌本身的流传度的。他的翻译选择,并不仅仅围绕具体的词句,而是更加关注作品以及作品的相关元素,因为在传播和推介中国文学文化时,这些因素更为重要。

霍克思翻译选择的综合性,还体现在他能够站在读者的立场做出翻译选择。一个优秀的译者,不应代替译作的读者去体味原作的优秀,而是应当把阅读的享受交给读者,让读者通过自己的阅读了解作品,进而了解原作世界的文学与文化。在翻译《红楼梦》时,霍克思希望西方读者在阅读完这部传世巨作之后,能够和中国读者有着近乎相同的体验与感受。客观来说,这是十分困难的,毕竟不同的文化环境,给西方世界的读者增加了理解的困难与障碍。但是,霍克思希望尽可能为译作读者厘清困难、消除障碍。一方面,由于《红楼梦》底本甚多,为了能给西方读者呈现一个最为客观真实的红楼梦世界,霍克思不得不在翻译的过程中根据众多底本,来修正自己所依据的底本素材,他表示,自己"不能坚持只忠实于任何一个本子……我经常用的是某一抄本,甚至偶尔自己也做过点小改动"②。另一方面,由于底本繁多所带来的翻译和理解困难,霍克思在具体的翻译策略与方法选择上,更倾向于归化翻译,以求最大程度降低西方读者的理解与接受困难。

如果说霍克思翻译选择的"综合"是一种贯穿翻译过程各个阶段的学术坚守,那么,闵福德的"综合"则是在对所译作品进行选择时的"从心所

---

① 转引自:王丽耘. 中国文学交流语境中的汉学家大卫·霍克思研究. 福州:福建师范大学,2012:224.

② Hawkes, D. Introduction. Fan S. Y. (trans.). In Cao, X. Q. & Gao, E. *The Story of the Stone 1*. Hawkes, D. (trans.). Shanghai: Shanghai Foreign Language Education Press, 2014:56.

欲不逾矩"。纵观闵福德的翻译选择,我们发现,当他面对《红楼梦》和《聊斋志异》这些他积极要去译介的作品,和诸如《孙子兵法》《易经》《道德经》等相对被动译介的作品时,他的选择标准往往并不相同。

从整体上看,闵福德对其所译作品的首要标准,就是一定要翻译自己喜欢的作品。这一点在《红楼梦》的翻译上体现得最为明显。为了能够翻译这部书,闵福德跑遍了牛津大学汉学科,成为唯一一个跟随霍克思研读《红楼梦》的学生,也最终成为霍克思翻译《红楼梦》的搭档。为了能够翻译好这部传世巨作,闵福德还前往澳大利亚,拜师柳存仁和李克曼,攻读博士学位,专门研究自己所要翻译的《红楼梦》后四十回。这些都足以表明闵福德对《红楼梦》的喜爱,以及想要翻译该书的决心。同样,选择翻译《聊斋志异》,也是因为闵福德对之前翟理斯的《聊斋志异》译本喜爱有加,因此,当企鹅出版集团找到他时,他也表达了愿意翻译此书的想法。

然而,面对众多的经典作品,闵福德也并非仅凭借对作品的喜爱这一标准选择作品。"从心所欲"恰恰说明了其翻译选择的多样性。例如在翻译《聊斋志异》时,闵福德从原书近 500 个故事中最终选择出 104 篇进行翻译,其选择的标准就十分有趣。他一方面强调应当考虑到所选故事对原作故事类型多样性的良好呈现,另一方面,他也直言不讳,考虑到个人的精力和翻译的难度,选择那些自己喜欢,并且翻译难度不大的故事。①即便如此,他的译本也经过了 15 年,才得以面世。同样,因为翻译《鹿鼎记》时所遇到的翻译困难,使得闵福德在选择作品时十分谨慎,即便是《易经》《道德经》这样他个人非常喜欢的作品,也是在出版社的苦苦推介下,才最终开始翻译。应当说,闵福德翻译选择所呈现的综合性,既和他本人的翻译观、人生观有很大关系,也同样和他多年的翻译实践紧密相连。当然,虽然被冠以"逍遥译者"之名,选择作品时"从心所欲",但闵福德仍然牢守翻译选择之"矩",坚持认为文学性和文化性是翻译选择的最重要标准。

---

① 参阅:Minford,J. Introduction. In Pu,S. L. *Strange Tales from a Chinese Studio*. Minford,J. (trans.). London:Penguin Classics,2006:xi-xxxi.

　　罗慕士也同样十分关注作品本身在传播中国文学文化中的重要价值。从他译介的作品来看，无论是《三国演义》《道德经》《中国童话和神话故事》等古典作品，还是诸如编译《批判苏联经济学》等现当代作品，罗慕士并没有作品选择上的局限性。在他看来，从文化传播的角度出发，非文学作品也有很高的文化价值。特别是像《道德经》这样的经典，更需要不断地再译介、再阐释、再研究。只有不断的复译，才能"更有助于我们理解这部作品"①。

　　谈及翻译选择，就不能不谈罗慕士在翻译选择上十分重要的两部作品，即1976年出版的选译本《三国演义：中国的壮丽史诗》，以及1979年出版的《中国童话和神话故事》。这两部译作在翻译选择上的共同点是需要罗慕士确定选译的故事与文本。与霍克思、闵福德的选择原则类似，罗慕士也主张应结合翻译目的与动机做出选择。在《三国演义：中国的壮丽史诗》中，考虑到翻译目的是为了给学生提供课堂的阅读材料，因此，罗慕士选择译介三国中重要的故事与人物，并强调"既希望为不了解中国文化的西方读者呈现最为精华的戏剧叙事，也希望将小说中的生动生活作为一件艺术品展现出来"②。在编译《中国童话和神话故事》时，考虑到中国神话故事往往映射普通人的生活与情感，于是决定"为自己发声，将人类的普通情感娓娓道来"③，分多个系列展示不同时期的故事所展现的社会主题。

　　罗慕士所译的《三国演义》英文全译本，是目前为止在英语世界流传最广、接受度最高的"三国"译本。这个译本充分体现了罗慕士作为学者谨慎的治学态度。为了能够使译本尽可能地还原《三国演义》原本的中国风貌，"把这部作品在中国一直以来最为读者所熟知的形态呈现给（译本）

---

① Roberts, M. Introduction. In Lao, Z. *Dao De Jing: The Book of the Way*. Roberts, M. (trans.). Oakland: University of California Press, 2001: 2.

② Roberts, M. Introduction. In Lo, K. C. *Three Kingdoms: China's Epic Drama*. Roberts, M. (trans.). New York: Pantheon Books, 1976: xx.

③ Roberts, M. Introduction. In Lo, K. C. *Three Kingdoms: China's Epic Drama*. Roberts, M. (trans.). New York: Pantheon Books, 1976: xvii.

读者"①,罗慕士对各个时期的《三国演义》底本进行了细致的整理和考察,最终在毛本的基础上,查阅并注释大量史料,使该译本不仅成为普通读者了解三国文化与中国文学的媒介,也成为学者研究三国文学、三国史学的重要参照。罗慕士翻译选择的"综合"特质,体现在他对作者、读者视域的共同观照。

和上面三位翻译家的身份略有不同,沙博理和杨宪益都曾先后供职于外文出版社。因此,他们的翻译选择并不完全以译者的身份做出,还在某种程度上兼顾了出版者的身份。这种身份上的细微差异,也影响了他们的翻译选择。

沙博理的翻译选择贯穿于翻译的全过程。他既对包含底本在内的原作在宏观上谨慎选择,也深入文字层面,对翻译细节进行选择。作为外文出版社的专家,沙博理在编辑部选择译介作品的基础上,提出自己的意见。在他看来,译介中国当代红色文学作品,绝不简单是工作需要,而是出于自己对作品的认可。比如他自己翻译并联系出版的《新儿女英雄传》,就是因为他"对其中的许多人物感到亲切……强烈地使人联想到美国的拓荒精神"②。沙博理对作品的选择,和他客观传播中国文学文化的立场是并行不悖的。

同样,沙博理也十分关注作品底本的选择。在他看来,底本选择是翻译选择中最为重要的一个方面,特别是在译介古典作品时。在翻译《水浒传》时,沙博理与叶君健、汤博文等人细致考察了"繁本""简本"等各个《水浒传》的不同底本,并最终决定翻译"一百回的版本,前七十回用金圣叹的版本,后三十回用容与堂的"③。在译介的过程中,由于受到特殊时期的影响,沙博理收到了更换底本的要求,迫于压力,他不得不重新翻译。但在压力解除之后,为了能够将最好、最真实、最具文学价值的水浒带给西方

---

① Roberts, M. Afterword: About Three Kingdoms. In Lo, G. Z. *Three Kingdoms*. Roberts, M. (trans.). Beijing: Foreign Language Press, 1991: 1463.

② 沙博理. 我的中国. 宋蜀碧,译. 北京:北京十月文艺出版社,1998: 118.

③ 沙博理.《水浒传》的英译. 妙龄,译. 中国翻译,1984(2): 29.

读者,沙博理不惜重新开始,将《水浒传》的前七十回再次翻译了一遍。这足见沙博理对作品底本选择的重视,也展现了他作为一名翻译家的担当。

通常情况下,好的译作应当完全展现原作的风貌,这就意味着译者在翻译过程中,需要尽可能地忠实于原作,不可擅自改动。但是,在沙博理看来,对原作的忠实绝不等于字对字、词对词的翻译,而是要对作品有整体的把握。在翻译《水浒传》时,他敢于选择删减或压缩"原著中一些自然景物和人工建筑的环境描写文字"①,甚至在面对特殊压力时,对《水浒传》书名做出改动。这看似"不忠"的删改,其实是基于沙博理自己对原作的理解,以及对译作如何能在西方世界传播所做的适当选择。沙博理翻译选择的综合性,也正是体现在宏观与微观,体现在翻译的各个层面上。

同样受聘于外文出版社,杨宪益的翻译选择似乎受限很多。他自己都曾自嘲是"受雇的翻译匠而已,该翻译什么不由我们做主"②。但实际上,杨宪益的翻译选择是丰富且具有层次性的。首先,在所译作品的选择上,杨宪益非常关注作品的文学文化价值,主张优先翻译价值丰厚的作品。杨宪益早期翻译的《阿 Q 正传》、陶渊明的诗歌,以及《楚辞》等等,都是中国文学作品中的经典。其次,他在晚期主持译介的"熊猫丛书",更是涵盖了从古代到现当代的中国文学优秀作品。在这些作品中,大部分的作品都为杨宪益本人所喜爱,这也体现了杨宪益在翻译选择上从单纯的译者,到出版者的一个转变。

除了对译介作品进行整体上的选择把握之外,杨宪益还十分重视作品的底本考证和风格把握。在译介《红楼梦》时,为了能够将最为中国读者所熟知的版本展现给西方读者,杨宪益向吴世昌等多位红学专家请教,确定底本。但并非所有的作品,都能以杨宪益本人的意志来进行选择。例如在翻译宋、明小说时,虽然杨宪益希望能够尽可能地丰富故事类型与风格,全面展现宋、明时期和文学、社会风貌,但最终由于历史与社会原因,未能如愿。

---

① 任东升."萃译"之辩. 解放军外国语学院学报,2018(4):16.
② 杨宪益. 漏船载酒忆当年. 薛鸿时,译. 北京:北京十月文艺出版社,2001:190.

考察译介江苏文学经典的五位典型翻译家的翻译选择,可以发现,与译者翻译选择联系最为紧密的是他们的翻译观、文化立场与翻译动机。从事江苏文学经典翻译活动的翻译家,他们都十分关注所选作品本身的文学和文化价值,因此,在宏观上,他们更倾向于选择具有代表性的经典作品进行译介。在微观上,翻译家们关注底本、版本等作品相关因素,并在译介过程中,对中国文学和文化的相关意象进行解释与说明,以帮助西方读者更加了解中国文学文化元素。无论是宏观层面的把握,还是微观层面的渗透,都展现了翻译家们在翻译选择上的综合性。这种综合的翻译选择,也让他们在具体的翻译活动中,展现出更为丰富的译介特征。

五、丰富的译介特征

如果说翻译策略与翻译方法更像是译者之"技",那么,译介特征则和译者的翻译观、文化立场等内在特质紧密联系。译者呈现出的译介特征,往往集中在更易被关注的翻译策略与方法上。但是,翻译策略与方法往往是为译者的翻译观、文化立场以及翻译动机与目的所服务的。因此,译者的译介特征是一种更加深入的内在体现。在考察译介江苏文学经典的翻译家们的译介特征时,我们发现,他们的译介特征绝不仅仅展现在翻译的"技"上,更多的是对翻译本质的深层思考。因此,他们的译介特征更加丰富。

霍克思最关注的是中国文学和文化在西方世界的传播与接受,因此,其最为明显的译介特征是译文的忠实性。在具体文本的翻译上,霍克思所恪守的是文本整体内涵的忠实,而非单纯的字对字、词对词、句对句。他的忠实观与他的翻译目的、译本对象紧密结合。例如早期在翻译《楚辞》时,由于翻译的目的是为了更好地理解文本内容,以帮助自己研究中国南方诗学,而并非为了作品的传播,因此,他在翻译中更加关注语义忠实,希望能够以翻译为跳板,加深自己对中国南方诗歌的了解。

在翻译《红楼梦》时,由于读者群面向的是西方世界,因此,霍克思希望在翻译中把"忠实"二字落在每个方面。霍克思自己也表示:"我恪守的一条原则是要把一切都译出来,甚至包括双关语在内。……我认为凡是书里存在的,都有它的意图,所以总要设法表达出来。"①因此,在翻译中,他并没有拘泥于某一种固定的翻译方法,而是根据文本,音译、直译、意译并用。其中最为明显、也最为学界所热议的,就是对《红楼梦》中众多人名的分类翻译。在面对《红楼梦》中数百个人物名字时,霍克思巧妙分类,音译与意译结合,对故事情节的推进,以及中国传统文化的对外推介,起到了积极的作用。这也充分体现出霍克思十分重视译作读者的文化接受。其实,无论是《红楼梦》的书名翻译,还是书中的诗歌翻译,都能看出霍克思十分关注读者的阅读体验,因此,他在翻译策略与方法上不拘一格。从译介的效果看,这种看似没有定法的翻译确实降低了西方读者的阅读难度,促进了中国古典文学文化在西方世界的传播。

如果说霍克思译介特征的丰富性是在他译文忠实性的核心观念下进行的延展,那么,闵福德译介特征所展现出的丰富性,则和他"逍遥译者"的称号不无关系。在译介中,闵福德十分重视读者的感受,这些都非常明显地体现在《聊斋志异》的闵译文中。译介此书时,闵福德充分考虑到中西方文化上的巨大差异,并且创见性地关注到时代差异给译文理解和文化传播带来的影响。因此,在保证译文忠实的前提下,闵福德尽量做到译文语言亲和读者,特别是在人名、成语的翻译上,从读者出发,省译部分文化意象,降低读者的阅读难度。

事实上,在翻译不同作品时,闵福德的译介方式并不相同,这也体现了他的"逍遥"之风。在面对《红楼梦》中的文化意象时,他采用了和译介《聊斋志异》时完全相左的方式,努力挖掘《红楼梦》中文化元素的深层次内涵。特别是对于西方读者十分陌生的八股文,闵福德专门在序中解释,希望能够把这一中国独特的语言形式带给西方读者。

从上面两个似乎完全相反的译介方式中,我们可以看到闵福德译介中的中庸思想。这种译介特征的来源是他早期对《道德经》《易经》的阅

---

① Hawkes, D. Introduction. Fan S. Y. (trans.). In Cao, X. Q. & Gao, E. *The Story of the Stone 1*. Hawkes, D. (trans.). Shanghai: Shanghai Foreign Language Education Press, 2014: 56.

读,以及在翻译《红楼梦》时,受到的霍克思的影响。和他的老师一样,闵福德也反对将归化与异化二元对立。在同一部作品的翻译中,译者往往会运用多种翻译策略,简单地用归化和异化进行区分,这是有失偏颇的。在多年的翻译生涯中,闵福德逐渐发现,副文本对作品在目的语国家的传播,往往会起到积极的作用。因此,在翻译中,闵福德注重加入副文本元素,特别是序、注释、附录,都成为闵福德展现中国文学文化的有力武器。

闵福德对副文本的关注,不仅仅是他多年翻译经历的感悟,也是他作为一名学者的职业敏感。很多在大学从事教学研究的海外译者,都对副文本情有独钟。罗慕士就是其中的典型代表。他的译介带有明显的学术性特征,而且,这种学术性特征贯穿于译介的各个阶段。

对于翻译《三国演义》这样的文学巨著而言,完备的译前准备是成功译介的前提。无论是选译还是全译,罗慕士都展现了一个学者应有的严谨治学态度。对于节译本而言,选择适合的译介内容能够激发译作读者的阅读兴趣,而作品人物往往是最能让读者津津乐道的。为了让读者喜欢三国故事,为了能让作品中的人物形象更加立体、丰富,罗慕士对《三国演义》中最为核心的人物进行了细致的译前考察,并在序言中用大量笔墨分析评价刘备、关羽、曹操。① 在全译本译前阶段,罗慕士更是仔细阅读了与三国相关的其他典籍,并对《三国演义》的各个底本进行了系统考察。这些学术性的考察,不仅体现出罗慕士对译前准备的重视,也反映出他的这一全译本得到世界广泛认同的根本原因。

在译中阶段,罗慕士更是将其学者的治学态度贯穿始终。大到整体的文化意象、小到度量衡,罗慕士都会引经据典,细致考察。这些,都体现在译本丰富的译者注中。全书长达 142 页的译者注,成为海外三国文学、历史研究的重要资料。应当说,罗慕士对三国文学的译介,不仅让三国故事走进了西方读者家中,也让中国文学文化走入了西方学界,成为重要的研究对象。

---

① Roberts, M. Introduction. In Lo, K. C. *Three Kingdoms*: *China's Epic Drama*. Roberts, M. (trans.). New York: Pantheon Books, 1976: xix-xxv.

一个优秀的译者,总是想要不断完善自己的译作。即便 1991 年全译本获得了空前的成功,罗慕士依旧希望能有机会进一步完善这个译本。为了能够推动中西文化交流,罗慕士意识到一部更具故事性的三国节译本的重要性。于是,在全译本推出 8 年后,罗慕士以全译本为基础,推出了面向普通读者的缩译本。同样,这个译本也获得了巨大的成功。迈克尔·希梅芬尼盛赞该书"让读者阅读之后有再看全译本的冲动"①。

与罗慕士译介《三国演义》大量使用译者注截然不同,沙博理在译介《水浒传》时,全篇并无一处译者注。从读者的阅读体验来看,没有注释会使读者获得极为流畅的阅读感,也更易进入到情节中,感受作品本身的文学魅力。但是,从文化传播的角度来看,缺少注释,就会加大读者对很多独有文化意象的理解难度。这是一个很难消除的矛盾。沙博理之所以选择不添加译者注,除了考虑到读者的阅读感受外,还有一个很重要的原因,就是希望能够呈现给读者一个最为真实、准确的水浒世界。在翻译中,沙博理发现即便是原著,也有不少问题,并直言作者"把十四世纪的服装、武器、政府机构强加到生活在十二世纪的人们身上"②。因此,沙博理对这些存疑之处一律省译或不译,以保证译本的忠实度。

说到对原作的删改,恐怕是沙博理译介的一个重要特征。无论是译介《水浒传》,还是中国当代红色文学,沙博理都删除了部分内容。这些删减或是因为刊登刊物的篇幅原因,或是因为政治和文化原因,各不相同。在上文中,我们曾特别分析过沙博理删改《水浒传》的三大动因。用沙博理自己的话说,就是"搞翻译有责任也有权利,主观上为了达到目的,为了让外国读者更好理解中国历史文化的本质内涵"③。面对客观限制因素,结合主观译介目的,一个优秀译者应当有语言和文字的自由。但是,这都不能影响译作本身的文学文化价值。在这一点上,沙博理为后人做出了榜样。

---

① Schimmelpfennig, M. *Three Kingdoms*: *A Historical Novel*. Abridged edition by Luo Guanzhong and Moss Roberts. *China Review International*, 2001, 8(1): 217.

② 沙博理.《水浒传》的英译. 妙龄,译. 中国翻译,1984(2): 30.

③ 洪捷. 五十年心血译中国——翻译大家沙博理先生访谈录. 中国翻译,2012(4): 63.

杨宪益和沙博理一样,都曾长时间供职于中国外文局。由于外文局的工作性质,以及特殊时期对外译介工作的特殊性,致使两人在译介上有些共通之处,比如都十分关注对原作文学性和文化性的忠实传递,比如都会在一定程度上删改原文的文字。

对杨宪益而言,忠实性是他译介的一贯追求。但这种忠实,是对原文的整体性忠实,而非固执于字对字、词对词的形式忠实。这在他译介中国古典文学作品时,显得尤其突出。在译介《红楼梦》时,为了能够让西方读者准确了解人物关系,特别是中国文化中特有的"表"与"堂"的亲属称谓区别,杨宪益在采用释义法的基础上,还特别制作了全书主要人物关系表。这种类似"厚译"的做法,虽然从形式上看似打破了原作与译作间的对等关系,但实际上保证了译作的文化忠实度,有效传播了中国文化。

在文字的处理上,杨宪益充分考虑到了中英两种文字的实际差异,主张可译性与不可译性的辩证统一。受到在中国外文局工作性质,以及本人意欲向海外传播优秀中国文学作品心理的影响,杨宪益倾向于在对外译介中尽可能保留中国文学文化原貌。因此,在具体翻译中,他主张把看似不可译的中国文化意象,用最为简洁的语言表达出来。在面对一些对故事主要情节发展影响不大的,但在翻译中难以处理的文化意象,杨宪益也大都选择意译的翻译方法,选择西方读者能够容易理解的译文稍加阐释,点到为止。杨宪益在译介方式上的这种灵活性,恰恰是和他个人的翻译观、文化立场保持了统一,是他对译介忠实性的良好诠释。

通过对五位翻译家翻译观、文化立场、翻译动机、翻译选择,以及译介特征等方面的比较,我们发现,这些译介江苏文学经典的翻译家在以上方面有着相当多的共性特征。他们都对江苏文学有着浓厚的兴趣,都主张客观、真实地向西方世界介绍中国文化。这种近似的翻译观与文化立场,让他们的翻译动机与翻译选择也高度趋同。在具体的译介策略与方法上,虽然五位翻译家各具特色,但都围绕着对中国文学、中国文化的忠实传播展开译介。对五位翻译家的梳理、分析和比较,有助于我们发现译者在江苏文学经典译介中的重要作用和影响,为我们未来的译者选择工作提供积极的参照。

第二节　江苏文学经典英译的译者作用与影响

翻译是文学文化对外交流与传播的基础性工作。在中国文学文化海外传播的进程中,翻译起着非常重要的作用。虽然影响译本在目的语国家传播和接受的因素众多,但译本本身的翻译质量是最为关键的因素,而译者的翻译水平直接影响译本的质量。通过上面对五位代表性江苏文学经典英译译者的剖析,我们发现,一个译本的生成,并不是一个简单的语言符号翻译过程,而是和译者个体的方方面面交织在一起的。因此,在江苏文学文化的对外译介与传播中,选择合适的译者是十分重要的。在译者的选择中,不能单纯地考察译者的语言能力,还应当关注译者的翻译观、文化立场,并明确其翻译动机、翻译选择。

一、译者翻译观和文化立场的作用与影响

随着新时期中国对外交流的需要,以及国家之间文学文化交流的日益增多,中国需要大量的翻译人才。但到目前为止,无论是在数量还是质量上,我们都缺乏优秀的翻译工作者。对于文学文化的对外交流与传播,译者的作用至关重要。优秀翻译家和普通译者的区别,往往就体现在翻译观和文化立场上。翻译虽然看似是"技艺",但却极富思想性。因此,译者的翻译观对其译介行为,往往起着决定性的作用。思果先生曾经论述过翻译中思想的重要性:"翻译最重要的工作是思想。译而不思,即使译得久也没有用。"[1]这就需要译者对自己的翻译实践不断反思,总结经验,久而久之,才能形成了自己独特的翻译风格。译者的翻译观,也正是在不断的译介和思考中形成的。对翻译江苏文学经典的译者来说,这是一项十分艰巨的工作。文化的差异、时代的不同,都客观造成了翻译的困难。能否将作品中的文学文化要素在译作中表达出来,取决于译者自身的文学文化修养。傅雷说:"文学的对象既然以人为主,人生经验不丰富,就不

---

[1]　思果. 翻译研究. 桂林:广西师范大学出版社,2018:7.

能充分体会一部作品的妙处。"①因此,在选择译者时,不能仅仅关注译者的语言能力,还必须关注译者的翻译观和文化立场。

译者所持的翻译观和文化立场直接决定了其所翻译的译本是否在整体上忠实于原作。译者的翻译观往往决定了译者在面对翻译的实际困难时会做出怎样的选择。这在文学翻译中尤为明显,因为文学作品译介中最大的困难,往往来自于不同文学文化中的差异。这种文化上的差异会在不同的语言符号系统中被无限放大。在文学文本中,原本简单的符号要同时承载不同的语意,这给译者的翻译增加了很多难度。更需注意的是,这些所谓的文化负载词,并不一定都是作者的有意为之,其所造成的理解困难,也不仅仅发生在译语中,同样会发生在原语中。在这点上,原作和译作的读者是一样的。霍克思在翻译《红楼梦》时就曾坦言:"书中随处可见的诸多象征、双关语和隐秘伏笔,看起来只不过是作者创作时的兴之所至,好像作者在与自己玩某种游戏,并不在意是否有人关注他。喜爱这部小说的中国读者常常一辈子都在持续和反复地读它,每次都能发现更多这种只有自己才懂的小玩笑。恐怕这其中许多精妙之处在翻译过程中都丢失了。"②作为译介《红楼梦》最成功的译者之一,霍克思也坦言忠实于原作之难。对于《红楼梦》这样的文学文化经典,翻译一定是有遗憾的。呈现给海外读者的译本看似并不完全忠实于原作,却恰恰呈现出翻译的无限魅力。在霍克思看来,"凡是书里存在的,都有它的意图,所以总要设法表达出来"③。这也是他为何一再想要修订译本的原因。在我们看来,这种对译本的无限雕琢,恰恰是一个优秀翻译家翻译观的体现:不简单将翻译的忠实理解为从符号到符号的对等过程,而是通过符号的转换过程,

---

① 傅雷. 翻译经验点滴//傅敏. 傅雷谈翻译. 北京:当代世界出版社,2006:10.

② Hawkes, D. Introduction. Fan S. Y. (trans.). In Cao, X. Q. & Gao, E. *The Story of the Stone* 1. Hawkes, D. (trans.). Shanghai: Shanghai Foreign Language Education Press, 2014:55.

③ Hawkes, D. Introduction. Fan S. Y. (trans.). In Cao, X. Q. & Gao, E. *The Story of the Stone* 1. Hawkes, D. (trans.). Shanghai: Shanghai Foreign Language Education Press, 2014:56.

为中西方文化架起一座沟通和理解的桥梁。在闵福德看来,对《红楼梦》译本的再次修订校勘,就是"希望这个新版本能给全世界新一代的读者带来快乐"①。从霍克思、闵福德两位译者身上,我们能够深切感受到他们对译介的无限追求。这些都是他们翻译观的客观再现。

译者翻译观在译介中另一个重要作用与影响,体现在译作所起到的文化交流与传播作用。面对同一部作品,如果译者的翻译观不同,最终的译本呈现就会不同,所起到的文化交流与传播的作用也会不同。我们之所以一再强调文化交流与传播的意义和价值,是因为这是江苏文学经典译介的重要目标。因此,译作的好与坏、成功与失败,不仅仅在于译作是否忠实于原作,还在于其是否最大限度地、客观真实地传播了原作中的原语文学和文化。这是翻译活动中一个"译何为"的问题。我们发现,在江苏文学经典译介的过程中,几乎所有的译者都或多或少对原作进行了一定程度的改写。这些改写既有删减,也有添加,当然也包括对原作的改动。霍克思在翻译《红楼梦》时,曾表示他"自作主张做了小小的改动"②,罗慕士也不止一次为《三国演义》的英译本添加副标题。即便像杨宪益那样要求译作的极度忠实的译者,也由于客观原因对译本做出了大量的删减。这些例子都充分说明了翻译活动中译者的主观作用,以及在面对客观影响因素时,译者所做出的选择。在翻译的具体过程中,译者们将"忠实"二字放在了文学忠实与文化忠实上,而并非简单的语言符号忠实。他们所做的每一次改写,其实都是为了减轻江苏文学经典在对外传播过程中可能遇到的阻碍。在他们心中,译介江苏文学经典,就是要通过这一个个经典的文本,让西方世界了解真实的中国文学与客观的中国文化。翻译观和文化立场决定了译者们的文化交流观,也影响了文本的生成。在文化交流层面,翻译更是一个"异与同"的问题。立志于译介中国文学与

---

① Minford,J. Preface to the bilingual edition of *The Story of the Stone*. Fan S. Y. (trans.). In Cao,X. Q. & Gao,E. *The Story of the Stone 1*. Hawkes,D. (trans.). Shanghai:Shanghai Foreign Language Education Press,2014:6.

② 王宏印. 试论霍译《红楼梦》体制之更易与独创//刘士聪. 红楼译评:《红楼梦》翻译研究论文集. 天津:南开大学出版社,2005:78.

中国文化的译者们,都尽力在译文中展现最为客观真实的中国文学和中国文化。这种极力追求中国文学文化在原作和译作中的"同",恰恰是在最大限度地展现中国文学文化在世界文学文化中的"异"。看似相互矛盾的"异与同",在中国文化"走出去"的译介之路上达到了和谐统一。这些译介江苏文学经典的译者们,也完美诠释了他们的翻译观和文化立场。就像闵福德的座右铭"最好的中国"一样,江苏文学经典经过这些译者的努力,在新的土地上继续诠释着中国文学文化的无限魅力。在霍克思、闵福德、罗慕士、沙博理、杨宪益这样一批优秀翻译家的身上,我们可以看到在中国文学文化的对外传播中,优秀译者所起到的无可替代的核心作用。这也在客观上告诫我们,江苏文学经典的对外译介,译者选择至关重要。

二、译者翻译动机和翻译选择的作用与影响

江苏文学经典的对外译介,是中国文学文化对外传播的一个重要阵地。当下,中国文学文化的对外传播工作已经上升到国家战略的高度,作品译介行为已经成为重要的国家和政府行为。因此,有别于早期中国文学文化译介的单纯个人动机,未来的译介工作将更加体现国家意志。译者的翻译动机,历来都需要与赞助人的出版动机、政府的文化传播动机相适应。在"讲好中国故事,传播好中国声音"的大背景下,译者积极的翻译动机,有助于做出正确的翻译选择,提升翻译质量。

我们发现,译者翻译动机所产生的影响是多方面的。除了我们通常关注的翻译质量,译者翻译动机对其翻译速度也会产生影响。虽然总体上译者的翻译动机较为统一,但在不同时期、面对不同类型的作品时,也会产生一定的变化。以闵福德为例,他在翻译金庸的《鹿鼎记》时,花费了整整十年时间。他曾扪心自问:"金庸写《鹿鼎记》只花了几年时间,我为什么要花如此长时间去翻译它?"①如果我们回看他的翻译动机,了解到闵福德当初并没有翻译该书的极度热情,只是因为刘绍铭、柳存仁的推荐和金庸的认可,才承担起该书的翻译任务,就不难理解他为何花费如此长的

---

① 朱振武,闵福德. 拿出"最好的中国"——朱振武访谈闵福德. 东方翻译,2017(1):53.

时间,才完成全书的翻译。由此可见,译者翻译动机的影响会渗透到其翻译的全过程。

在我们所选取的具有代表性的江苏文学经典英译译者中,沙博理是一个较为特殊的存在。受到夫人凤子的影响,以及自身对翻译的兴趣,沙博理的翻译动机与当时中国的外宣工作十分契合。这让他成为翻译《水浒传》的最佳人选。从文本的呈现与接受来看,这个译本是颇为成功的。何谷理(Robert E. Hegel)高度评价沙译本"完整、准确、有极佳的阅读体验"①,白芝也认为沙博理的译本较之赛珍珠译本有了极大的进步。② 这些都和沙博理"希望更多的外国朋友能够看到这部精彩的小说,并通过它了解我们的历史和文化,更好地欣赏我们的文学遗产"③的翻译动机有着直接的关系。这种强烈的动机还能够让沙博理在遇到各种内外部的翻译阻碍时,选择合适的方法应对,尽可能还原作品的原貌。由此可见译者翻译动机对其翻译行为的巨大影响。译者良好、积极的翻译动机,也是江苏文学经典真实、客观对外传播的保证。

与翻译动机一样,译者的翻译选择也直接影响着江苏文学经典作品的海外接受,影响着海外读者的阅读体验和文化获取。对于诸如中国文学四大名著这样的文学经典,译者需要细致考察各种底本。面对中国古典诗词或是短篇小说,译者又需要在众多的篇目中遴选合适的进行译介。无论是底本还是篇目的选择,都将对最终译本的呈现产生影响。如果选择不当,则会对中国文学文化的传播带来负面的影响,阻碍中外文化交流。

从底本的选择来看,大部分江苏文学经典在译介前,都会涉及底本选择的问题。翻译家们之所以会细致考虑底本问题,是因为不同底本所带来的译本呈现是完全不同的。他们既要考虑如何能够将最具文学文化价

① Hegel, R. E. *Outlaws of the Marsh* by Shi Nai'an, Luo Quanzhong and Sidney Shapiro. *World Literature Today*, 1982, 56(2): 404.

② Birch, C. *Outlaws of the Marsh* by Shi Nai'an, Luo Guanzhong and Sidney Shapiro. *The Wilson Quarterly*, 1982, 6(1): 149.

③ 沙博理. 《水浒传》的英译. 妙龄, 译. 中国翻译, 1984(2): 32.

值的江苏文学经典翻译到西方,也要顾及中国读者对原作的情感与认知。特别是像中国文学四大名著这样在中国耳熟能详的作品,翻译家们站在文化交流的角度,要将那些在中国读者心中的人物形象和故事内容传递给西方读者。罗慕士在翻译《三国演义》时,面对嘉靖本和毛本两个底本,最终选择了后者,就是因为他"想把这部作品在中国一直以来最为读者所熟知的形态呈现给读者"①。同时,他也考虑到中国读者对三国文化、三国历史的喜爱,因此在翻译前,还特别阅读考证了《三国志》。在他看来,"《三国演义》是在《三国志》基础上改编的文学,《三国志》是一千多年后《三国演义》的'底本'。只有这样,才能打好翻译基础,保证翻译质量,做到严谨"②。同样,沙博理在翻译《水浒传》时,由于受到时局所带来的外部压力,曾改变译本的底本。在他看来,虽然更换底本意味着要重新翻译,但是,为了能够让西方读者更好地了解水浒文化,这样做是十分值得的。

不同底本所带来的译介呈现是不同的,这也会对译本的传播与接受产生影响。在目前已经问世的诸多《红楼梦》英译本中,霍克思、闵福德的译本接受度最高,而杨宪益、戴乃迭的译本被认为与原本最为接近。这都和他们的底本选择有很大关系。他们都意识到《红楼梦》众多底本所带来的翻译困难,因此,特别关注选择自己认为合适的底本。霍克思"感到要忠实地遵从任何一个单独的底本是不可能的"③,因此在翻译中结合了多个底本,甚至自己还做了一些微小的改动。这种做法为的是让西方读者能够对《红楼梦》产生兴趣,让红楼文学文化在西方世界快速传播。从译介的效果看,霍克思的做法是颇为成功的。反观杨宪益,他为了能够将最

① Roberts, M. Afterword: About Three Kingdoms. In Lo, G. Z. *Three Kingdoms*. Roberts, M. (trans.). Beijing: Foreign Language Press, 1991: 1463.

② 刘瑾,罗慕士. 钻研中国文化 倾情翻译中国——《三国演义》英译者罗慕士访谈录. 东方翻译,2018(4):78.

③ 王宏印. 试论霍译《红楼梦》体制之更易与独创//刘士聪. 红楼译评:《红楼梦》翻译研究论文集. 天津:南开大学出版社,2005:78.

为真实、中国读者最为熟悉的《红楼梦》版本译介到西方,专门请教了吴世昌等著名的红学家,从而形成了一个还原度最高的红楼译本。

在篇目的选择上,翻译家们也同样用心良苦。诸如诗歌、词曲、短篇小说等文体,选集是较为常见的译介载体。事实上,译介选集是中国文学文化走向世界的一个良好途径,相较于全集、长篇小说,它更能在较小的篇幅中集中优秀的文本,从而达到文化传播与交流的目的。我们发现,选译本、节译本,以及选集中的篇目选择,既彰显出译者的个性特征,亦有利于文本的生成。例如霍克思在编译《杜诗初阶》的时候,就特别关注所选诗篇是否能够代表杜甫的典型特征。他把视野投向孙洙的《唐诗三百首》,挑选了其中所收录的杜甫诗篇,因为他认为"《唐诗三百首》中杜甫诗的挑选都很明智"[1]。无独有偶,杨宪益在"熊猫丛书"的作品选择上,也非常关注选集的重要价值,并将这套丛书视为中国文化对外传播与交流的重要阵地。"几本从汉代至清代的中国古典文学作品集"[2]受到了外国读者的欢迎,亦说明了篇目选择的重要性。

长篇小说通常具有较高的文学价值,但对于初识中国文学文化的西方读者而言,阅读的难度也通常较大。罗慕士的《三国演义》选译本给了我们很好的启发。在这个选译本中,罗慕士充分考虑到了西方读者对三国文化的陌生,选取了刘备、曹操等重要人物的故事线进行译介,力图"将小说最为核心的史诗部分尽可能更有效率地介绍给读者"[3]。事实证明,这个本来仅仅作为课堂读物的译本,在出版后受到了西方读者的热烈欢迎,这与罗慕士的翻译选择有很大的关系。

由此可见,译者的翻译动机和翻译选择,不仅会对译本的呈现产生重要的影响,更对译本的传播与接受,以及中国文学文化的对外传播与交流影响深远,而这些都直接指向了译者。因此,译者的选择至关重要。那

---

[1] 王丽耘. 中国文学交流语境中的汉学家大卫·霍克思研究. 福州:福建师范大学,2012:224.

[2] 杨宪益. 漏船载酒忆当年. 薛鸿时,译. 北京:北京十月文艺出版社,2001:245.

[3] Roberts, M. Introduction. In Lo, K. C. *Three Kingdoms*: *China's Epic Drama*. Roberts, M. (trans.). New York: Pantheon Books, 1976: xxiv.

么,江苏文学经典的对外译介,究竟应当选择怎样的译者呢?

三、译者的选择

江苏文学经典的对外译介与传播,离不开翻译主体的共同努力,其中,译者是最为重要的翻译主体。通过上文对国内外重要译者的分析,我们不难发现,一位优秀的译者,不仅需要具备过硬的语言能力,更为重要的,是需要精通并热爱中国文学、中国文化,能够站在准确传播中国文学文化的立场上译介。从江苏文学经典过往的英译史来看,很多重要的、接受度高的译文都并非出自一位翻译家之手。这说明,在讲好中国故事的过程中,多元的译者群体是十分重要的。因此,在今后江苏文学经典译介的译者选择上,我们既需要关注合译的重要价值,也需要关注译者自身的翻译观念与文化立场。更为重要的是,应当找寻那些对江苏文学经典高度认可、热爱且具有学术精神的译者。

江苏文学经典的对外译介与传播,是中国传统文学与文化对外译介与传播的重要组成部分。无论是从过往的译介情况来看,还是从现阶段国家文化传播战略角度出发,其文学性、文化性都是译介工作的重点。因此,译文质量不仅应当符合忠实、准确的语言要求,更应当起到传播中国文学文化的积极作用。从译介行为来看,无论是"译入"还是"译出",都由于译者主体的限制,存在着翻译的缺陷。由海外汉学家主导的"译入"行为,在作品的选择、中国文学文化的介绍上,存在着不可避免的缺陷。中国翻译家的"译出",也受到自身目的语语言能力、读者接受等问题的困扰。我们发现,无论是早期中国外文局主持的中国文学四大名著英译、还是后来"熊猫丛书""大中华文库"等丛书的翻译出版工作,其成功都和"合力"二字不无关系。从计划、组织,到翻译、出版,都凝聚了中国出版者、翻译家和海外汉学家的共同努力。这提醒我们,江苏文学经典的对外译介工作,如果能由中外人士合作完成,对提高译文质量和提升传播效果,一定大有裨益。张柏然与许钧就曾明确指出:"典籍翻译是向世界传播中国文化的重要载体,不仅涉及中国传统文化精髓能否为世界文化的繁荣发展提供新思路、贡献新价值,而且关系到中国能否平等参与世界文明对话。①"因此,我们仍然认为中国文学对外译介中的中国选择和中国阐释不可或缺。中国译者、出版者的加入,能够让西方读者更加靠近一个真实的中国文化世界。当然,我们不能忽视在过往译介中的西方汉学家的关键作用。一方面,他们具有天然的语言优势;另一方面,他们独特的西方视角,有利于译作和中国文化的接受。

从形式上看,合译的模式可以灵活多样,因为我们所面对的读者,以及期望达到的译介目的并不相同。将文化传播的需求与文本接受有机结合,才能创造出经典的译本。随着时间的推移,早期的独译模式已经逐渐转变成现在的合译模式。霍克思、闵福德、沙博理、杨宪益、罗慕士,都是合译模式的实践者和受益人。在翻译中,他们都得到了很多人的帮助。这些人或是翻译行为的发起者,或是具体翻译的参与者,这都说明合作的重要价值。具体而言,可以采取多人合译的方式,也可以采取一人主译、多人辅译的方式。另外,译者加编辑的合作模式也值得关注。以《三国演义》的译介情况为例。外文出版社 2008 年出版的四卷本《三国演义》英译本,在亚马逊网站上共获得了 344 个全球评分。其中五星评分占到了69%,四星和五星评分占到了 84%。足见读者对这一译本的认可。在众多评论中,不少读者将罗慕士的译本和邓罗的译本相比较,认为该译本大量的脚注和尾注对西方读者理解三国故事帮助甚多,更有读者将它和《冰与火之歌》《指环王》相提并论,认为其阅读价值大大超过了《西游记》和《水浒传》。② 罗慕士及该译本的成功,和外文局国内专家的鼎力帮助不可分割。中国外文局主持的四大名著的译介,均采取了海外汉学家主译,中国专家组协助的方式。事实证明,这种合作模式是值得推广的。多人合

---

① 张柏然,许钧. 典籍翻译:立足本土 融合中西. 中国社会科学报,2017-05-26(6).

② 参阅:Daetrin. Best translation - fantastic literature like *Game of Thrones* or *Lord of the Rings*. A must read even if you are not Chinese! (2018-07-22)[2021-10-13]. https://www.amazon.com/-/zh/dp/7119005901/ref = sr_1_3? mk_zh_CN = %E4%BA%9A%E9%A9%AC%E9%80%8A%E7%BD%91%E7%AB%99&dchild = 1&keywords = Moss + Roberts&qid = 1612078842&sr = 8-3.

译的方式往往更加适合篇幅较短、独立性较强的作品,而江苏文学经典作品很多都是长篇小说,更加适合一人主译、多人辅译,或者译者加编辑的模式。罗纳德·艾弗森发起、虞苏美翻译、塔特尔出版社出版的最新《三国演义》英文全译本,再次证明了合译模式在文学经典传播中的积极作用。鉴于罗慕士译本的学术化倾向,艾弗森希望能有一个重在传递中国文化核心的新译本,他找到华东师范大学的虞苏美教授主持翻译,并亲自参与了审订的工作。自发售以来,该译本成为继罗慕士全译本后,又一个被西方读者广为喜爱的译本。不少读者认为该译本语言生动活泼,亚马逊网站有读者甚至认为该译本是开启三国世界的必读书目。① 如此可见,由深谙中国文学文化的中国译者主译,英语母语编辑审订的合译模式,也是很好的选择。

从译者个体来看,我们需要关注译者的翻译观念与文化立场,找寻对江苏文学经典高度认可、热爱且具有学术精神的译者。然而,不仅仅是优秀的作品在呼唤优秀的译者,同样,优秀的译者也无时无刻不在寻找着值得自己去翻译的优秀作品。对译者而言,好的作品是其翻译的原动力,斯坦纳就曾表示"所有的阐释和翻译都始于信赖"②。江苏文学经典作品的对外传播,是一个长期的过程。这需要我们组建一支优秀的译者队伍持续译介。这支队伍中的人员应当保持相对稳定,具有相对一致的翻译观和文化立场,能力突出。其中,翻译观和文化立场是基础,也是译介质量的保障。至于译者的翻译习惯与特征,倒无需有太多限制,凡是有经验的译者,在翻译能力上都是毋庸置疑的。

---

① 参阅:"King of the Swing". This edition is a must for any classical literature enthusiast. (2019-03-04)[2021-10-13]. https://www. amazon. com/-/zh/dp/0804843937/ref = sr_1_1? mk_zh_CN = %E4%BA%9A%E9%A9%AC%E9%80%8A%E7%BD%91%E7%AB%99&dchild = 1&keywords = YU + sumei&qid = 1612095166&sr = 8-1.

② Steiner, G. *After Babel*: *Aspects of Language & Translation* (*3rd Edition*), *Oxford*: *OUP*, 1998: 312.

结　语

　　在贝尔曼眼中,翻译是一场异的考验。翻译不仅建立起了一种异与同的关系,同时,翻译过程也是对"异"本身的一场考验。① 对江苏文学经典作品而言,其文字、文学、文化都在译介中经历着异的考验。面对译语读者与接受环境的考验,译者肩负重任。江苏文学经典,乃至中国文学经典,在西方的传播与接受,都不可能是一个短期行为,需要一代又一代译者群体的共同努力。令人欣慰的是,这个队伍在不断壮大,我们的文学文化也已经度过了译介初期最为艰难的时段。诸如《红楼梦》《西游记》《水浒传》《三国演义》《桃花扇》《浮生六记》,都已经有不止一个全译本和西方读者见面。其中的经典人物和经典故事,也已慢慢为大家熟知。对江苏文学的对外推介来说,这是非常好的现象。不过,我们也要清醒地意识到,还有一批如《随园诗话》《官场现形记》《孽海花》等江苏文学经典作品尚未得到译介。同样,像《儒林外史》《封神演义》《世说新语》《镜花缘》《老残游记》这些作品,虽然英译全译本已经面世,但基本均是由国内出版机构组织翻译并出版的,未能在英语世界引起广泛的影响。江苏文学经典的英译之路还任重道远。上述作品本身都非常优秀,但未被英语世界的读者所知晓,有着复杂的原因。其中一个非常重要的原因,就是翻译主体并没有对这些作品予以更多的关注。这说明,在江苏文学经典作品的对

---

① 参阅:Berman,A. Translation and the trials of the foreign. Venuti, L. (trans.). In Venuti, L. (eds.). *The Translation Studies Reader*. London: Routledge,2012:240.

外译介中,我们的主观性还很明显,以我们自己对作品的评价作为作品译介选择的标准。当然,这种标准也体现出江苏文学经典在英语世界的传播才刚刚起步,译介与传播之路还很长,还有很多工作值得我们去做。

在霍克思、闵福德、罗慕士、沙博理、杨宪益五位中外翻译名家的身上,我们发现,他们在选择待翻译作品时,无一例外都会受到自身翻译观、文化立场、翻译动机的影响。这意味着,如果是译者的主动译介行为,那么,我们也许很难全面地推介江苏文学经典,译介作品的涵盖面会较为狭隘。在选择待译作品时,我们除了考虑到译者与该作品的契合度外,通常还会考虑读者的需求和文学文化交流与推广的需要。因此,在江苏文学经典的对外译介过程中,作品的选择是第一位的,译者的选择应当满足作品的译介需要。

江苏文学经典的对外译介与传播势必是一个长期的过程。所以,诸如闵福德、杨宪益这样的中西翻译大家固然是译介这些作品的优秀人选,但他们未必了解和喜爱所有的待译作品。面对并不了解和喜爱的作品,即便是这些翻译大家的翻译,质量上也或多或少会受到影响。因此,我们还需要关注国内外优秀的年轻译者,特别是那些热爱江苏文学经典作品、了解中国文化的译者。他们的加入必然会加速推进江苏文学经典在英语世界接受的进程。从文化交流和推广的长期进程来看,将这样一群优秀的译者组织起来,不仅能够在交流中相互促进,也为我们的译介研究提供了良好的材料。

无论是“江苏传世名著”,还是“江苏文脉整理与研究工程”,都可成为江苏文学经典的对外译介的良好素材库。相信随着越来越多译介作品的推出,英语世界的读者会越来越了解江苏文学的经典作品,也会对中国文化越发有兴趣。这不仅会有助于扩大江苏文学经典作品的海外市场,也在培养未来江苏文学经典的译者群体,形成良性的循环。多年之后,这些海外译者会和国内的译者一起,组成译介江苏文学经典的译者队伍,助力江苏文学经典英译。

参考文献

Balinky, A. *A Critique of Soviet Economics* by Mao Tsetung and Moss Roberts. *Southern Economic Journal*, 1978, 45(2): 636-637.

Benjiamin, W. The task of the translator. Rendall, S. (trans.). In Venuti, L. (eds.). *The Translation Studies Reader* (*Third Edition*). London: Routledge, 2012: 75-83.

Berman, A. Translation and the trials of the foreign. Venuti, L. (trans.). In Venuti, L. (eds.). *The Translation Studies Reader*. London: Routledge, 2012: 240-253.

Birch, C. *Outlaws of the Marsh* by Shi Nai'an, Luo Guanzhong and Sidney Shapiro. *The Wilson Quarterly*, 1982, 6(1): 149-150.

Cao, X. Q. & Gao, E. *The Story of the Stone 1*. Hawkes, D. (trans.). Shanghai: Shanghai Foreign Language Education Press, 2014.

Chatwin, J. John Minford and the *Dao De Jing*. (2019-03-12) [2021-10-13]. https://chinachannel.org/2019/03/12/john-minford.

Daetrin. Best translation- fantastic literature like *Game of Thrones* or *Lord of the Rings*. A must read even if you are not Chinese! (2018-07-22)[2021-10-13]. https://www.amazon.com/-/zh/dp/7119005 901/ref = sr_1_3? mk_zh_CN = %E4%BA%9A%E9%A9%AC%E9%80%8A%E7%BD% 91%E7%AB%99&dchild = 1&keywords = Moss + Roberts&qid = 1612078842&sr=8-3.

Genette, G. *Paratexts: Thresholds of Interpretation*. Lewin, J. E. (trans.).

Cambridge: Cambridge University Press, 1997.

Goldblatt, H. *Three Kingdoms: China's Epic Drama* by Lo Kuan-chung and Moss Roberts. *World Literature Today*, 1977, 51 (4): 678-679.

Goodrich, L. C. *Outlaws of the Marsh*. Volumes I & II by Shi Nai'an, Luo Guanzhong and Sidney Shapiro. *Pacific Affairs*, 1982, 55(1): 113-115.

Hawkes, D. *Tu Fu, China's Greatest Poet* by William Hung. *The Journal of the Royal Asiatic Society of Great Britain and Ireland*, 1953 (3/4): 163-164.

Hawkes, D. *Han Shih Wai Chuan* by James Robert Hightower. *The Journal of the Royal Asiatic Society of Great Britain and Ireland*, 1953(3/4): 165.

Hawkes, D. *Cold Mountain: 100 Poems* by the T'ang Poet Han-shan by Burton Watson and Han-shan. *Journal of the American Oriental Society*, 1962, 82(4): 596-599.

Hawkes, D. *The Art of Chinese Poetry* by James J. Y. Liu. *Bulletin of the School of Oriental and African Studies, University of London*, 1963, 26 (3): 672-673.

Hawkes, D. *A Further Collection of Chinese Lyrics and Other Poems* by Alan Ayling & Duncan Mackintosh. *Journal of the American Oriental Society*, 1973, 93(4): 635-636.

The Times Higher Education Supplement. Days by brightness all too soon pass by. In.

Hawkes, D. *The Songs of the South: An Ancient Chinese Anthology of Poems by Qu Yuan and Other Poets*. Harmondsworth: Penguin Books, 1985.

Hawkes, D. Preface. Fan S. Y. (trans.). In Cao, X. Q. & Gao, E. *The Story of the Stone 2*. Hawkes, D. (trans.). Shanghai: Shanghai Foreign Language Education Press, 2014: 8-10.

Hawkes, D. Introduction. Fan S. Y. (trans.). In Cao, X. Q. & Gao, E. *The Story of the Stone 1*. Hawkes, D. (trans.). Shanghai: Shanghai Foreign Language Education Press, 2014: 39-56.

Hegel, R. E. *Outlaws of the Marsh* by Shi Nai'an, Luo Quanzhong and Sidney

Shapiro. *World Literature Today*, 1982, 56(2): 404.

Herschede, H. *A Critique of Soviet Economics* by Mao Tsetung, Moss Roberts, Richard Levy and James Peck. *Slavic Review*, 1980, 39(1): 132.

Hsu, K. Y. *A Little Primer of Tu Fu* by David Hawkes. *The Journal of Asian Studies*, 1968, 28(1): 154-155.

Jin, Y. *The Deer and the Cauldron: A Martial Arts Novel*, *The First Book*. Minford, J. (trans.). Hong Kong: Oxford University Press, 1997.

Jonker, D. R. *A Little Primer of Tu Fu* by David Hawkes. *T'oung Pao*, 1970, 56(4/5): 303-305.

"King of the Swing". This edition is a must for any classical literature enthusiast. (2019-03-04)[2021-10-13]. https://www.amazon.com/-/zh/dp/0804843937/ref＝sr_1_1? mk_zh_CN＝%E4%BA%9A%E9%A9%AC%E9%80%8A%E7%BD%91%E7%AB%99&dchild＝1&keywords＝YU＋sumei&qid＝1612095166&sr＝8-1.

Lau, J. S. M. *The Story of the Stone* by David Hawkes. *Tamaking Review*, 1979, 10(1/2): 238.

Lo. K. C. *Romance of the Three Kingdoms Volume I*. Brewitt-Taylor, C. H. (trans.). North Clarendon: Tuttle Publishing, 2002.

Los Angeles Times. These tales. In Roberts, M. *Chinese Fairy Tales and Fantasies*. New York: Pantheon Books, 1980: back cover.

Luo, G. Z. Three *Kingdoms*. Roberts, M. (trans.). Beijing: Foreign Language Press, 1991.

Malmqvist, G. On the Role of the Translator. *Translation Review*, 2005, 70: 2-6.

Minford, J. Introduction. In Sun, T. *The Art of War*. Minford, J. (trans.). London: Penguin Classics, 2003: xi-xxxvi.

Minford, J. Introduction. In Pu, S. L. *Strange Tales from a Chinese Studio*. Minford, J. (trans.). London: Penguin Classics, 2006: xi-xxxi.

Minford, J. Note on the text, translation, and illustrations. In Pu, S. L. *Strange Tales from a Chinese Studio*. Minford, J. (trans.). London:

Penguin Classics, 2006: xxxii-xxxvi.

Minford, J. Preface to the bilingual edition of *The Story of the Stone*. Fan S. Y. (trans.). In Cao, X. Q. & Gao, E. *The Story of the Stone 1*. Hawkes, D. (trans.). Shanghai: Shanghai Foreign Language Education Press, 2014: 4-6.

Minford, J. Appendix. Fan, S. Y. (trans.). In Cao, X. Q. & Gao, E. *The Story of the Stone 4*. Minford, J. (trans.). Shanghai: Shanghai Foreign Language Education Press, 2014: 443-446.

Minford, J. Online Notes for *I Ching*. (2020-02-26) [2021-10-13]. https://a1974703-9efc-428d-945c-d2ab3a7d1c25. filesusr. com/ugd/3ce1a7 _ 55ec4f64427244b487e09a0ccc02cada. pdf.

Nida, E. A., Taber, C. R. *The Theory and Practice of Translation*. Leiden: E. J. Brill, 1969.

Nord, C. *Translation as a Purposeful Activity: Functionalist Approaches Explained*. Manchester: St. Jerome Publishing Ltd., 1997.

Pu, S. L. *Strange Tales from a Chinese Studio*. Minford, J. (trans.). London: Penguin Classics, 2006.

Roberts, M. Acknowledgements. In Lo, K. C. *Three Kingdoms: China's Epic Drama*. Roberts, M. (trans.). New York: Pantheon Books, 1976.

Roberts, M. Introduction. In Lo, K. C. *Three Kingdoms: China's Epic Drama*. Roberts, M. (trans.). New York: Pantheon Books, 1976: xix-xxv.

Roberts, M. Index. In Lo, K. C. *Three Kingdoms: China's Epic Drama*. Roberts, M. (trans.). New York: Pantheon Books, 1976: 309-318.

Roberts, M. Introduction. In Roberts, M. *Chinese Fairy Tales and Fantasies*. New York: Pantheon Books, 1980: xv-xx.

Roberts, M. Acknowledgements. In Luo, G. Z. *Three Kingdoms*. Roberts, M. (trans.). Beijing: Foreign Language Press, 1991.

Roberts, M. Afterword: About Three Kingdoms. In Luo, G. Z. *Three Kingdoms*. Roberts, M. (trans.). Beijing: Foreign Language Press,

1991: 1459-1538.

Roberts, M. Notes to Three Kingdoms. In Luo, G. Z. *Three Kingdoms*. Roberts, M. (trans.). Beijing: Foreign Language Press, 1991: 1557-1698.

Roberts, M. Introduction. In Lao, Z. *Dao De Jing: The Book of the Way*. Roberts, M. (trans.). Oakland: University of California Press, 2001: 1-24.

Schimmelpfennig, M. *Three Kingdoms: A Historical Novel*. Abridged edition by Luo Guanzhong and Moss Roberts. *China Review International*, 2001, 8(1): 215-218.

Shadick, H. *Ch'u Tz'u, The Songs of the South. An Ancient Chinese Anthology* by David Hawkes. *The Journal of Asian Studies*, 1959, 19(1): 77-79.

Shang, Z. X. *Liu Yi and the Dragon Princess*. Hawkes, D. (trans.). Hong Kong: The Chinese University Press, 2003.

Singh, A. Book Review: *I Ching*-Wisdom Found in Translation of Chinese Oracle. (2015-01-03) [2021-10-13]. https://www.scmp.com/lifestyle/books/article/1672928/book-review-i-ching-wisdom-found-translation-chinese-oracle.

Sonshi.com. John Minford interview. [2021-10-13]. https://www.sonshi.com/john-minford-interview.html.

Steiner, G. *After Babel: Aspects of Language & Translation (3rd Edition)*, Oxford: OUP, 1998.

Sterner, G. Préface à la deuxième édition. In Sterner, G. *Après Babel: une poétique du dire et de la traduction*, Prais: Albin Michel, 1998: 15-23.

Sun, T. *The Art of War*. Minford, J. (trans.). London: Penguin Classics, 2003.

Hawkes, D. *The Story of the Stone Vol. 1*, Harmondsworth.

Turgeon, L. *A Critique of Soviet Economics* by Mao Tsetung, Moss Roberts, Richard Levy and James Peck. *Journal of Economic Literature*, 1978, 4(4): 1445-1447.

W, G. *A Little Primer of Tu Fu* by David Hawkes. *Bulletin of the School of Oriental and African Studies*, *University of London*, 1968, 31(2): 451.

Waley, A. *Ch'u Tz'u*, *The Songs of the South*. *An Ancient Chinese Anthology* by David Hawkes. *The Journal of the Royal Asiatic Society of Great Britain and Ireland*, 1960, 1/2: 64-65.

West, A. C. *Three Kingdoms*: *A Historical Novel* by Luo Guanzhong 羅貫中 and Moss Roberts. *Chinese Literature*: *Essays*, *Articles*, *Reviews* (*CLEAR*), 1995, 17: 157-159.

Whitaker, K. P. K. *Ch'u Tz'u*, *The Songs of the South*. *An Ancient Chinese Anthology* by David Hawkes. *Bulletin of the School of Oriental and African Studies*, *University of London*, 1960, 23(1): 169-170.

Yang, L. S. *Ch'u Tz'u*, *The Songs of the South*. *An Ancient Chinese Anthology* by David Hawkes. *Harvard Journal of Asiatic Studies*, 1960—1961, 23: 209-211.

阿忠. 沙博理:我把中国讲给世界听. 华人时刊,2015(2): 12-13.

奥斯瓦尔德·斯宾格勒. 西方的没落. 齐世荣,等译. 北京:商务印书馆,1963.

巴赫金. 巴赫金全集(第一卷). 晓河,等译. 石家庄:河北教育出版社,1998.

鲍德旺,刘洵. 霍克思《红楼梦》英译底本分析. 江苏社会科学,2012(S1): 235-240.

毕飞宇,张莉. 牙齿是检验真理的第二标准. 北京:人民文学出版社,2015.

卞之琳. 译者总序//卞之琳. 卞之琳译文集. 合肥:安徽教育出版社,2000: 1-8.

曹雪芹,高鹗. 红楼梦 *A Dream of Red Mansions I*(汉英对照). 杨宪益,戴乃迭,译. 北京/长沙:外文出版社,湖南人民出版社,1999.

草婴,许钧. "老老实实做人,认认真真翻译"//许钧,等. 文学翻译的理论与实践——翻译对话录(增订本).南京:译林出版社,2010: 141-148.

陈大亮. 谁是翻译主体. 中国翻译,2004(2): 3-7.

陈福康. 中国译学理论史稿. 上海:上海外语教育出版社,1992.

陈可培. 译者的文化意识与译作的再生——论戴维·霍克斯译《红楼梦》的一

组诗//刘士聪.红楼译评:《红楼梦》翻译研究论文集.天津:南开大学出版社,2004:363-374.

陈美林.试论吴敬梓的生活环境与《儒林外史》的地域特色.江苏社会科学,2004(6):177-183.

陈寿.三国志.北京:中华书局,1982.

陈有升.为杨宪益、戴乃迭祝寿.对外大传播,1993(2):51.

陈原,许钧.语言与翻译//许钧,等.文学翻译的理论与实践——翻译对话录(增订本).南京:译林出版社,2010:160-172.

崔莹.英国学者12年译完《易经》.(2015-07-15)[2021-10-13].https://cul.qq.com/a/20150714/025742.htm.

崔永禄.霍克思译《红楼梦》中倾向性问题的思考//刘士聪.红楼译评:《红楼梦》翻译研究论文集.天津:南开大学出版社,2004:81-91.

党争胜.霍克思与杨宪益的翻译思想刍议.外语教学,2013(6):99-103.

翻译家戴维·霍克斯先生的来信(译文)//刘士聪.红楼译评:《红楼梦》翻译研究论文集:《红楼梦》翻译研究论文集.天津:南开大学出版社,2004:5-8.

范圣宇.《红楼梦》管窥——英译、语言与文化.北京:中国社会科学出版社,2004.

范圣宇.《红楼梦》英译者闵福德先生与天津.天津日报,2019-04-23(12).

方晓红.关于胡适论《孽海花》之结构的批判.明清小说研究,1998(3):244-250.

冯俊.典籍翻译与中华文化"走出去"——以《离骚》英译为例.南京社会科学,2017(7):150-156.

冯全功.霍克思英译《红楼梦》中诗体押韵策略研究.外语与翻译,2015(4):17-24.

冯全功.《红楼梦》英译思考.小说评论,2016(4):91-99.

凤凰网.沙博理:这个奖表现全世界多么佩服中国和中国人民.(2011-04-02)[2021-10-13].http://phtv.ifeng.com/ceremony/special/huarens hengdian2010/zuixinbaodao/detail_2011_04/02/5538656_0.shtml.

傅雷.《高老头》重译本序//傅敏.傅雷谈翻译.北京:当代世界出版社,2006:3-4.

傅雷. 翻译经验点滴//傅敏. 傅雷谈翻译. 北京:当代世界出版社,2006:
8-11.

傅雷. 论文学翻译书//罗新璋,陈应年. 翻译论集(修订本). 北京:商务印书
馆,2009:772-773.

葛永海. 明清小说中的"金陵情节". 南京社会科学,2004(10):60-65.

郭晓勇. 平静若水淡如烟——深切缅怀翻译界泰斗杨宪益先生. 中国翻译,
2010(1):46-48.

郭昱,罗选民. 学术性翻译的典范——《三国演义》罗慕士译本的诞生与接受.
外语学刊,2015(1):101-104.

贺显斌. 从《三国演义》英译本看副文本对作品形象的建构. 上海翻译,2017
(6):43-48.

《红楼梦学刊》编辑委员会. 沉痛哀悼霍克思先生. 红楼梦学刊,2009(5):58.

洪捷. 五十年心血译中国——翻译大家沙博理先生访谈录. 中国翻译,2012
(4):62-64.

胡文彬. 历史的光影. 香港:时代作家出版社,2011.

胡欣裕. 霍译《红楼梦》底本补正. 曹雪芹研究,2020(4):163-170.

花萌,白睿文. 多方努力,共促中国当代文学的世界性阅读——翻译家白睿文
访谈录. 中国翻译,2017(1):79-84.

黄海翔. 论文化翻译视角下典籍英译的人本主义价值观——以《孙子兵法》
Minford 译本中"诡道"的文化误读为例. 外语教学理论与实践,2009(1):
57-62,83.

黄强. 中国古代散文题材领域的新拓展——从李渔的《一家言》到沈复的《浮
生六记》. 浙江社会科学,2009(8):91-96.

黄乔生. 杨宪益与鲁迅著作英译//张世林. 想念杨宪益. 北京:新世界出版
社,2016:185-196.

黄玉琦. 著名翻译家沙博理先生谈"我的半世中国情和对外文化传播"(3).
(2011-05-31) [2021-10-13]. http://www.people.com.cn/GB/32306/
143124/147550/14789799.html.

季羡林,许钧. 翻译之为用大矣哉//许钧,等. 文学翻译的理论与实践——翻
译对话录(增订本).南京:译林出版社,2010:1-5.

江枫,许钧. 形神兼备:诗歌翻译的一种追求//许钧,等. 文学翻译的理论与
　　实践——翻译对话录(增订本).南京:译林出版社,2010:91-103.

江昊杰. 西德尼·沙博理译者行为探究:制度化翻译视角.青岛:中国海洋大
　　学硕士学位论文,2014.

蒋洪新. 雕虫岁月与漏船载酒——漫谈翻译家杨宪益.(2010-04-25)[2021-
　　10-13]. https://www.douban.com/group/topic/11001033/.

蒋寅. 袁枚诗学的核心观念与批评实践.文学遗产,2013(4):118-126.

杰里米·芒迪. 翻译学导论:理论与应用(第三版).李德凤,等译.北京:外语
　　教学与研究出版社,2014.

金凤. 探访施耐庵墓,诺奖得主三鞠躬.现代快报,2013-11-25(A12).

金圣华. 认识翻译真面目——有关翻译本质的一些反思//金圣华.认识翻译
　　真面目.香港:天地图书有限公司,2002:2-39.

肯尼思·亨德森. 土耳其挂毯的反面.陈鑫柏,译//王佐良.翻译:思考与试
　　笔.北京:外语教学与研究出版社,1989:81-89.

兰达. 汉学家闵福德的翻译人生.(2015-07-14)[2021-10-13]. https://cul.
　　qq.com/a/20150714/049470.htm.

雷音. 杨宪益传.香港:明报出版社,2007.

李昉. 太平御览.北京:中华书局,1960.

李海军. 从跨文化操纵到文化和合——《聊斋志异》英译研究.上海:上海外
　　国语大学,2010.

李伟荣. 汉学家闵福德与《易经》研究.中国文化研究,2016(2):150-162.

梁林歆,许明武. 国内外《浮生六记》英译研究:回顾与展望.外语教育研究,
　　2017(4):53-59.

林语堂. 论翻译//罗新璋,陈应年.翻译论集(修订本).北京:商务印书馆,
　　2009:491-507.

刘瑾. 翻译家沙博理研究.武汉:华中师范大学博士学位论文,2016.

刘瑾,罗慕士. 钻研中国文化　倾情翻译中国——《三国演义》英译者罗慕士
　　访谈录.东方翻译,2018(4):77-80.

刘靖之. 翻译——文化的多维交融(代序)//刘宓庆.文化翻译论纲.武汉:湖
　　北教育出版社,1999:代序1-12.

刘军平. 西方翻译理论通史. 武汉:武汉大学出版社,2009.

刘宓庆. 翻译与语言哲学. 北京:中国对外翻译出版公司,2001.

刘守华. 文化名家杨宪益兄妹. 名人传记(上半月),2015(5):63-69.

刘云虹. 翻译批判研究. 南京:南京大学出版社,2015.

卢静. 历时与共时视阈下的译者风格研究. 上海:上海外国语大学博士学位
　论文,2013.

鲁迅. 中国小说史略. 上海:上海古籍出版社,1998.

鲁迅. 流氓的变迁//鲁迅. 鲁迅全集(第四卷). 北京:人民文学出版社,2005:
　159-162.

卢玉卿,张凤华. 闵福德《易经》英译述评. 中国翻译,2017(2):79-86.

罗贯中. 三国演义. 北京:人民文学出版社,1973.

罗慕士.《三国演义》中的诸葛亮及孝道观念. 成都大学学报(社会科学版).
　1986(3):68-69.

吕同六,许钧. "尽可能多地保持原作的艺术风貌"//许钧,等. 文学翻译的理论
　与实践——翻译对话录(增订本).南京:译林出版社,2010:73-81.

马祖毅,任荣珍. 汉籍外译史(修订本). 武汉:湖北教育出版社,2003.

孟彦. 国际三国文化研讨会综述. 社会科学研究,1992(1):112-115.

闵福德. 乔利英译《红楼梦》再版前言.李晶,译. (2019-06-16)[2021-10-13].
　https://new.qq.com/omn/20190616/20190616A08RF200.

穆雷,诗怡. 翻译主体的"发现"与研究——兼评中国翻译家研究. 中国翻译,
　2003(1):12-18.

倪豪士. 美国杜甫研究评述//陈文华. 杜甫与唐宋诗学:杜甫诞生一千二百
　九十年国际学术研讨会论文集.台北:里仁书局,2002:1-22.

钱锺书. 林纾的翻译//罗新璋,陈应年. 翻译论集(修订本). 北京:商务印书
　馆,2009:774-805.

邱靖娜.《孙子兵法》英译文功能语境重构研究. 北京:北京科技大学博士学
　位论文,2018.

让-保罗·萨特. 什么是文学//施康强,译. 萨特文学论文集. 合肥:安徽文艺
　出版社,1998.

人民日报海外版. 沙博理:94岁写提案. (2009-03-10)[2021-10-13]. http://

www.chinadaily.com.cn/zgzx/2009npc/2009-03/10/content_7564871.htm.

人民文学出版社编辑部. 关于本书的整理情况//罗贯中. 三国演义. 北京:人民文学出版社,1973:1-6.

任东升. 从国家叙事视角看沙博理的翻译行为. 外语研究,2017(2):12-17.

任东升. "萃译"之辩. 解放军外国语学院学报,2018(4):16-20.

任东升,马婷. 沙博理//方梦之,庄智象. 中国翻译家研究(当代卷). 上海:上海外语教育出版社,2017:599-628.

任东升,张静. 沙博理:中国当代翻译史上一位特殊翻译家. 东方翻译,2011(4):44-52.

任东升,张静. 试析沙博理的文化翻译观——以《我的父亲邓小平》英译本为例. 中国海洋大学学报(社会科学版),2012(1):105-109.

任璐蔓. 闵福德谈翻译与"奇趣汉学". (2019-09-08)[2021-10-13]. https://www.thepaper.cn/newsDetail_forward_4344039.

任生名. 杨宪益的文学翻译思想散记. 中国翻译,1993(4):33-35.

沙博理. 《水浒传》的英译. 妙龄,译. 中国翻译,1984(2):29-32.

沙博理. 中国文学的英文翻译. 中国翻译,1991(2):3-4.

沙博理. 我的中国. 宋蜀碧,译. 北京:北京十月文艺出版社,1998.

沙博理. 可靠而有质量的工作. 中国出版,2000(11):13.

沙博理. 让中国文化走出去. 人民日报,2010-02-03(20).

沙博理. 驶向中国. 任东升,译. 英语世界,2017(12):72-74.

施耐庵. 水浒传. 北京:人民文学出版社,1997.

施耐庵,罗贯中. 水浒传 Outlaws of the Marsh:I(汉英对照).沙博理,译. 北京/长沙:外文出版社、湖南人民出版社,1999.

施耐庵,罗贯中. 水浒传 Outlaws of the Marsh:II(汉英对照).沙博理,译. 北京/长沙:外文出版社、湖南人民出版社,1999.

《诗书画》编辑部. 赤子与道心——"纪念傅雷逝世50周年"研讨辑要. 诗书画,2017(3):42-64.

石昌渝. 前言//许仲琳. 封神演义(Creation of the Gods).顾执中,译. 北京:新世界出版社,2000:17-36.

思果. 翻译研究. 桂林:广西师范大学出版社,2018.

苏福忠. 追忆与杨宪益先生的一点交往. (2009-12-14)[2021-10-13]. http://
news.sohu.com/20091214/n268937942.shtml.

孙雪瑛. 诠释学视阈下的《聊斋志异》翻译研究. 上海:上海外国语大学博士
学位论文,2014.

谭载喜. 新编奈达论翻译. 北京:中国对外翻译出版公司,1999.

唐均.《红楼梦》译介世界地图. 曹雪芹研究,2016(2):30-46.

屠国元,朱献珑. 译者主体性:阐释学的阐释. 中国翻译,2003(6):8-14.

汪宝荣. 译者姿态理论与中华文化外译——以王际真英译《阿Q正传》为例.
燕山大学学报(哲学社会科学版),2018(1):33-39.

王凡.石峻山:一个加拿大人的昆曲奇缘.现代快报,2018-11-25(B03).

　　王宏印. 试论霍译《红楼梦》体制之更易与独创//刘士聪. 红楼译评:《红
楼梦》翻译研究论文集. 天津:南开大学出版社,2005:65-80.

王晶晶. 杨宪益身后,谁来翻译中国. 中国青年报,2009-12-01(11).

王克非. 总序//王颖冲. 中文小说英译研究. 北京:外语教学与研究出版社,
2018:ix-xiii.

王丽耘. 大卫·霍克思汉学年谱简编. 红楼梦学刊,2011(4):71-117.

王丽耘. 中国文学交流语境中的汉学家大卫·霍克思研究. 福州:福建师范
大学,2012.

王丽耘. 不可忽视的"雕琢"——论大卫·霍克思生前对《红楼梦》译本的最后
修改. 红楼梦学刊,2015(1):293-312.

王丽耘,胡燕琴. 霍克思《红楼梦》英译底本析论. 国际汉学,2017(3):88-97.

王宁. 世界主义、世界文学以及中国文学的世界性. 中国比较文学,2014(1):
11-26.

王学钧.《官场现形记》连载及刊行考. 明清小说研究,2008(3):174-182.

王亚楠. 论梁启超对《桃花扇》的接受与研究——以《小说丛话》为中心. 江汉
论坛,2014(7):102-106.

王颖冲,王克非. 现当代中文小说译入、译出的考察与比较. 中国翻译,2014
(2):33-38.

王运鸿. 形象学视角下的沙博理英译《水浒传》研究. 外国语(上海外国语大
学学报),2019(3):83-93.

王佐良. 新时期的翻译观——一次专题翻译讨论会上的发言//王佐良. 翻译:思考与试笔. 北京:外语教学与研究出版社,1989:2-6.

旺达. 沙博理美国大兵的中国人生. (2005-05-30)[2021-10-13]. http://news. sina. com. cn/c/2005-05-30/11516790291. shtml.

温志宏. 周明伟:我与沙老的十年——中国外文局局长谈沙博理. 今日中国,2014(11):56-59.

翁显良. 意态由来画不成. 北京:中国对外翻译出版公司,1983.

翁显良. 古诗英译. 北京:北京出版社,1985.

吴莎. 跨文化传播学视角下的《孙子兵法》英译研究. 长沙:中南大学博士学位论文,2012.

吴永昇,郑锦怀.《水浒传》百年英译的描述研究及其修辞启示. 宁夏大学学报(人文社会科学版),2017(4):142-148.

夏廷德.《红楼梦》两个英译本人物姓名的翻译策略//刘士聪. 红楼译评:《红楼梦》翻译研究论文集. 天津:南开大学出版社,2004:135-154.

香港公开大学. 闵福德的中国文化情. [2021-10-13]. http://www. ouhk. edu. hk/wcsprd/Satellite? pagename＝OUHK/tcGenericPage 2010&lang＝chi&c＝C_ETPU&cid＝191155146600&pri＝0.

香港公开大学. 闵福德教授谈《聊斋志异》. [2021-10-13]. http://www. ouhk. edu. hk/wcsprd/Satellite? pagename＝OUHK/tcGenericPage 2010&c＝C_ETPU&cid＝191155068000&ang＝chi.

萧乾,文洁若,许钧. 翻译这门学问或艺术创造是没有止境的//许钧,等. 文学翻译的理论与实践——翻译对话录(增订本).南京:译林出版社,2010:63-72.

肖维青. 一家亲主义 vs 核心家庭制度——谈《红楼梦》人际称谓与翻译//刘士聪. 红楼译评:《红楼梦》翻译研究论文集. 天津:南开大学出版社,2004:155-166.

谢天振. 译介学. 上海:上海外语教育出版社,1999.

谢天振,等.《文学翻译的理论与实践——翻译对话录》五人谈. 中国翻译,2001(4):66-68.

辛红娟. 杨宪益//方梦之,庄智象. 中国翻译家研究(当代卷). 上海:上海外语教育出版社,2017：567-598.

辛红娟,高圣兵. 追寻老子的踪迹——《道德经》英语译本的历时描述. 南京农业大学学报(社会科学版),2008(1)：79-84.

辛红娟,等. 杨宪益翻译研究. 南京:南京大学出版社,2018.

许多,许钧. 中华文化典籍的对外译介与传播——关于《大中华文库》的评价与思考. 外语教学理论与实践,2015(3)：13-17.

许钧. 当代法国翻译理论. 武汉:湖北教育出版社,2004.

许钧. 翻译论(修订本). 南京:译林出版社,2014.

许诗焱,许多. 译者—作者互动与翻译过程——基于葛浩文翻译档案的分析. 外语教学与研究,2018(3)：441-450.

许渊冲. 三谈"意美、音美、形美"//许渊冲. 文学翻译谈. 台北:书林出版有限公司,1998：53-66.

严复.《天演论》译例言//罗新璋,陈应年. 翻译论集(修订本). 北京:商务印书馆,2009：202-203.

严晓江. 寄情于象,境生象外——论霍克思的《楚辞》意象英译. 西华大学学报(哲学社会科学版),2017(1)：83-86.

杨柳. 文化摆渡者的中国认同——闵福德《石头记》后两卷译本的副文本研究. 曹雪芹研究,2018(4):127-138.

杨武能. 翻译、接受与再创造的循环——文学翻译断想之一//许钧. 翻译思考录. 武汉:湖北教育出版社,2006：227-235.

杨宪益. 译本序//荷马. 奥德修纪. 杨宪益,译. 上海:上海译文出版社,1979：1-32.

杨宪益. 略谈我从事翻译工作的经历与体会//金圣华,黄国彬. 因难见巧——名家翻译经验谈. 北京:中国对外翻译出版公司,1998：79-84.

杨宪益. 漏船载酒忆当年. 薛鸿时,译. 北京:北京十月文艺出版社,2001.

杨宪益. 关键是"信""达"//萧伯纳. 凯撒和克莉奥佩特拉. 杨宪益,译. 北京:人民文学出版社,2002：1-2.

杨宪益. 银翘集——杨宪益诗集. 福州:福建教育出版社,2007.

杨宪益. 我与英译本《红楼梦》//郑鲁南. 一本书和一个世界(第二集). 北京:昆仑出版社,2008：1-3.

杨宪益. 去日苦多. 青岛:青岛出版社,2009.

杨宪益. 从《离骚》开始,翻译整个中国:杨宪益对话集. 北京:人民日报出版社,2011.

杨宪益. 我的启蒙老师. [2021-10-13]. https://wap.cmread.com/r/453369718/453370306.htm? ln＝152_478334_97698234_1_1_CB1L&&purl＝%2Fr%2Fp%2Fcatalog.jsp%3FsqId%3DCB%26bid%3D45336971&page＝1&vt＝3.

姚斯. 文学与阐释学//福柯,哈贝马斯,布尔迪厄等. 激进的美学锋芒. 周宪,译. 北京:中国人民大学出版社,2003:407-416.

姚斯,霍拉勃. 接受美学与接受理论. 周宁,金元浦,译. 沈阳:辽宁人民出版社,1987.

叶君健. 谈文学作品的翻译//金圣华,黄国彬. 因难见巧——名家翻译经验谈. 北京:中国对外翻译出版公司,1998:85-99.

叶君健,许钧. 翻译也要出精品//许钧,等. 文学翻译的理论与实践——翻译对话录(增订本).南京:译林出版社,2010:117-123.

袁莉. 关于翻译主体研究的构想//张柏然,许钧. 面向21世纪的译学研究. 北京:商务印书馆,2002:397-409.

查明建,田雨. 论译者主体性——从译者文化地位的边缘化谈起. 中国翻译,2003(1):19-24.

张柏然,许钧. 典籍翻译:立足本土 融合中西. 中国社会科学报,2017-05-26(6).

张春柏. 如何讲述中国故事:全球化背景下中国文学的外译问题. 外语教学理论与实践,2015(4):9-14.

张浩然,张锡九. 论《三国演义》罗译本中关于文化内容的翻译手法. 上海大学学报(社会科学版),2002(5):55-59.

张贺.带着理想去翻译. (2010-12-03)[2021-10-13]. http://www.spph.com.cn/av/bkview.asp? bkid＝202529&cid＝640045.

张经浩,陈可培. 名家名论名译. 上海:复旦大学出版社,2005.

张晓. 沙博理与《水浒传》. 国际人才交流,2016(7):12-15.

赵蘅. 他离去,皓月般品格长存——写在杨宪益诞辰100周年之际. 光明日报,2015-01-20(11).

郑锦怀,吴永昇.《西游记》百年英译的描述性研究. 广西社会科学,2012

（10）：148-153.

周领顺，彭秀银，张思语，陈慧. 译者群体行为研究思路——主体以江苏籍翻译家群体翻译行为研究为例. 西安外国语大学学报,2014(4)：101-104.

周一良. 魏晋南北朝史论集. 北京：北京大学出版社,2010.

朱生豪.《莎士比亚戏剧全集》译者自序//罗新璋,陈应年. 翻译论集(修订本). 北京：商务印书馆,2009：538-539.

朱玉屏.《三国演义》两个翻译版本的比较(节选一). [2021-10-14]. http://english. mofcom. gov. cn/sys/print. shtml? /translatorsgarden/xindetihui/200805/20080505518171.

朱振武,闵福德. 拿出"最好的中国"——朱振武访谈闵福德. 东方翻译,2017(1)：50-56.

朱振武,等. 汉学家的中国文学英译历程. 上海：华东理工大学出版社,2017.

祝一舒. 翻译场中的出版者——毕基埃出版社与中国文学在法国的传播. 小说评论,2014(2)：4-13.

祝一舒. 试论许渊冲翻译的文化立场与使命担当.外语研究,2018(5):57-61.

灼见名家. 闵福德:翻译岁月弹指过,心怀达化迎妙思. (2018-06-01)[2021-10-13]. https://www. master-insight. com/%e9%96%94%e7%a6%8f%e5%be%b7%ef%bc%9a%e7%bf%bb%e8%ad%af%e6%ad%b2%e6%9c%88%e5%bd%88%e6%8c%87%e9%81%8e%ef%bc%8c%e5%bf%83%e6%87%b7%e9%81%94%e5%8c%96%e8%bf%8e%e5%a6%99%e6%80%9d/.

邹霆. 永远的求索——杨宪益传. 上海：华东师范大学出版社,2001.

中華譯學館 · 中华翻译研究文库

许　钧◎总主编

第一辑

第二辑

图书在版编目(CIP)数据

江苏文学经典英译主体研究 / 许多著. —杭州：
浙江大学出版社，2021.12
ISBN 978-7-308-21526-8

Ⅰ．①江… Ⅱ．①许… Ⅲ．①中国文学－当代文学－
英语－文学翻译－研究－江苏 Ⅳ．①I206.7 ②H315.9

中国版本图书馆 CIP 数据核字(2021)第 261014 号

中华譯學館題言其

江苏文学经典英译主体研究
许　多　著

出 品 人	褚超孚
丛书策划	张　琛　包灵灵
责任编辑	包灵灵
责任校对	董　唯
封面设计	程　晨
出版发行	浙江大学出版社
	（杭州市天目山路 148 号　邮政编码 310007）
	（网址:http://www.zjupress.com）
排　　版	浙江时代出版服务有限公司
印　　刷	杭州高腾印务有限公司
开　　本	710mm×1000mm　1/16
印　　张	18
字　　数	260 千
版 印 次	2021 年 12 月第 1 版　2021 年 12 月第 1 次印刷
书　　号	ISBN 978-7-308-21526-8
定　　价	68.00 元